高职高专公共基础课"十三五"规划教材

职业生涯发展与规划

主　编　郭丽萍　韩建伟　刘晶晶

副主编　赵继忠　柳韶军　孙彩虹　张　雷

参　编　刘　真　甄凤爱　沈睿媛　焦伶俐

主　审　曹　薇

西安电子科技大学出版社

内 容 简 介

　　本书针对高职高专院校的专业学业特点及未来职业就业趋势，介绍了大学生职业生涯发展与规划的相关理论，列举了在这个过程中出现的若干问题，并提出了解决问题的途径和方法，有利于大学生更好地制订职业生涯规划，成功就业创业。

　　本书分为三个部分（专业学业篇、职业规划篇、就业指导篇）、八大模块（认知专业、规划学业、探索职业、认识自我、明晰职业生涯规划、认知大学生就业、做好就业准备、掌握求职技巧与权益保护），内容深入浅出、通俗易懂。

　　本书结构严谨，具有创新性、科学性和可操作性等特点，可作为高职高专院校就业指导课程的教学用书。

图书在版编目(CIP)数据

职业生涯发展与规划/郭丽萍，韩建伟，刘晶晶主编 . —西安：西安电子科技大学出版社，2019.9
ISBN 978 - 7 - 5606 - 5462 - 1

Ⅰ. ① 职… Ⅱ. ① 郭… ②韩… ③刘… Ⅲ. ① 职业选择—高等职业教育—教材
Ⅳ. ① G717.38

中国版本图书馆 CIP 数据核字(2019)第 185530 号

策 　 划	刘小莉
责任编辑	刘小莉　阎　彬

出版发行　西安电子科技大学出版社(西安市太白南路 2 号)
电　　话　(029)88242885　88201467　　　邮　编　710071
网　　址　www.xduph.com　　　　　　电子邮箱　xdupfxb001@163.com
经　　销　新华书店
印刷单位　陕西天意印务有限责任公司
版　　次　2019 年 9 月第 1 版　2019 年 9 月第 1 次印刷
开　　本　787 毫米×1092 毫米　1/16　印张　13.75
字　　数　322 千字
印　　数　1～3000 册
定　　价　39.00 元
ISBN 978 - 7 - 5606 - 5462 - 1/G
XDUP 5764001 - 1
＊＊＊如有印装问题可调换＊＊＊

前　言

让每一位大学生圆满完成学业任务，是我们由衷的愿望；

让每一位大学生认真规划职业生涯，是我们寻求的方向；

让每一位大学生顺利走上工作岗位，是我们追求的目标。

数载寒窗，春华秋实。亲爱的同学们，在你们迈进象牙塔的时候，我们带着良好的祝愿，真诚地送上这本《职业生涯发展与规划》，希望它伴随你们顺利地完成学业，伴随你们规划好今后的职业道路，伴随你们搏击长空、追逐未来的方向！

威廉·詹姆斯有句非常精辟的名言："我们这一代最伟大的发现就是，人们可以借改变他们的心态而改变他们的一生！"

大学是人生中的一个重要组成部分，也是同学们接受教育、逐步成才的重要阶段，加强对大学生职业生涯规划与就业指导和教育，对同学们的成长成才具有积极作用。同学们根据自身特点制订合理的职业规划，对激发学习动力，培养专业情怀，提升理想抱负，为未来个人成才和事业发展打下扎实基础起到关键作用。

我国高等教育的快速发展，为更多的高中毕业生升入大学提供了良好的机会，也对大学毕业生顺利就业提出了更高的要求。为引导大学生正确认识高等教育发展的趋势，从大学一年级就开始围绕就业问题，加强专业训练，搞好学业规划，转变就业观念，锻炼就业能力，提升就业竞争力，实现顺利就业、充分就业和高质量就业，我们组织校内外的专家团队共同编写了本书。希望本书能启发同学们思考大学学习过程中的"专业、学业、职业、毕业、就业、创业"问题，比较好地了解从思想观念到实践行动全程中的新情况、新问题，真正成为思想好、学习好、将来就业好的大学毕业生！

本书由河北女子职业技术学院郭丽萍、韩建伟、刘晶晶担任主编，并负责全书的策划、统稿工作；河北女子职业技术学院赵继忠、柳韶军、孙彩虹以及广西警察学院张雷担任副主编。参加编写工作的还有河北女子职业技术学院刘真、甄凤爱、沈睿嫒以及大连枫叶职业技术学院焦伶俐。全书由东华理工大学曹薇主审。本书在编写过程中广泛参考了许多专家、学者、同仁的研究成果及意见，借鉴了国内外许多优秀著作、文献，同时还得到了河北女子职业技术学院领导、教务处、招生就业处的大力支持，在此一并表示感谢！

编者希望在今后教学实践与研究过程中不断完善本书，使之更加丰富立体，为大学生提高职业生涯规划和就业能力提供有力的帮助与支持。由于编者水平有限，书中难免存在不足之处，敬请广大专家、读者批评指正。

编　者
2019 年春于石家庄

目　　录

第三部分　就业指导篇

第一部分　专业学业篇

模块一　认知专业

> **知识目标**

(1) 掌握专业的含义、形成及其分类。

(2) 熟悉专业与就业的关系。

> **技能目标**

(1) 通过学习了解各专业发展与培养目标。

(2) 运用现有的知识分析自己的专业在今后就业的趋势。

项目 1　专业概述

【案例导入】

小丽的专业选择

小丽，河北人，高三，文科，当时她咨询的问题是：比较困惑，不知道自己适合学什么专业，上什么学校。在填报志愿的时候，面对琳琅满目的学校、五花八门的专业一筹莫展，感到无从下手，她说："我目前比较困惑，老师和父母都是希望以成绩为主，让我考一个好一点的学校，可是我自己还是想学一个喜欢的专业，到底想学什么我也不知道。今天来就是想知道怎样能把成绩和喜好结合起来？"经过专家咨询，2016 年 9 月，小丽选择并考上了某院校 2017 级学前教育专业，目前对未来的就业很有信心。她说："我很庆幸在高考之前就做了很多准备工作，了解了所要学习专业的内容，现在我在大学里面学得很顺利，也很顺心。"

什么是"专业"？同学们对专业的理解可能是既清晰又模糊。

现代大学是按专业招收新生并进行培养的，大学新生都非常清楚地知道自己所就读的是什么专业，但对自己所学专业的内涵与外延却不甚了解。认识、了解自己所学的专业，正确地进行专业认知是形成积极的专业情感和专业态度的基础，在此基础上才能激发专业学习的兴趣与热情，进而影响其专业意识以及从业后的职业表现。这可以说是同学们必须迈出的大学生活的第一步。

一、专业的含义

专业泛指专门学业或专业职业，如生产专业化、分工专业化、专业化经济、专业化制度等。科学地讲，专业是指根据学科分类和社会职业分工需要分门别类进行高深专门知识教与学活动的基本单位。就学业来说，专业是教育机构为培养专门人才所设置的。大学设置的专业是大学培养人才的需要。按专业设置组织教学，进行专业训练，培养专业人才是现代高等教育的重要特点之一。

专业的形成有其内在的必然规律,它与社会分工的发展、自然科学与社会科学的分化与综合以及高等教育自身的发展有着极其密切的联系。人类的知识最初是混沌一体、彼此不分的,自然也不存在所谓专业的问题。但随着人类社会的发展,知识不断扩张,最终产生了知识的分化。古希腊圣哲亚里士多德极为重视对知识的系统考察和全面把握,并对人类知识首次进行了系统的学科分类,专业的概念初现端倪。专业的形成是社会发展的必然,社会需求是其生命的源泉。

二、专业的分类

自中世纪的欧洲起,大学开始分专业教学,培养专门人才,专业开始进入高等教育领域。中国专业化的高等教育肇始于近代,戊戌变法过程中维新派创办的各种专门学堂,一直被视为是近代中国高等教育的发端。新中国成立以后,为适应经济建设的需要,借鉴苏联经验对高等学校进行了大规模的院系调整,高等教育领域中的专业化色彩颇为浓厚。

改革开放以后,特别是随着社会主义市场经济的不断发展,我国高等教育领域中的专业分化日益细密,专业化程度显著提高。国家教育主管部门适应形势发展需要,在遵循教育发展规律并借鉴国际通行惯例的基础上,一方面相继颁行了《授予博士、硕士学位和培养研究生的学科、专业目录》《全国普通高等学校本科专业目录》以及《普通高等学校大学高专教育指导性专业目录》,另一方面又在部分高校进行自主设置本科及研究生专业的试点。可以说,一个原则性与灵活性并存的高校专业设置体系正在我国逐步确立。

关于全国高等职业院校和高等专科学校的专业设置,教育部2004年12月统一颁布了指导性目录,共有农、林、牧、渔、交通运输等19个大类,532个专业。

(一)农林牧渔大类

1. 农业技术类

此类包括作物生产技术、种子生产与经营、设施农业技术、观光农业、园艺技术、茶叶生产加工技术、中草药栽培技术、烟草栽培技术、植物保护、植物检疫、农产品质量检测。

2. 林业技术类

此类包括林业技术、园林技术、森林资源保护、野生植物资源开发与利用、野生动物保护、自然保护区建设与管理、森林生态旅游、林产化工技术、木材加工技术、森林采运工程。

3. 畜牧兽医类

此类包括畜牧兽医、畜牧、饲料与动物营养、特种动物养殖、兽医、中兽医医药、动物防疫与检疫、兽药生产与营销。

4. 水产养殖类

此类包括水产养殖技术、水生动植物保护、海洋捕捞技术、渔业综合技术。

5. 农林管理类

此类包括农业经济管理、农村行政管理、乡镇企业管理、林业经济信息管理、渔业资源与渔政管理。

（二）交通运输大类

1. 公路运输类

此类包括公路运输管理、高等级公路维护与管理、路政管理、汽车运用技术、交通安全与智能控制、城市交通运输、公路监理、道路桥梁工程技术、工程机械控制技术、工程机械运用与维护。

2. 铁道运输类

此类包括高速铁道技术、电气化铁道技术、铁道车辆、铁道机车车辆、铁道通信信号、铁道交通运营管理、铁道运输经济、铁道工程技术。

3. 城市轨道运输类

此类包括城市轨道交通车辆、城市轨道交通控制、城市轨道交通运营管理。

4. 水上运输类

此类包括航海技术、水运管理、国际航运业务管理、海事管理、轮机工程技术、船舶工程技术、船舶检验、航道工程技术。

5. 民航运输类

此类包括民航运输、飞行技术、空中乘务、航空服务、民航商务、航空机电设备维修、航空电子设备维修、民航特种车辆维修、航空通信技术、空中交通管理、民航安全技术管理、航空油料管理和应用、飞机制造技术。

6. 港口运输类

此类包括港口业务管理、港口物流设备与自动控制、集装箱运输管理、港口工程技术、报关与国际货运。

7. 管道运输类

此类包括管道工程技术、管道工程施工、管道运输管理。

（三）生化与药品大类

1. 生物技术类

此类包括生物技术及应用、生物实验技术、生物化工工艺、微生物技术及应用。

2. 化工技术类

此类包括应用化工技术、有机化工生产技术、高聚物生产技术、化纤生产技术、精细化学品生产技术、石油化工生产技术、炼油技术、工业分析与检验、化工设备维修技术。

3. 制药技术类

此类包括生化制药技术、生物制药技术、化学制药技术、中药制药技术、药物制剂技术、药物分析技术。

4. 食品药品管理类

此类包括食品药品监督管理、药品质量检测技术、药品经营与管理、保健品开发与管理。

（四）资源开发与测绘大类

1. 资源勘查类

此类包括国土资源调查、区域地质调查及矿产普查、煤田地质与勘探技术、油气地质与勘查技术、水文地质与勘查技术、金属矿产地质与勘查技术、铀矿地质与勘查技术、非金属矿产地质与勘查技术、岩矿分析与鉴定技术、宝玉石鉴定与加工技术。

2. 地质工程与技术类

此类包括矿山地质、工程地质勘查、水文与工程地质、钻探技术、地球物理勘查技术、地球物理测井技术、地球化学勘查技术。

3. 矿业工程类

此类包括煤矿开采技术、金属矿开采技术、非金属矿开采技术、固体矿床露天开采技术、砂矿床开采技术、矿井建设、矿山机电、矿井通风与安全、矿井运输与提升。

4. 石油与天然气类

此类包括钻井技术、油气开采技术、油气储运技术、油气藏分析技术、油田化学应用技术、石油与天然气地质勘查技术。

5. 矿物加工类

此类包括矿物加工技术、选矿技术、选煤技术、煤炭深加工与利用、煤质分析技术、选矿机电技术。

6. 测绘类

此类包括工程测量技术、工程测量监理、摄影测量与遥感技术、大地测量与 GPS 定位技术、地理信息系统与地图制图技术、地籍测绘与土地管理信息技术、矿山测量。

（五）材料与能源大类

1. 材料类

此类包括金属材料与热处理技术、冶金技术、高分子材料应用技术、复合材料加工与应用技术、材料工程技术、建筑装饰材料及检测。

2. 能源类

此类包括热能动力设备与应用、城市热能应用技术、农村能源与环境技术、制冷与冷藏技术。

3. 电力技术类

此类包括发电厂及电力系统、电厂设备运行与维护、电厂热能动力装置、火电厂集控运行、小型水电站及电力网、供用电技术、电网监控技术、电力系统继电保护及自动化、高压输配电线路施工运行与维护、农村电气化技术、电厂化学。

（六）土建设计大类

1. 建筑设计类

此类包括建筑设计技术、建筑装饰工程技术、中国古建筑工程技术、室内设计技术、环境艺术设计、园林工程技术。

2. 城镇规划与管理类

此类包括城镇规划、城市管理与监察。

3. 土建施工类

此类包括建筑工程技术、地下工程与隧道工程技术、基础工程技术。

4. 建筑设备类

此类包括建筑设备工程技术、供热通风与空调工程技术、建筑电气工程技术、楼宇智能化工程技术。

5. 工程管理类

此类包括建筑工程管理、工程造价、建筑经济管理、工程监理。

6. 市政工程类

此类包括市政工程技术、城市燃气工程技术、给排水工程技术、水工业技术、消防工程技术。

7. 房地产类

此类包括房地产经营与估价、物业管理、物业设备管理。

（七）水利大类

1. 水文与水资源类

此类包括水文与水资源、水文自动化测报技术、水信息技术、水政水资源管理。

2. 水利工程与管理类

此类包括水利工程、水利工程施工技术、水利水电建筑工程、灌溉与排水技术、港口航道与治河工程、河务工程与管理、城市水利、水利水电工程管理、水务管理、水利工程监理。

3. 水利水电设备类

此类包括水电站动力设备与管理、机电设备运行与维护、机电排灌设备与管理。

4. 水土保持与水环境类

此类包括水土保持、水环境监测与分析。

（八）制造大类

1. 机械设计制造类

此类包括机械设计与制造、机械制造与自动化、数控技术、电机与电器、玩具设计与制造、模具设计与制造、材料成型与控制技术、焊接技术及自动化、工业设计、计算机辅助设计与制造、精密机械技术、医疗器械制造与维护。

2. 自动化类

此类包括机电一体化技术、电气自动化技术、生产过程自动化技术、电力系统自动化技术、计算机控制技术、工业网络技术、检测技术及应用、理化测试与质检技术、液压与气动技术。

3. 机电设备类

此类包括机电设备维修与管理、数控设备应用与维护、自动化生产设备应用、医用电子仪器与维护、医疗影像设备管理与维护。

4. 汽车类

此类包括汽车制造与装配技术、汽车检测与维修技术、汽车电子技术、汽车改装技术、汽车技术服务与营销、汽车整形技术。

（九）电子信息大类

1. 计算机类

此类包括计算机应用技术、计算机网络技术、计算机多媒体技术、计算机系统维护、计算机硬件与外设、计算机信息管理、网络系统管理、软件技术、图形图像制作、动漫设计与制作。

2. 电子信息类

此类包括电子信息工程技术、应用电子技术、电子测量与仪器、电子仪器仪表与维修、电子设备与运行管理、电子声像技术、电子工艺与管理、信息安全技术、图文信息技术、微电子技术、无线电技术、广播电视网络技术、有线电视工程技术。

3. 通信类

此类包括通信技术、移动通信技术、计算机通信、程控交换技术、通信网络与设备、通信系统运行管理。

（十）环保、气象与安全大类

1. 环保类

此类包括环境监测与治理技术、环境监测与评价、农业环境保护技术、资源环境与城市管理、城市检测与工程技术、水环境监测与保护、城市水净化技术、室内检测与控制技术。

2. 气象类

此类包括大气科学技术、大气探测技术、应用气象技术、防雷技术。

3. 安全类

此类包括工业环保与安全技术、救援技术、安全技术管理。

（十一）轻纺食品大类

1. 轻化工类

此类包括染整技术、高分子材料加工技术、制浆造纸技术、香料香精工艺、表面精饰工艺。

2. 纺织服装类

此类包括现代纺织技术、针织技术与针织服装、丝绸技术、服装设计、染织艺术设计、纺织品装饰艺术设计、新型纺织机电技术、纺织品检验与贸易。

3. 食品类

此类包括食品加工技术、食品营养与检测、食品贮运与营销、食品机械与管理、食品生物技术、农畜特产品加工、粮食工程。

4. 包装印刷类

此类包括包装技术与设计、印刷技术、印刷图文信息处理、印刷设备及工艺、出版与发行。

（十二）财经大类

1. 财政金融类

此类包括财政、税务、金融管理与实务、国际金融、金融与证券、金融保险、保险实务、医疗保险实务、资产评估与管理、证券投资与管理、投资与理财、证券与期货。

2. 财务会计类

此类包括财务管理、财务信息管理、会计、会计电算化、会计与统计核算、会计与审计、审计实务、统计实务。

3. 经济贸易类

此类包括经济管理、经济信息管理、国际经济与贸易、国际贸易实务、国际商务、商务经纪与代理。

4. 市场营销类

此类包括市场营销、市场开发与营销、营销与策划、医药营销、电子商务。

5. 工商管理类

此类包括工商企业管理、工商行政管理、商务管理、连锁经营管理、物流管理。

（十三）医药卫生大类

1. 临床医学类

此类包括临床医学、口腔医学、中医学、蒙医学、藏医学、维医学、中西医结合、针灸推拿、中医骨伤。

2. 护理类

此类包括护理、助产。

3. 药学类

此类包括药学、中药。

4. 医学技术类

此类包括医学检验技术、医学生物技术、医学影像技术、眼视光技术、康复治疗技术、口腔医学技术、医学营养、美容医疗应用技术、呼吸治疗技术、卫生检验与检疫技术。

5. 卫生管理类

此类包括卫生监督、卫生信息管理、公共卫生管理、医学文秘。

（十四）旅游大类

1. 旅游管理类

此类包括旅游管理、涉外旅游、导游、旅行社经营管理、景区开发与管理、酒店管理。

2. 餐饮管理与服务类

此类包括餐饮管理与服务、烹饪工艺与营养。

（十五）公共事业大类

1. 公共事业类

此类包括社会工作、社区管理与服务、青少年工作与管理、社会福利事业管理、公共关系、商检技术、人民武装、涉外事务管理。

2. 公共管理类

此类包括公共事务管理、民政管理、行政管理、人力资源管理、劳动与社会保障、国土资源管理、海关管理、环境规划与管理。

3. 公共服务类

此类包括家政服务、老年服务与管理、社区康复、心理咨询、科技成果中介服务、职业中介服务、现代殡仪技术与管理、戒毒康复。

（十六）文化教育大类

1. 语言文化类

此类包括汉语、应用英语、应用日语、应用俄语、应用德语、应用法语、应用韩语、商务英语、旅游英语、商务日语、旅游日语、文秘、文物鉴定与修复、文化事业管理、图书档案管理。

2. 教育类

此类包括语文教育、数学教育、英语教育、物理教育、化学教育、生物教育、历史教育、地理教育、音乐教育、美术教育、体育教育、政治教育、初等教育（理）、初等教育（文科）、学前教育、现代教育技术、特殊教育、儿童康复、人群康复。

3. 体育类

此类包括竞技体育、运动训练、社会体育、体育保健、体育服务与管理。

（十七）艺术设计传媒大类

1. 艺术设计类

此类包括艺术设计、产品造型设计、视觉传达艺术设计、电脑艺术设计、人物形象设计、装潢艺术设计、装饰艺术设计、雕塑艺术设计、珠宝首饰工艺及鉴定、雕刻艺术与家具设计、旅游工艺品设计与制作、广告设计与制作、多媒体设计与制作。

2. 表演艺术类

此类包括表演艺术、音乐表演、舞蹈表演、服装表演、影视表演、戏曲表演、编导。

3. 广播影视类

此类包括广播电视技术、摄影摄像技术、音像技术、影视多媒体技术、影视动画、影视广告、主持与播音、新闻采编与制作、电视节目制作、电视制片管理。

（十八）公安大类

1. 公安管理类

此类包括侦查、经济犯罪侦查、安全保卫、警卫、治安管理、交通管理、警察管理、公共安全管理、信息网络安全监察、防火管理、森林消防、边防检查、边境管理、禁毒。

2. 公安指挥类

此类包括警察指挥与战术、边防指挥、边防船艇指挥、边防通信指挥、消防指挥、参谋业务、抢险救援。

3. 公安技术类

此类包括刑事技术、警犬技术、船艇动力管理、船艇技术、边防机要。

4. 部队基础工作类

此类包括部队政治工作、部队财务会计、部队后勤管理。

（十九）法律大类

1. 法律实务类

此类包括司法助理、法律文秘、司法警务、法律事务、书记官。

2. 法律执行类

此类包括刑事执行、民事执行、行政执行。

3. 司法技术类

此类包括刑事侦查技术、司法鉴定技术、安全防范技术、司法信息技术、司法信息安全。

三、专业与就业的关系

你现在所学专业也许既不是自己所喜爱的，又不是热门专业，但是没关系，因为你所学的专业与今后的就业并没有完全一致的联系。同学们在大学时代应充分发展自己的兴趣与特长。以前受到计划经济体制的束缚，毕业生必须按自己所学的专业到指定的单位工作；在现在市场经济条件下，毕业生完全可以"天高任鸟飞，海阔凭鱼跃"。即使你所学专业与所从事工作相差较大，只要你有能力且能坚持下去，一样具有极其广阔的发展空间。况且现代的大学教育多为通识性教育，其培养目的并非专才而是通才，这也使得大学生具有很强的可塑性，完全有可能适应今后非专业性的工作。当然，我们并非是要否认专业学习的重要性，学习乃是学生的天职，专业学习应当是贯穿大学生活的主线。我们的建议是：深入了解、学习你已经选择的专业，根据自我的职业生涯发展规划和社会需要理性对待专业，学会喜欢和爱上自己选择的专业，在学好专业的同时，逐步拓展自己的视野、培养自己的能力，为未来顺利就业、成功立业夯实基础。

项目2 专业发展与培养目标

【资料导入】

未来几年的就业趋势

根据就业市场需求和毕业生专业分布情况,对未来几年高校毕业生在各行业的就业前景可做出以下预测。

1. 需求趋长、职位较多的行业

未来几年,计算机、通信、电子等信息类专业、生命科学、高新技术等行业人员需求大,大学生就业增长空间较大。师范类毕业生仍会供不应求,环境科学类、生命科学、应用数学、法律服务、交通运输类以及工科的仪表类、纺织类需求都会增多,外语类中的复合人才、石油、煤炭、冶金等需求都会有不同程度的增长,但有些行业的容量有限。

2. 需求大体保持不变的行业

机械类、材料类、外语类大语种、医学类、管理专业、经济学、财政学、统计学、价格学、国民经济计划以及金融、财经等行业的需求不会有大的增加,比较平稳。其中有些专业,如医学类毕业生需要重点移往中小城市、农村及城市基层。计算机、通信、电子等信息类专业虽然需求量较大,但人才培养规模也不断增大,两长相消,信息类专业的就业场面难再火爆。

3. 需求趋降的行业

从行业上看主要是农、林、牧、渔、制造、建筑业,尤其是农林类毕业生就业仍然相对困难。但不能一概而论,以上各行业对高素质专业人才需求兴旺。建筑类虽有相当需求,但该行业目前仍处于劳动密集型,吸纳的主流仍为劳力型人员,对专业人才的需求却不旺。

大学生的专业认知是指学生对所学专业的培养目标、学习内容和学习要求,以及对将来从事具体职业的工作特点、工作内容和发展方向有较清晰的整体认知。研究表明,学生对自己选择专业的正确认知是激发专业兴趣,提高学习主观能动性的必要条件。专业认知能力强的大学生不但能客观、正确地认识自己的专业,还能养成持久、稳定的专业认同感,而且能实行积极、高效的专业认知行动。

一、学前教育专业

(一)专业名称及代码

专业名称:学前教育

专业代码:670102K

(二)招生对象

普通高中毕业生或具有同等学力者。

(三)学制、学历层次及修业年限

学制:3年

学历层次:大学专科

修业年限:3年

(四) 就业面向

1. 就业面向

面向以幼儿园为主的学前教育机构，及幼儿教育培训机构、社区幼儿教育机构、各类儿童服务机构。

2. 工作岗位

主要岗位：幼儿园教师。

提升岗位：幼儿园管理者。

相关岗位：幼儿教育培训机构教师；幼儿教育机构管理人员、社区幼儿教育服务人员、各类儿童服务机构的工作人员。

(五) 职业岗位(群)工作分析

学前教育专业学生所从事的典型工作任务如表1-1所示。

表1-1　幼儿教师典型工作任务与职业能力分析表

工作任务领域	典型工作任务	职 业 能 力
教育活动的计划与实施	• 确定每月活动主题 • 制定主题方案 • 创设主题环境 • 组织与主题相关的区角	熟悉本年龄段幼儿年龄特征及各领域要达到的活动目标； 能根据教学实际将年龄段活动计划分解为月计划、周计划、日计划； 能依据活动主题选择和准备相关材料； 能依据幼儿兴趣、反应及时调整活动方案； 能合理选用或独立制作教具、学具； 掌握现代教育技术，熟练使用多媒体
	• 设计具体活动方案(五大领域) • 活动组织和实施 • 观察指导和评价幼儿	具备弹(琴)、唱(歌)、跳(舞)、画(画)、讲(故事)、编(幼儿舞)、制(手工、PPT)等方面的实践操作能力； 能把幼儿园各领域教育的学科特点与基本知识应用于教学活动中； 能根据幼儿园教育的要求和基本原则来确定活动目标、任务和内容； 在教育活动中观察幼儿，根据幼儿的表现与需要调整活动，给予适时地指导； 在教育活动的设计和实施中体现趣味性、综合化和生活化，灵活运用各种组织形式和适宜的教育方式； 提供更多的操作探索、交流合作、表现的机会，支持和促进幼儿主动学习； 能够对有特殊需要的儿童实施恰当的教育和指导； 重视自身日常态度言行对幼儿发展的重要影响与作用； 重视幼儿园、家庭和社区的合作，综合利用各种资源

续表一

工作任务领域	典型工作任务	职业能力
一日生活的组织与保育	• 组织晨间谈话 • 带领幼儿早操、课间操 • 如厕、盥洗、喝水 • 午餐 • 散步 • 午睡 • 整理与游戏 • 幼儿离园工作	熟悉幼儿一日常规，科学制定活动计划； 合理安排和组织一日生活的各个环节，将教育灵活地渗透到一日生活中，培养幼儿良好的生活习惯（进餐、午睡等）； 能在活动过渡环节，科学进行时间和空间的转换； 科学照料幼儿日常生活，指导和协助保育员做好班级常规保育和卫生工作； 充分利用各种教育契机，对幼儿进行随机教育； 工作耐心、细心，热爱幼儿，尊重幼儿； 动静交替，引领幼儿轻松愉快地参与活动； 有效保护幼儿，及时处理幼儿的常见事故，危险情况优先救护幼儿
环境的创设与利用	• 营造班级文化 • 创设班级教育环境	建立良好的师幼关系，帮助幼儿建立良好的同伴关系，让幼儿感到温暖和愉悦； 建立班级秩序与规则，营造良好的班级氛围，让幼儿感受到安全、舒适； 创设有助于促进幼儿成长、学习、游戏的教育环境； 建立班级特色文化； 合理利用资源，为幼儿提供和制作适合的玩教具和学习材料，引发和支持幼儿的主动活动
沟通与合作	• 接、送交流 • 开展家访 • 组织家长会 • 组织家长开放日 • 教研活动 • 开展社区活动	使用符合幼儿年龄特点的语言进行保教工作； 善于倾听，和蔼可亲，与幼儿进行有效沟通； 与同事合作交流，分享经验和资源，共同发展； 与家长进行有效沟通合作，共同促进幼儿发展； 能设计和组织家长开放日的活动； 具有较强的言语沟通能力和人际协调能力； 协助幼儿园与社区建立合作互助的良好关系； 具有合作精神和团队精神，性格开朗
游戏活动的支持与引导	• 游戏内容选择 • 游戏材料准备 • 游戏场地安排 • 游戏活动指导	能提供符合幼儿兴趣需要、年龄特点和发展目标的游戏条件； 能充分利用与合理设计游戏活动空间，提供丰富、适宜的游戏材料，支持、引发和促进幼儿的游戏； 能用有效方法鼓励幼儿自主选择游戏内容、伙伴和材料，支持幼儿主动地、创造性地开展游戏，充分体验游戏的快乐和满足； 可以有效引导幼儿在游戏活动中获得身体、认知、语言和社会性等多方面的发展

续表二

工作任务领域	典型工作任务	职 业 能 力
激励与评价	• 激励 • 观察 • 评价	了解幼儿在发展水平、速度与优势领域等方面的个体差异，并能用恰当的策略与方法来应对； 能关注幼儿日常表现，及时发现和赏识每个幼儿的点滴进步，注重激发和保护幼儿的积极性、自信心； 可以有效运用观察、谈话、家园联系、作品分析等多种方法，客观地、全面地了解和评价幼儿； 建立幼儿个性档案，能全面、科学评价幼儿； 能有效运用评价结果，指导下一步教育活动的开展
反思与发展	• 专业发展意识 • 专业规划 • 反思与钻研	能积极主动收集分析相关信息，不断进行反思，改进保教工作； 可以针对保教工作中的现实需要与问题，进行探索和研究； 能制定专业发展规划，不断提高自身专业素质

（六）培养目标

本专业培养思想政治坚定、德技并修、全面发展，适应学前教育改革与发展需要，具有合格托幼机构教师专业素质，掌握学前教育专业必备的专业知识和专业技能，面向学前教育领域的高素质劳动者和技术技能人才。

（七）培养规格

1. 知识规格

（1）具有一定的自然科学和人文社会科学知识。

（2）掌握不同年龄幼儿身心发展的特点、规律、个体差异和促进幼儿全面发展的策略方法。

（3）熟悉幼儿园教育的目标、任务、内容、要求和基本原则。

（4）掌握幼儿园环境创设、一日生活安排、游戏与教育活动、保育和班级管理的知识和方法。

（5）掌握幼儿安全防护与救助及观察、谈话、记录等了解幼儿的基本方法。

（6）掌握幼儿园各领域教育的特点与基本知识。

（7）具有相应的艺术欣赏与表现知识。

（8）具有一定的现代信息技术知识。

2. 能力规格

（1）具备观察和了解幼儿的能力。

（2）具备创设和利用有利于幼儿成长、学习、游戏的教育环境的能力。

（3）具备根据幼儿身心发展规律和学习特点，设计、实施教育活动及教育评价的能力。

（4）具备一日生活的组织和保育能力。

（5）具备幼儿游戏活动的支持和引导能力。

(6) 具有达到学院要求的普通话、三笔字、音乐、美术、钢琴、舞蹈等方面的技能。

(7) 具备自主学习、反思和发展的能力。

(8) 具备良好的语言表达能力。

(9) 具备沟通和合作能力。

(10) 具备较好的现代化教育信息技术能力。

3. 素质规格

(1) 关爱儿童，尊重儿童的权利，平等地对待每一位儿童。

(2) 热爱幼儿教育事业，注重保教结合。

(3) 尊重其他教师和家长，愿意与他们进行沟通和合作。

(4) 具有终身学习的意愿。

（八）毕业条件

1. 学分要求

学前专业学生须修满 158 学分方可毕业，如表 1－2 所示。

表 1－2 学前专业学生学分要求

公共课	公共必修课	32	20.2%
	公共选修课	8	5.1%
专业课	专业课内必修课	78	49.4%
	专业实践课	32	20.2%
	专业选修课	8	5.1%
总计		158	100%

2. 职业资格证书及技能要求

(1) 职业资格证书：通过幼儿教师资格证一门笔试考试。

(2) 技能要求：通过幼儿歌曲弹唱、歌表演、幼儿故事讲述、PPT 课件制作、环境创设、主题网络图设计、幼儿园教育活动设计、说课八项技能。

二、早期教育专业

（一）专业名称及代码

专业名称：早期教育

专业代码：670101K

（二）招生对象

普通高中毕业生或具有同等学力者。

（三）学制、学历层次及修业年限

学制：3 年

学历层次：大学专科

修业年限：3 年

（四）就业面向

就业方向：早期教育中心、托幼机构。

适用岗位：早教机构教师、幼儿园教师、家庭教育顾问、早教管理人员等。

（五）职业岗位（群）工作分析

早期教育专业学生（婴幼儿教师）所从事的典型工作任务如表 1-3 所示。

表 1-3 早期教育工作者工作任务、岗位职责分析表

工作任务领域	岗 位 职 责
师德修养	遵纪守法，遵守岗位各项规章制度及有关规定，不迟到、不早退。 为人师表，仪表端正大方，进班不披长发，不穿高跟鞋，尽心尽职。 对婴幼儿和蔼可亲，对家长有礼有节。 服从组织安排，团结同志，工作勤奋，有事业心、责任心及奉献精神，有终身学习的意识
婴幼儿保教工作	掌握 0～3 岁婴幼儿年龄特征，结合各个年龄段婴幼儿年龄特点设计活动，做到动静交替，活动内容新颖、有趣，同时注重对家长的指导。 积极参加政治、业务学习和教育研究活动，不断提高自身政治、文化、专业水平。 管理使用好早教中心的玩具，做到摆放玩具整齐、有序，同时每学期开学要对玩具登记，期末清点玩具数量，检查玩具安全质量。 早教环境温馨、干净，为婴幼儿营造一个良好的活动环境
教科研工作	积极参加教科研活动，有实践，有反思，在不断的学习中提高专业水平。 每月至少有 1～2 次观摩活动笔记。 根据自己的学习和实践，每学期写出 1 篇专题经验总结
安全卫生工作	组织活动期间，老师和家长共同负责婴幼儿的安全卫生工作。在活动时，要严格遵循婴幼儿发展规律，树立"安全第一"的意识，严格履行相关规定。 做好染病预防、消毒、隔离工作，必须配合保健医生，严格执行上级部门及本单位的要求，并履行保育教育职责，积极主动地做好对家长的宣传指导工作
家长工作	办好教育信息交流园地，内容丰富，形式活泼，每月更换一次。 办好家长学校，每学期召开两次以上家长座谈会，向家长宣传早期教育知识。 真诚与家长沟通交流，及时了解婴幼儿的教育环境，并提出科学合理的建议。 每次活动都要对家长进行教育指导，每月开展一次家长培训。 早教中心成员积极参加每月到社区的"早教进社区活动"，每次活动要有主题，达到活动目的。努力使宣传理念得到 0～3 岁婴幼儿看护人的认可

（六）培养目标

本专业培养思想政治坚定、德技并修、全面发展，适应学前教育改革与发展需要，具有合格托幼机构教师专业素质，掌握早期教育专业必备的专业知识和技术技能，面向早教机构、托幼机构、社区、家庭教育咨询机构等相关领域的高素质劳动者和技术技能人才。

（七）培养规格

1. 知识规格

（1）具备比较广泛的自然科学、人文社会科学知识、审美知识和现代信息技术知识，具备良好的文化素养。

（2）比较系统地了解和掌握有关0～3岁早期教育方面的基本理论和知识，了解0～3岁早教专业发展现状，掌握婴幼儿教育规律，具有正确的早期教育观；掌握婴幼儿卫生与保健的知识与方法及其不同阶段身心发展特点和教育的策略与方法；掌握0～3岁早期教育活动设计与组织的基本知识；掌握亲子教育和家庭指导的相关知识；掌握观察、记录和评价等研究婴幼儿的基本方法。

2. 能力规格

（1）具备从事0～3岁早期教育实践工作的专业素质及技能，包括：保育和教育能力；各类教育活动的设计与实施能力；游戏活动的支持与引导能力；创设与利用环境的能力；沟通与合作能力；家庭科学育儿指导的能力；观察、记录和评价的能力等。

（2）具备基本的声乐、钢琴、舞蹈、美术等艺术素养和审美表现能力，具备通过艺术手段促进婴幼儿身心发展的技巧和能力。

（3）具备良好的口语表达能力；具备一定的外语和计算机应用能力。

3. 素质规格

（1）思想素质：热爱祖国，树立正确的世界观、人生观和价值观；贯彻党和国家教育方针政策，遵守教育法律法规；具有现代教育观念和教育思想，热爱0～3岁早期教育事业，热爱儿童；具有强烈的工作责任心和良好的教师职业道德；具有团结合作的品质和良好的社会公德。

（2）身心素质：具有健全的心理和健康的体魄，乐观向上、朝气蓬勃，能够胜任0～3岁早期教育工作；具有良好的体育锻炼和卫生习惯，达到国家规定的大学生体育和军事训练合格标准。

（3）专业素质：关注和尊重婴幼儿人格和个体差异，平等对待每个婴幼儿，维护婴幼儿合法权益；了解和满足有益于婴幼儿身心发展的不同需求；具有初步运用0～3岁早期教育理论知识解决0～3岁早期教育实际问题的素养；具有自我反思、实践研究与自我发展的自觉性。

（八）毕业条件

1. 学分要求

早期教育专业学生须修满137学分方可毕业，如表1-4所示。

表 1-4　早期教育专业学生学分要求

公共课	公共必修课	32	23.4%
	公共选修课	8	5.8%
专业课	专业课内必修课	56	40.9%
	专业实践课	33	24.1%
	专业选修课	8	5.8%
总计		137	100%

2. 职业资格证书及技能等级证书

（1）职业资格证书：育婴师资格证、幼儿教师资格证（建议考取）。

（2）学生还需通过本专业技能考核，方可毕业。

三、护理专业

（一）专业名称及专业代码

专业名称：护理

专业代码：620201

（二）招生对象

普通高中毕业生或具有同等学力者。

（三）学制、学历层次及修业年限

学制：3 年

学历层次：大学专科

修业年限：3 年

（四）就业面向

1. 就业面向

在各级综合医院和专科医院、城乡社区医疗服务中心、老年福利院等从事临床护理及保健工作。

2. 工作岗位

主要岗位：综合医院、专科医院等各级各类医院从事临床护理。

发展岗位：城乡社区卫生服务机构从事社区护理；老年福利院从事老年护理。

相关岗位：各级医疗相关企业从事销售代表、产品专员、导医、客服专员等。

（五）职业岗位（群）工作分析

通过对护理专业人才市场分析，本专业主要面向基层培养护理人才，其职业岗位主要为：一是在综合医院和专科医院等各级各类医院从事临床护理（岗位群），如表 1-5 所示；二是在城乡社区卫生服务机构从事社区护理（岗位群）工作，如表 1-6 所示；三是在老年福利院从事老年护理（岗位群）工作（护理职业岗位服务面向与执业要求），如表 1-7 所示。

表 1-5　职业岗位（群）

职业岗位	服务面向	岗位执业资格
临床护理	在各级各类医院及妇幼保健院从事临床护理工作	护士执业资格证 * 护士证 * 助产士执业资格证（助产岗位） 营养师资格证

续表

职业岗位	服务面向	岗位执业资格
社区护理	在社区医疗护理服务中心（站）从事社区护理、家庭护理、社区康复保健护理、社区营养护理、新农合卫生保健等工作	护士执业资格证 * 护士证 * 社区护士培训证 * 母婴保健员培训证 家庭访视培训证 营养师资格证
老年福利院护理	在各级老年福利院，从事老年护理相关工作	护士执业资格证 * 护士证 * 营养师资格证

注：注 * 者为必备资格。

表 1-6　典型工作任务

工作岗位		典型工作任务
临床护理	内科护理	内科病人系统化整体护理、护理管理
	外科护理	外科及手术期病人系统化整体护理、护理管理
	妇婴护理	妇产科病人系统化整体护理、护理管理
	儿科护理	儿科病人系统化整体护理、护理管理
	急救护理	急诊科及各科急救病人系统化整体护理、护理管理
社区护理		社区家庭常见病预防及健康教育、社区家庭疾病护理、社区家庭急救、社区家庭保健及康复、社区家庭营养护理指导、家庭常见病预防指导、计划生育指导、社区健康档案建立与管理
老年福利院护理		福利院老年护理、福利院营养指导及饮食护理、福利院常见病预防及健康教育、老年急救、老年康复护理及指导、福利院健康档案建立与管理

表 1-7　职业能力分析

主要工作任务	岗位任职要求	职业能力
T1：在临床医院运用护理程序对各专科病人进行系统化整体护理	具备对成年疾病病人护理的能力； 具备对妇婴病人的护理能力； 具备对儿童病人的护理能力； 具备对老年疾病病人的护理能力； 具备对其他专科疾病病人的护理能力； 具备对各种病人施行饮食护理和饮食指导的能力； 具有良好的人际沟通及与人相处的能力和职业素养	A1-1：护理成年病人的能力； A1-2：护理外科病人的能力； A1-3：护理妇婴病人的能力； A1-4：护理儿科病人的能力； A1-5：对不同住院病人能准确提供饮食护理及营养指导

续表

主要工作任务	岗位任职要求	职业能力
T2：在社区/家庭开展常见病护理及预防、保健、老年、康复、营养护理活动及护理管理	具备对社区/家庭常见病、多发病护理及管理的能力； 具备对社区/家庭疾病预防、保健的护理能力； 具备对社区/家庭康复护理的能力； 具备对社区/家庭人群健康教育、计划生育指导的能力； 具备对社区/家庭不同群体进行营养指导的能力； 具有良好的人际沟通能力和职业行为	A2-1：护理常见病病人的能力； A2-2：疾病预防的能力； A2-3：保健护理的能力； A2-4：老年护理的能力； A2-5：康复护理的能力； A2-6：营养护理的能力； A2-7：健康教育的能力； A2-8：健康档案管理的能力
T3：在老年福利院开展各项老年护理活动	具有对老年群体疾病护理的能力； 具有对老年人疾病预防的能力； 具有对老年人保健护理的能力； 具有对老年人康复护理的能力； 具有对老年人营养护理指导的能力； 具有爱心、细心、耐心和责任心，尊重他人和与人相处的能力	A3-1：具备老年护理的能力； A3-2：具备健康教育和协调能力； A3-3：健康档案管理的能力； A3-4：营养护理与指导的能力

注：① 表中"典型工作任务"栏以 T 开头进行编码，例如"T2"表示第 2 项典型工作任务的代码；② "职业能力"栏以 A 开头进行编码，例如"A2-2"表示第 2 项典型工作任务对应的第 2 项职业能力的代码。

（六）培养目标

本专业培养思想政治坚定、德技并修、全面发展，适应人民卫生健康需要，具有一定的科学文化水平、良好的职业道德和工匠精神、较强应急处理能力等素质，掌握内科护理、外科护理、儿科护理、急救护理等知识和技术技能，面向各级医疗、预防、康复、保健机构等领域的高素质劳动者和技术技能人才。

（七）培养规格

1. 知识规格

（1）掌握一定的人文社科知识和政治理论知识；

（2）掌握人体结构和人体功能学的基本知识、基本原理；

（3）掌握人体疾病病因、病理变化和发病机制的基本知识；

（4）掌握护理学基本理论、基本知识、基本技能；

（5）掌握各种急、慢性疾病患者和危重症患者的护理原则和各种操作技能；

（6）掌握专科护理和监护操作技术。

2. 能力规格

（1）具有良好的职业道德，具备较强的英语、计算机应用能力以及公共关系能力；

（2）具备医学基础技术操作能力及基础护理技术应用能力；

（3）具备良好的专科护理技术应用能力、危重症监护和抢救能力、社区护理和预防保健工作能力等；

（4）具有一定的护理管理、临床科研能力和人际沟通能力。

3. 素质规格

（1）思想品德。具有坚定的政治方向，初步掌握毛泽东思想和邓小平理论的基本原理，树立正确的世界观、人生观和价值观；具有良好的文化修养、社会公德意识和职业道德素质；具有自主创新、终身学习的精神，具有勤奋学习、热爱劳动、艰苦奋斗、遵纪守法、爱岗敬业的精神和适应岗位变更的能力。

（2）业务素质。具有高尚的道德情感、坚韧的品质和良好的道德行为、爱岗敬业、奉行现代护理理念，具有严谨学风和良好职业道德的高级护理，通过高级职业技术教育和训练，全面掌握从事护理专业服务所需要的各科基本知识，具备从事临床护理、预防保健、护理管理、护理学科建设所需要的基本能力。

（3）心理素质。具有一定的体育、心理卫生知识，具有健康的体质和良好的心理素质，自我意识较强并懂得调整自己的心态与情绪，达到国家规定的体育锻炼和身心健康水平。

（4）职业资格及技能等级证书。

职业资格证书：护士执业资格证；

技能等级证书：普通话测试（二级乙等以上）证书。

（八）毕业条件

护理专业学生必须修满规定的 151 学分方可毕业，如表 1-8 所示。

表 1-8 护理专业学生学分要求

公共课	公共必修课	20	13.2%
	公共选修课	8	5.3%
专业课	专业课内必修课	72	47.7%
	专业实践课	43	28.5%
	专业选修课	8	5.3%
总计		151	100%

四、老年保健与管理专业

（一）专业名称及专业代码

专业名称：老年保健与管理

专业代码：620811

（二）招生对象

普通高中毕业生或具有同等学力者。

（三）学制、学历层次及修业年限

学制：3 年

学历层次：大学专科

修业年限：3 年

（四）就业面向

1. 就业面向

面向各级民政部门、老年机构、老年事业产业单位、老年社会团体领域第一线的，从事老年事业管理、老年产业经营、老年社团活动、老年大学教学与管理工作。

2. 工作岗位

主要岗位：各级养老机构从事老年健康护理与管理。

发展岗位：城乡社区卫生服务机构从事社区护理；老年福利院从事老年护理。

相关岗位：各级医疗相关企业从事销售代表、产品专员、导医、客服专员等。

（五）职业岗位（群）工作分析

老年保健与管理专业职业岗位（群）工作分析，如表 1-9 和表 1-10 所示。

表 1-9　职业岗位分析

职业面向	职业岗位	主要任务	职业能力	对应的主要课程	所需职业资格证书
护理业务	护理员	基本生活照料技术护理	给药 观察 冷热应用 护理记录 临终护理	基础医学； 老年常见疾病预防与照护； 护理学基础； 护理学人际沟通与交流； 老年心理学； 老年康复与训练	养老护理员（中级）
膳食搭配	营养师	进行膳食调查和评价； 人体营养状况测定和评价； 营养咨询和教育； 膳食指导和评估； 食品营养评价； 社区营养管理和营养干预； 培训和管理	从事与疾病有关的营养工作； 为病人制订合理的膳食； 设计适合不同病人的食谱； 能够指导人们在饮食、预防疾病、辅助治疗、预防亚健康、健康管理等领域，并能够设计好方案和跟踪服务	营养学 保健学 营养膳食与搭配 基础医学 食品科学	（临床）营养师

职业面向	职业岗位	主要任务	职业能力	对应的主要课程	所需职业资格证书
社会工作	社会工作师	社会救助； 社会服务； 就业服务； 社区管理与服务； 家庭婚姻服务； 医疗康复服务； 社会行为矫正； 心理道德辅导； 基本权益维护等	解决社会问题； 维护社会公德； 促进社会和谐； 推动社会进步	社区护理； 社会学概论； 心理学； 老年社会工作	社会工作师

表 1-10 职业岗位能力分析

职业生涯	职业技能基本要求
初级护理员	1. 能用常规消毒方法对便器等常用物品进行消毒； 2. 能进行天然消毒和简单隔离； 3. 会使用热水袋、冰袋； 4. 能读懂一般的护理文件； 5. 能进行简单的护理记录； 6. 能协助解决老人临终的身体需求
中级护理员	1. 能配合医护人员为褥疮老人换药； 2. 能配合医护人员完成吸入法给药； 3. 能测量老人的体温、脉搏、血压、呼吸； 4. 能对老人呕吐物进行观察； 5. 能协助医护人员完成各种给药后的观察； 6. 能观察濒临死亡老人的体征； 7. 能用常用物理消毒方法进行消毒； 8. 能用常用化学消毒方法进行消毒； 9. 能进行传染病的隔离； 10. 能给老人进行温水擦浴和湿热敷； 11. 能正确书写老人护理记录； 12. 能对特殊老人护理进行记录； 13. 能对护理文件进行保管； 14. 能对外伤出血、烫伤、噎食、摔伤等意外及时报告并做出初步的应急处理； 15. 能配合医护人员完成对老年人高血压病、冠心病、中风、帕金森病、糖尿病、退行性关节炎、痛风、便秘、老年性痴呆症等常见病的护理； 16. 能配合医护人员帮助特殊老人进行肢体被动运动； 17. 能配合医护人员开展常用作业疗法； 18. 能指导老人使用各类健身器材、能组织老人开展小型闲暇活动； 19. 能对老人的情绪变化进行观察，并能与老人进行心理沟通； 20. 能对老人人际交往中存在的不和谐现象与矛盾进行分析指导

续表

职业生涯	职业技能基本要求
高级护理员	1. 能进行心脏按压和人工呼吸； 2. 发生意外后，能进行止血、包扎、固定和搬运； 3. 能协助医护人员观察与护理危重病老人； 4. 能协助医护人员护理昏迷老人； 5. 能对老年人的生活习惯进行健康指导； 6. 能对老人的一般康复效果进行测评； 7. 能完成群体康复计划的实施； 8. 能完成个体康复计划的实施，并能组织老人开展各类兴趣活动； 9. 能参与组织较大型文体娱乐活动，并能向老人宣讲心理保健知识； 10. 能对老人忧虑、恐惧、焦虑等不良情绪进行疏导； 11. 能对老年人常见病、多发病和传染病进行咨询与预防指导； 12. 能与老人进行情感交流并予以心理支持，并能对初级养老护理员进行基础培训
技师	1. 能对老人护理环境进行设计； 2. 能制订改善老人护理环境的方案； 3. 能制订老人护理计划； 4. 能检查老人护理计划的实施； 5. 能在养老护理技术方面进行创新； 6. 能选择、论证、申报养老护理科研课题； 7. 能参与养老护理科研成果的鉴定与推广； 8. 能制订养老护理员的培训计划； 9. 能对养老护理操作中的各类疑难问题进行示范、指导； 10. 能制订养老护理员岗位职责和工作程序； 11. 能对养老护理管理方案予以实施与控制； 12. 能制订养老组织护理质量控制方案； 13. 能对养老组织护理技术操作规程的实施进行管理； 14. 能对养老组织护理质量的实施进行管理； 15. 能运用现代办公设备进行管理

（六）培养目标

本专业培养思想政治坚定、德技并修、全面发展，适应人民卫生健康需要，具有一定的科学文化水平、良好的职业道德和工匠精神、较强的就业创业能力等素质，掌握老年事业与产业经营管理、老年心理分析与咨询、老年营养分析与调理、老年生活规划的开发与设计，以及老年文艺体育活动的策划与组织等知识和技术技能，面向老年保健、老年事业管理、老年产业经营、老年社团活动等领域的高素质劳动者和技术技能人才。

（七）培养规格

1. 知识规格

（1）掌握本专业所必需的文化基础知识，包括马列主义理论、就业政策、应用文写作、英语、数学等知识。

（2）掌握本专业所必需的基本技能，包括创新能力、社交礼仪、计算机应用基础等。

（3）掌握本专业所必需的专业基础知识，包括老年学概论、管理学基础、基础医学、老年心理学、护理学人际沟通与交流、老年政策法规等。

（4）掌握本专业所必需的专业知识，包括老年人康复与训练、老年疾病预防与护理、营养与饮食保健、老年护理学、社区护理、职业素养与职业道德等。

2. 能力规格

（1）具备老年人生活护理能力；

（2）具备老年人心理护理能力；

（3）具备老年人疾病照护能力；

（4）具备老年人休闲活动组织与策划能力；

（5）具备养老机构经营与管理能力；

（6）具备老年康复保健能力；

（7）具有较好的制定工作计划能力和解决问题的能力；

（8）能主动获取信息的能力。

3. 素质规格

（1）思想品德。具有坚定的政治方向，初步掌握毛泽东思想和邓小平理论的基本原理，树立正确的世界观、人生观和价值观；具有良好的文化修养、社会公德意识和职业道德素质；具有自主创新、终身学习的精神；具有勤奋学习，热爱劳动、艰苦奋斗、遵纪守法、爱岗敬业的精神和适应岗位变更的能力。

（2）业务素质。具有高尚的道德情感、坚韧的品质和良好的道德行为、爱岗敬业、奉行现代护理理念，具有严谨学风和良好职业道德的高级护理，通过高级职业技术教育和训练，掌握本专业基本理论、基本知识和基本技能，具备老年事业与产业经营管理、老年心理分析与咨询、老年营养分析与调理、老年生活规划的开发与设计，以及老年文艺体育活动的策划与组织等多方面的知识与技能，能够从事老年保健、老年事业管理、老年产业经营、老年社团活动。

（3）心理素质。具有一定的体育、心理卫生知识，具有健康的体质和良好的心理素质，自我意识较强并懂得调整自己的心态与情绪，达到国家规定的体育锻炼和身心健康水平。

（4）职业资格及技能等级证书。

职业资格证书：养老护理员；健康管理师；

技能等级证书：普通话测试（二级乙等以上）证书。

（八）毕业条件

学生必须修满规定的 145 学分方可毕业，如表 1-11 所示。

表 1-11 老年保健与管理专业学生学分要求

公共课	公共必修课	20	13.8%
	公共选修课	8	5.5%
专业课	专业课内必修课	66	45.5%
	专业实践课	43	29.7%
	专业选修课	8	5.5%
总计		145	100%

五、财务管理专业

(一) 专业名称及专业代码

专业名称：财务管理

专业代码：630301

(二) 招生对象

普通高中毕业生或具有同等学力者。

(三) 学制、学历层次及修业年限

学制：3 年

学历层次：大学专科

修业年限：3 年

(四) 就业面向

1. 就业面向

面向中小型企业单位、机关事业单位、金融证券机构、财务咨询公司从事财务会计、财务管理、投资与融资管理与运作、财务咨询等工作，也可以面向会计师事务所从事财务管理和会计核算等实际工作。

2. 工作岗位

主要工作岗位：会计核算(包括材料核算、固定资产核算、成本核算、综合及编制财务报表据以核算岗位)、收银、出纳、微机录入等岗位。

相关工作岗位：库管员、营销员、统计员等岗位。

发展工作岗位：财务总监、会计主管、审计员。

(五) 职业岗位(群)工作分析

1. 职业岗位分析

财务管理专业可分为：出纳、会计、投资理财、财务分析四类，如图1-1所示。

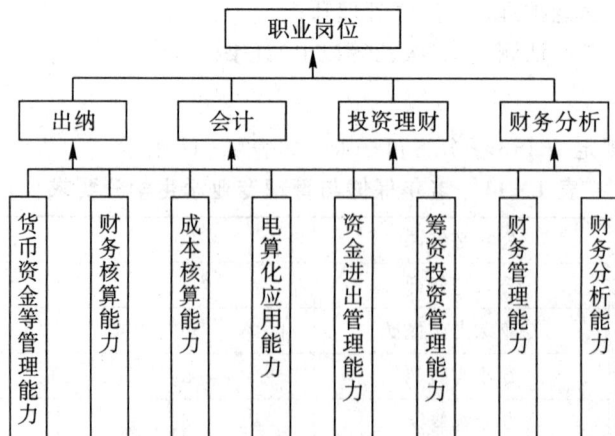

图 1-1 财务管理专业岗位分类

2. 职业岗位能力分析

财务管理专业职业岗位能力分析，如表 1-12 所示。

表 1-12 财务管理专业职业岗位能力分析

就业岗位	岗位能力描述
出纳	能出具相关的票据，办理现金收付，加盖印章；能审核保险单据、发票等原始凭证；按照费用报销规定，办理相关现金收支业务，做到合法准确、手续完备；申报和解缴税款工作；办理银行结算业务，登记日记账、编制银行存款余额调节表
会计	能正确处理企业各项经济业务，进行成本核算，具备手工、会计电算化填制凭证、登记账簿、编制报表的能力
投资理财	企业财务管理能力，进行财务预算、企业筹资、投资分析与决策的能力
财务分析	对企业整体财务运行情况进行分析，做出书面报告；对企业资产、负债、所有者权益情况进行具体量化分析能力；对预算执行情况、费用开支、资金收支计划进行分析能力；分析公司收入、利润实现情况的能力

(六) 培养目标

培养思想政治坚定、德技并修、全面发展，适应从事财务管理岗位实际工作的需要，具有创新和实践精神、良好的职业道德素质，掌握现代财务管理、成本核算、财务分析、会计电算化应用等知识和技术技能，面向中小微型企业、财务公司、会计事务所等领域的高素质劳动者和技术技能人才。

(七) 培养规格

1. 知识规格

(1) 基本知识与技能方面。

要有较强的语言沟通、文字表达、人际交往、信息获取及分析的能力；

要精通外语和计算机，便于进行企业之间经济协作与交流。

(2) 专业知识与技能方面。

掌握管理学、经济学、金融学等方面的基本理论和基本知识；

熟悉我国的大政方针、经济政策、财务法规以及国际相关法规和惯例；

要受到财务管理和会计核算方法和技能方面的严格训练，具备分析和解决财务管理与会计问题的实际能力。

2. 能力规格

(1) 培养学生要有适应不断变化的财务环境的能力；

(2) 培养学生独立分析问题、解决问题能力，有利于培养学生创新能力和专业技术应用能力，能够随着社会经济和理论研究的不断进步而不断创新财务管理的思想、方法和手段；

(3) 培养学生的财务管理实务流程操作技能、专业技术应用能力。

3. 素质规格

(1) 要有高尚的道德操守，保持清醒的经济头脑；

(2) 要有扎实的专业理论知识和熟练的专业实务能力和强烈的法律意识；

(3) 要有一定的人文素养；

（4）要有健康的体魄和乐观进取的心态。

（八）毕业条件

1. 学分要求

学生必须修满规定的 147 学分，同时取得学院认定的技能等级过关证书方可毕业。147 学分构成如表 1-13 所示。

表 1-13   财务管理专业学生学分要求

公共课	公共必修课	25	17%
	公共选修课	8	5.6%
专业课	专业课内必修课	78	53.1%
	专业实践课	32	21.8%
	专业选修课	4	2.7%
总计		147	100%

2. 职业资格证书及技能要求

学生在校期间可以取得下列与专业相关的职业资格证书之一即可。

（1）助理理财规划师。

（2）初级会计师资格证书。

（3）初级经济师资格证书。

（4）等级证书：普通话测试（二级乙等以上）证。

六、电子商务专业

（一）专业名称及专业代码

专业名称：电子商务

专业代码：630801

（二）招生对象

普通高中毕业生或具有同等学力者。

（三）学制、学历层次及修业年限

学制：3 年

学历层次：大学专科

修业年限：3 年

（四）就业面向

本专业旨在培养面向京津冀地区各类制造业、服务业等中小企业的电子商务专业人才。

（五）职业岗位（群）工作分析

1. 职业岗位分析

电子商务专业毕业生具有电子商务从业资格，可以在制造业、商业企业和电子商务企业等中小企业从事电商运营、网站美工、网络营销、客户管理、跨境电子商务等工作；电子商务毕业生在办公自动化、信息化应用方面具有较强的竞争力，还可应聘企事业单位的行政职位；电子商务专业是最好创业的专业，毕业生也可以根据自己能力选择自主创业。

2. 职业岗位能力分析

电子商务专业职业岗位能力分析，如表 1-14 所示。

表 1-14 电子商务专业职业岗位能力分析

职业岗位	工作任务	职业能力分析	专业课程
电商运营	利用电商平台或商城进行电商运营	能够利用电商平台开设店铺； 能够使用常用的电子支付工具完成电子支付； 能够根据栏目设计要求进行内容编辑； 能够正确选用电子物流配送系统	网络商品管理； 电商运营； 仓储与配送管理； 电子商务综合实训
网站美工	利用各种工具对商品进行拍摄，对商品图片美化	能够进行商品照片拍摄； 能够处理及美化产品图片； 能够进行网页内容编辑	网店美工； 商务网页设计； 商务网站内容维护与 SEO
网络推广	信息搜集、整理；网络调研； 网络广告设计与发布； 邮件营销； 博客营销； 搜索引擎营销； 微博营销； 微信营销	能够及时更新商务信息； 能够设计市场调查问卷； 能够组织实施网上市场调研； 能够利用多种手段进行商品销售； 能够策划多种类型的网站促销活动； 能够将自己的网站登录到其他搜索引擎； 能够进行微信营销； 能够进行微博营销	市场营销； 统计方法应用； 市场调查与预测； 网络营销
客户管理	客户服务； 订单处理； 交易纠纷处理； 客户关系管理	能够利用各种工具进行客户服务； 能够有效处理订单； 能够处理交易纠纷； 能够进行客户开发与维系； 能够根据客户反馈意见撰写客户需求分析报告	商务沟通与礼仪； 客户关系管理
移动电商	移动端开发； 移动端运营； 移动端的推广	能够利用各种途径进行移动端推广； 能够利用自媒体进行推广； 能够处理移动支付安全交易	移动电子商务； 移动 APP 开发
跨境电子商务	跨境网络平台应用； 网络采购； 网络销售； 网络客户维护	能够利用网络工具发布和寻找商情信息； 能够利用网络进行采购； 能够利用网络开发国外客户，开展外贸业务； 能够维系国外客户	网络商品管理； 商务英语函电； 外贸电子商务

（六）培养目标

培养思想政治坚定、德技并修、全面发展，适应京津冀地区制造业、商业和电子商务企业等中小企业的需要，具有创新和实践精神、良好的职业道德素质，掌握电商运营、网站美工、网络营销、客户管理、跨境电子商务等知识和技术技能，面向电子商务领域的高素质劳动者和技术技能人才。

（七）培养规格

1. 知识规格

（1）了解和掌握思想政治、法律基础、形势与政策等人文素质与公共文化基础知识。

（2）了解市场运行的基本规律和基本规范，掌握市场营销、经济管理、财务金融、经济法律、商务礼仪等商科基本知识。

（3）掌握市场分析、营销策划、产品销售、客户管理、团队建设、跨境电子商务、自主创业的专业知识。

（4）掌握英语交流、应用文写作、计算机应用等工具知识。

2. 能力规格

（1）具有良好的学习能力、沟通能力、适应能力、创新能力等基本能力；具有终身学习的理念。

（2）具有市场拓展、团队管理、商务礼仪等专业基本能力。

（3）具有网络调查与分析能力，图片处理及美化、网页内容编辑、网站整体页面设计的能力，网络营销的能力，客户开发与管理能力，开展跨境电子商务的能力，自主创业的能力。

（4）具有英语交流、计算机应用等能力。

3. 素质规格

（1）具有良好的政治素养、社会公德、行为习惯，会做人、会做事、会与人合作。

（2）遵守各种法律规范和职业道德，具有热爱专业、积极进取、充满活力、勇担风险和创新意识等职业素质。

（3）具有良好的爱国主义情感，社会责任意识和法制观念，具有正确的人生价值取向和适应电子商务工作岗位的健康体魄。

（八）毕业条件

学生必须修满规定的 151 学分，同时取得相应的技能等级证书方可毕业。

1. 学分规定

151 学分为学生考试合格的专业必修和选修，基础素质课程以及学院公共任选课程学习总计学分。

2. 技能等级证书

普通话：普通话测试（二级乙等以上）证书。

七、计算机应用技术专业(UI 设计方向)

(一)专业名称及专业代码

专业名称：计算机应用技术

专业代码：610201

(二)招生对象

普通高中毕业生或具有同等学力者。

(三)学制、学历层次及修业年限

学制：3 年

学历层次：大学专科

修业年限：3 年

(四)就业面向

1. 就业面向

计算机应用技术专业毕业的学生毕业后可进入企事业机关单位负责 Web 开发、Web 前端交互设计、UI 设计、网站建设、网站管理、界面交互设计、APP 交互设计、互联网信息编辑、网络优化、网络安全、JAVA 软件测试、局域网组织管理等工作。

2. 工作岗位

主要岗位：APP 产品设计师。

发展岗位：UI 设计师、界面设计师。

相关岗位：网页设计、网站编辑、网站美工。

(五)职业岗位(群)工作分析

计算机应用技术专业(UI 设计方向)职业岗位工作分析，如表 1-15 所示。

表 1-15 计算机应用技术专业(UI 设计方向)职业岗位工作分析

工作岗位(群)	岗位工作任务	职业能力要求
设计类	APP 产品设计师	负责 APP 全端开发的全部开发、设计、迭代等工作
	UI 设计师	1. 根据产品需求,对产品的整体美术风格、交互设计、界面结构、操作流程做出设计; 2. 负责项目中各种交互界面、图标、LOGO、按钮等相关元素的设计与制作
	网站设计制作	1. 负责公司网站的设计、改版、更新; 2. 负责公司产品的界面设计、编辑、美化等工作; 3. 负责公司宣传产品的美工设计
	网站编辑	负责专题策划、活动策划、能够独立完成选题策划、稿件组织与专题制作等工作
	网站美工	1. 负责公司旗下官网、淘宝商城页面整体规划设计; 2. 负责相关广告、LOGO、banner、海报等设计

工作岗位（群）	岗位工作任务	职业能力要求
运营类	电子商务运营总监	1. 负责点在商务网站整体运营，提高品牌影响力和成交量； 2. 负责公司网站、商城店铺及各类合作商家整体设计规划和运营知道，制定和实施网络营销推广发展规划
	客服主管	1. 负责客服小组，给下级成员提供引导或支持并监督他们的日常活动； 2. 推动客户服务规范和制度，执行促销方案，提升客户重复订单率； 3. 处理服务的鼓掌和客户的投诉，控制消费者面一度的跟踪、分析
媒体类	新媒体运营	1. 熟悉微博、微信、博客、QQ、微信公众号运作流程、操作方法，并能熟练使用多种第三方平台发布内容，了解当下受众需求，定期与粉丝互动； 2. 负责运营公司微博、微信、博客等社会化媒体宣传渠道
手机类	微信运营专员	1. 维护管理公司微信公众号； 2. 负责微信公众号整体运营，包括功能建设、菜单规划、热点内容、活动策划等； 3. 负责策划撰写原创话题，增加与粉丝互动和活跃度
	APP 推广	1. 通过线上、线下各种渠道进行 APP 推广，实现下载、安装、注册的目标； 2. 提升 APP 在各大软件平台内的搜索排名、活动推广等； 3. 负责与应用商店。热门应用等各类营销合作及关系的拓展和维护
	产品专员	1. 负责移动客户端需求处理及使用逻辑细化； 2. 推荐产品迭代； 3. 参与跟进产品测试，保证产品质量； 4. 产品上线后，收集用户反馈，对产品进行持续优化

（六）培养目标

培养思想政治坚定、德技并修、全面发展，适应生产、建设、管理、服务需要，具有实践和创新能力、良好的职业素质，掌握 Web 网站研发与管理、Web 前端交互设计、UI 设计、网站建设、网站管理、界面交互设计、APP 交互设计、互联网信息编辑、网络优化、网络安全等知识和技术技能，面向计算机应用技术服务领域的高素质劳动者和技术技能人才。

（七）培养规格

1. 知识规格

（1）具有高等技术应用性人才必备的数学、外语和其他文化知识；

（2）掌握 Web 界面开发的理论知识及常用开发技术；

（3）掌握 UI 设计、GUI 设计、界面设计技术；

（4）掌握 APP 界面衍生品开发能力。

2. 能力规格

（1）具有图标模块设计能力；

（2）具有交互原型设计能力；

（3）具有 IOS-Iphone 界面设计能力；

（4）具有 Android 界面设计能力。

3. 素质规格

（1）爱岗敬业，勤奋工作的职业道德素质；

（2）从事本专业领域所应具备的基本文化素质和实际工作的专业素质；

（3）健康的身体素质、心理素质和乐观的人生态度；

（4）良好的人文科学素养和一定的美学修养。

(八) 毕业条件

计算机应用技术专业（UI 设计方向）学生必须修满 137 学分方可毕业，如表 1-16 所示。

表 1-16 计算机应用技术专业（UI 设计方向）学生学分要求

公共课	公共必修课	28	21%
专业课	专业课内必修课	76	55%
	专业实践课	33	24%
总计		137	100%

八、摄影测量与遥感技术专业

(一) 专业名称及专业代码

专业名称：摄影测量与遥感技术（无人机航拍航测方向）

专业代码：520302

(二) 招生对象及条件

普通高中毕业生或具有同等学力者。

(三) 学制、学历层次及修业年限

学制：3 年

学历层次：大学专科

修业年限：3 年

(四) 就业面向

1. 就业面向

主要面向国内各电视台、网络传媒、影视公司、广告公司、设计院、农林、水利、电力、交通、矿产、国土资源等相关行业企业。

2. 工作岗位

主要从事无人机设计、组装维护、飞控、航拍测绘、影视后期制作、数字媒体等方向工作，如表 1-17 所示。

表 1-17　摄影测量与遥感技术(无人机航拍航测方向)主要职业岗位

主要职业岗位	初始岗位	发展岗位
无人机操控	无人机驾驶员	职业飞控师
航拍航测	航拍摄像	专业摄像师
后期制作	影像资料后期处理	专业设计师
数字多媒体	多媒体制作编辑	专业设计师

(五)职业岗位(群)工作分析

摄影测量与遥感技术专业，职业岗位(群)工作分析，如表 1-18 所示。

表 1-18　摄影测量与遥感技术专业职业岗位工作分析

工作岗位(群)	工作任务	职业能力要求
无人机飞控	无人机飞行操控	掌握无人飞行器基础知识、专业技能；具备独立完成无人机安装、保养、调试、维修能力；具备应急处理能力、观察分析能力、团队协作能力；具备良好的团队合作精神与职业道德，沟通交流能力、较强的实践动手能力
摄影、摄像	影像拍摄工作	掌握专业摄影知识，熟悉摄影器材及配套设施；具有较强的色彩搭配、调试能力；具有较强的创新能力、善于使用镜头表意的能力，能够适应各种复杂的拍摄环境；具备良好的团队合作精神与职业道德，沟通交流能力
影视后期	后期影像编辑剪辑合成	具有较强的美术功底、色彩搭配能力；具有一定的文字功底，理解镜头语言，根据创意脚本或文案来制作后期效果的能力；具备使用 PR、ED、AE 等非编软件进行影片后期处理能力；工作认真细致、有责任感、具备良好的团队合作精神与职业道德，沟通交流能力

(六)培养目标

培养思想政治坚定、德技并修、全面发展，适应生产、建设、管理、服务需要，具有实践和创新能力、良好的职业素质，掌握无人机航拍服务中操作与管理、无人机航拍、无人机测绘、无线电等知识和技术技能，面向无人机设计、飞控、航拍测绘、影视后期制作、数字媒体等领域的高素质劳动者和技术技能人才。

(七)培养规格

1. 知识规格

(1)熟悉无人飞行器的基本理论，牢固掌握不同类型无人机的构造原理，了解本学科的最新成果和发展方向；

(2)熟悉无人机操作的相关国家政策法规，以及无人机的管控与反制技术；

(3)熟练掌握无人机航空摄影、航空测绘等应用的技术与技巧；各种航拍器材的使用和维护，航拍影像资料后期的编辑合成等。

2. 能力规格

(1) 了解无人机行业发展前沿动态，具有独立获取信息、接受新知识，提出问题、分析问题和解决问题的基本能力；

(2) 具备无人机航空摄影相关系统设备的集成组装、使用和维护的综合能力；

(3) 具备一定的紧急事件应变及事务处理能力。

3. 素质规格

(1) 具有坚定正确的政治方向；

(2) 具有良好的社会公德、职业道德和诚信品质；

(3) 具有爱岗敬业、艰苦奋斗、勇于创新的团队协作精神；

(4) 具有解放思想、实事求是的科学态度；

(5) 具有敢于拼搏、建功立业的创新精神和实干精神；

(6) 具有较强的遵纪守法意识；

(7) 具有健康体魄，养成自觉锻炼身体的良好习惯，掌握科学锻炼身体的基本技能。

(八) 毕业条件

1. 学分要求

学生须修满 154 学分方可毕业，如表 1-19 所示。

表 1-19 摄影测量与遥感技术专业学生学分要求

公共课	公共必修课	24	15.6%
	公共选修课	8	5.2%
专业课	专业必修课	73	47.4%
	实践必修课	49	31.8%
总计		154	100%

2. 技能等级证书

无人机飞行职业资格证书；

普通话：普通话测试(二级甲等以上)证书。

九、服装与服饰设计专业

(一) 专业名称及专业代码

专业名称：服装与服饰设计

专业代码：650108

(二) 招生对象

普通高中毕业生或具有同等学力者。

(三) 学制、学历层次及修业年限

学制：3 年

学历层次：大学专科

修业年限：3 年

（四）就业面向

1. 服务面向

毕业生可面向服装设计公司、服装订制工作室、形象设计工作室、影视剧组、娱乐演出公司、时尚媒体、公关广告公司、会展公司及企业形象设计顾问、新闻传播、信息等媒介以及专业化妆美容教育等机构，从事服装产品开发（服装商品企划、开发板设计）、市场营销、服装外贸、服务管理、理论研究及宣传咨询等方面的工作。

2. 就业岗位

主要工作岗位：助理设计师、服饰搭配师、陈列营销师、时尚杂志编辑。

相关工作岗位：品牌策划师时尚买手企业形象顾问。

（五）职业岗位（群）工作分析

1. 职业岗位需求

随着时代的发展，消费者对物质文化的需求日趋增加，服装产业正处在从纺织服装大国向纺织服装强国转变的关键时期。人们对于服饰的要求已不仅仅局限于御寒遮体，而是追求时尚与美。在后金融危机时期，随着市场竞争的加剧，服装产业结构的升级，企业意识到原创设计对产品生命力的重要性，服装企业为应对国际环境变化带来的冲击纷纷转型进行以价值创新为核心的品牌发展，由此对服装设计师的需求可谓求贤若渴。拥有独特设计理念，深谙市场，能够进行原创设计的高薪职位成为广大服装企业新的人才需求增长点。

2. 具体岗位需求状况

服装与服饰设计专业具体岗位需求状况，如表 1-20 所示。

表 1-20 服装与服饰设计专业具体岗位职业能力分析

序号	岗位名称	岗位职业能力分析
1	助理设计师	能够准确把握市场流行信息和时尚潮流，熟悉新产品开发流程，熟悉服装工艺及各种面辅料特性，能够根据市场走向和品牌需求提出设计策划案，并根据设计方案和设计构想，协助设计师完成产品创意、设计工作
2	陈列营销师	具备美学素养、服装知识等基础知识，在服装服饰零售终端（卖场、专卖店等）通过布景、色彩、灯光的布置来规划整体购物氛围，使消费者感受到特有的商业文化，提升产品销售量
3	品牌策划师	为企业明确发展与破局的道路方向，清晰品牌传播、产品开发、市场推广的核心主线，提炼和塑造企业产品的市场竞争力，快速引爆市场
4	时尚买手	以时尚的眼界和对市场的把控能力，收集世界各地将受人们欢迎的兼具时尚品位及新锐设计的潮流服饰。以优秀判断力和艺术眼光，将最适合当地市场的款式引入当地市场，赢得最大市场回报
5	时尚杂志编辑	就职于时尚杂志、电视、平面媒体

序号	岗位名称	岗位职业能力分析
6	服饰搭配师	掌握美学、色彩学、服装设计、服饰搭配、服装市场规律、时尚潮流趋势、消费心理学,为顾客提供各种场合下的最佳服装服饰搭配方案
7	企业形象顾问	用先进的色彩与形象理念和成熟的色彩应用技术让普通人迅速提升形象品位,进行时尚而雅致的商业色彩设计和大手笔环境色彩设计,全面提升企业整体形象
8	其他	

(六) 培养目标

培养思想政治坚定、德技并修、全面发展,适应服装行业需要,具有创新精神和职业道德素质,掌握服装设计、配饰设计、服装营销及管理、时尚编辑、形象设计等知识和技术技能,面向服装产品开发(服装商品企划、开发板设计)、市场营销、服装外贸、服务管理、理论研究及宣传咨询领域的高素质劳动者和技术技能人才。

(七) 培养规格

1. 知识结构

(1)具有人文社会科学和自然科学相关的基础知识,熟悉中外传统服饰文化、中外服装发展脉络及本专业的前沿理论知识和流行发展趋势。

(2)掌握服饰产品设计、形象设计美学的基本原理和现代服装设计及品牌策划的基本知识。

(3)掌握人物基本造型和表现方法、色彩分析与搭配以及服装工艺等基础知识。

(4)掌握计算机辅助设计基本知识及服装品牌企划和卖场陈列管理的基本知识。

(5)具备各民族、各地域的文化习俗方面的知识,了解纺织服装行业规范及发展资讯。

2. 能力结构

(1)具备基本的阅读能力、文字表达能力、对事物的认知能力、色彩搭配与收集素材的能力,以及熟练操作计算机辅助设计的能力。

(2)掌握现代化设计技术手段,具备各类服装款式设计、服装结构设计、服饰配件设计以及成衣制作的能力。

(3)具有创意形象设计的整体造型能力以及进行流行服饰品的预测、开发设计及独立创新研究的综合应用能力。

(4)具有服装色彩、服饰品陈列展示、手工印染、摄影等与服装设计相关的实践能力。

(5)具备跟踪服饰设计前沿动态,把握服装流行趋势,了解大众审美需求,不断探索新材料、新工艺和新技法的能力。

3. 素质结构

(1)具有正确的人生观、世界观和价值观,敬业诚信、科学求实、踏实严谨、吃苦耐劳。

(2)具有较高的科学文化素质和艺术素养,具有较高审美水平、良好的沟通能力以及团队合作精神。

(3) 具有先进的设计理念和较强的创新精神，具备既继承优秀民族服饰传统又符合国际趋势潮流的独特设计思维。

(4) 具有较强的实践能力和自我更新能力，能创造性地开展工作。

(5) 具有较强的口头和书面表达能力，社会交往和组织协调能力。

(八) 毕业条件

1. 学分要求

学生必须修满规定的 156 学分方可毕业。公共必修课部分要求学生修满 24 学分，占总学分的 15%；专业课程要求学生必须修满 132 学分，占总学分的 85%；综合实践课程要求学生必须修满 40 学分，占总学分的 26%。

2. 职业资格证书及技能等级证书

专业相关职业技能等级证书；

普通话：普通话测试(二级乙等以上)证书。

十、室内艺术设计专业

(一) 专业名称及专业代码

专业名称：室内艺术设计

专业代码：650109

(二) 招生对象

普通高中毕业生或具有同等学力者。

(三) 学制、学历层次及修业年限

学制：3 年

学历层次：大学专科

修业年限：3 年

(四) 就业面向

本专业就业主要面向室内装饰行业的设计、技术与施工管理等工作。适应的职业岗位为：室内设计师、室内设计师助理、室内设计施工监理员、效果图设计师、施工图设计/制图、项目经理、软装设计师等相关技术岗位。

(五) 职业岗位(群)工作分析

1. 职业岗位分析

随着现代社会经济技术和社会的迅猛发展，人们已经从基本的物质生活需求中解放出来，更多地关注精神生活。然而通观全国，有较高审美能力和创造能力的室内艺术设计人才缺口仍然较大。调查显示，各类中小企业对室内设计人员的需求旺盛，并且愿意接受专科毕业生，但他们需要的室内艺术设计人才不仅要具有专业制图工作的基本理论知识和技能，同时需要较强的室内设计知识。因此，室内艺术设计专业应该重点培养室内设计人员，特别是面向蓬勃发展的中小企业的室内设计人员。

2. 岗位职业能力分析

室内艺术设计专业岗位职业能力分析，如表 1 - 21 所示。

表 1 - 21　室内艺术设计专业岗位职业能力分析

工作岗位	岗位职责和主要工作任务	职业能力
室内设计师	根据室内空间的功能需求和业主的要求，完成对室内设计方案的制作	1. 能够与设计师进行良好的沟通； 2. 能够对空间的设计风格有整体的把握能力
室内设计助理师	根据设计师的意图，完成对设计方案效果图以及施工图的制作，能够表达设计意图	1. 能够与业主进行方案的沟通； 2. 能够对空间的功能和形式有整体的把握
市场业务经理	与客户进行前期沟通交流，洽谈签约	1. 良好的口才能力； 2. 制图与识图能力； 3. 熟知结构与材料、施工流程与管理
施工图设计/制图员	绘制室内装饰施工图	1. 能制图与识图； 2. 能熟练操作 CAD 绘图软件； 3. 能与设计师、施工员进行有效沟通
项目经理	1. 装饰项目设计组织及施工员工作范围； 2. 负责室内装饰装修工程的组织管理； 3. 能进行工程报价书、预算书、决算书的编制	1. 能组织项目工程的施工与管理； 2. 熟悉室内装饰施工流程； 3. 熟悉装饰工程预决算； 4. 掌握室内装饰施工技术； 5. 有良好的人际交流沟通能力

（六）培养目标

培养思想政治坚定、德技并修、全面发展，适应室内装饰行业需要，具有创新精神和职业道德素质，掌握计算机辅助设计、住宅室内设计、陈设设计、商业空间设计、软装设计等知识和技术技能，面向室内装饰行业生产管理第一线领域的高素质劳动者和技术技能人才。

（七）培养规格

1. 知识结构

（1）掌握室内艺术设计专业的基础理论知识和专业知识；

（2）掌握居住空间设计、陈设设计、商业空间设计的基本原理和管理的必备专业知识；

（3）掌握一定的人文社科知识和政治理论知识；

（4）掌握施工方法和施工工艺，理解构造原理，能够解决施工中遇到的问题；

（5）掌握室内设计相关专业的基本知识，了解本学科发展方向。

2. 能力结构

（1）具备相关的室内装饰的技能，并能理解室内设计和室内陈设设计的基本美学原则和设计方法；

（2）具有较强的手绘及计算机绘制装饰工程效果图、室内装饰工程施工图和会审装饰工程图的能力；

（3）熟悉装饰艺术设计的各种材料、施工流程与制作工艺，具备施工监理的能力；

（4）具备草拟合同书、预算书和与客户沟通的能力；

（5）室内工程项目进行设计、预算、编制招标标书、投标标书能力；

（6）具备信息搜集、分析处理能力，具有初步的科技创新和实际工作能力。

3. 素质结构

（1）思想素质：具有较高的政治素质和正确的思想观念，有高度的责任心和良好的职业道德，有较高的艺术素养，对事物有独特的见解和思想，有创新精神，爱岗敬业，勇于开拓，勇于奉献。

（2）业务素质：掌握居住空间设计、室内陈设设计、商业空间设计等基本知识和相关技能，掌握用计算机进行辅助设计的基本操作和制作技能，有敏锐的观察能力和预见能力，善于与人沟通交流；外语、计算机达到国家等级考试规定的标准。

（3）文化素质：掌握必备的科学文化知识，了解中国传统文化，具有较好的人文素质和个人修养，具有较强的社会交往和组织协调能力。

（4）身心素质：具有健康的体魄，较强的心理调节能力和良好的心理素质，具有与人合作的团队精神和积极向上的创新精神。

（八）毕业条件

1. 学分要求

学生必须修满规定的 156 学分方可毕业。公共必修课部分要求学生修满 24 学分，占总学分的 15％；专业课程要求学生必须修满 132 学分，占总学分的 85％；综合实践课程要求学生必须修满 40 学分，占总学分的 26％。

2. 职业资格证书及技能等级证书

专业相关职业技能等级证书；

普通话：普通话测试（二级乙等以上）证书。

拓 展 阅 读

美国《福布斯》杂志网站日前对 20 年后的行业盛衰情况做出了一些有趣的预测，根据这些预测，到 2026 年，许多行业都将消失，而一些新的行业将会诞生。

• 自动收银机取代收银员

据《福布斯》杂志网站预测，20 年后，你现在的工作可能将再也不会存在，至少会发生某种改变。美国未来学家、《未来震撼和财富革命》一书作者艾文·托夫勒说："我认为未来将会有大量的职业发生转变，大多数工作都将产生变化，一些职业将会留下来，但却会发生巨变。"

据预测，20 年后，超市的自动收银机将会彻底取代收银员；媒体和电影制片厂为了适应数字时代，将发生大幅度调整；三大汽车工厂通用、福特、戴姆勒·克莱斯勒也必须转型，以保证其全球市场的竞争力。到时，计算机科技将会继续主宰世界，机器将能够提供大多数翻译服务，导致语言专家和翻译失业；此外，全自动的战斗飞机也将问世，令战斗机飞行员无用武之地。

• 加氢站取代加油站

不过，20年后也会产生一些新的就业机会，失去天空的战斗机飞行员可以改行驾驶飞艇。飞艇的理念起源于20世纪20、30年代，但在未来20年后，飞艇将会使交通出现革命性的改变，这种交通工具不需要造价昂贵的跑道，可以在空中停留，并可以将乘客和货物运送到没有任何跑道的穷乡僻壤中。

20年后石油还不至于消失，但替代能源必将创造出多种新行业，最可能的替代能源包括氢燃料，根据福特汽车公司的一项研究报告，如果"加氢站"大量诞生，那么必将和"加油站"产生剧烈的竞争，"氢燃料"都是在"加氢站"中现场制造的，所以"加氢站"工作人员必须拥有特殊的专业技巧。

• 通过"远距传物"上班

根据未来学家的预测，将来有一天，汽车也会被淘汰，因为科学家发现并掌握了"远距传物"的本领（将物质转变为能，传送到目的地后重新转变为物质），未来学家罗伯特·海曼说："人们会认为远距传物不可思议，像是天方夜谭，他们会说：'这永远不可能成为现实。'可是人们当年也曾看着飞机说：'它永远不可能飞起来。'不是吗？未来有无限的可能性。"据海曼称，远距传物的梦想或许无法在20年后实现，但作为未来的交通方法，人们完全可以尽情想象。

20年后可能出现的10种新行业：

▲基因测试者：替老板们收集和分析雇员的DNA，确定他们有没有吸毒倾向。

▲病毒隔离执行者：如果未来爆发全球性瘟疫，为了防止瘟疫蔓延，将需要大量病毒隔离执行者。

▲水淹城市救援专家。

▲远距传物专家：人们上班再不需要乘坐汽车或地铁，只需到"远距传物"站，转眼间就会消失，然后出现在工作单位中。

▲机器人修理师。

▲动物律师。

▲飞艇驾驶员：飞艇将成为未来世界的主要交通工具，它们运费便宜，不需跑道，可在空中停留。

▲好莱坞全息摄影师：电影院将门可罗雀，制片公司最终将摄制立体全息电影。

▲太空导游：太空旅游将成为家常便饭，太空导游将成为一门新行业。

▲"加氢站"站长：20年后，氢燃料将和汽油展开竞争，掌握专门技术的"加氢站"站长不可或缺。

模 块 小 结

该模块通过一系列的阐述，探讨了专业的内涵、分类、专业与职业，以及专业发展与培养目标的对应关系。

专业，泛指专门学业或专业职业。在高等教育领域，专业是根据学科分类和社会职业分工需要，分门别类进行专门知识和教学活动的基本单位。各专业都有独立的教学计划，以实现专业的培养目标和要求。

高等教育领域，对专业进行分类由来已久，随着时代的进步与社会需求的演变，新的专业类别被不断补入。本教材使用我国教育部 2004 年 12 月统一颁布的指导性专业目录，共有农、林、牧、渔、交通运输等 19 大类，532 个专业。

大学生对所选专业的正确认知，可以有效激发专业兴趣，提高学习主观能动性。不同的高校，根据自身的条件、人才输出定位、社会需求，会制定相应的专业培养目标，内容涉及对学生的课程安排、知识能力素质提升、就业方向等，所以阅读专业培养目标是合理认知专业的高效途径。

教 学 检 测

1. 小 S 的大学专业是老年保健与管理，他可以向那些单位投递简历？列举三个以上。

2. 专科财务管理专业的就业方向有哪些？列举三个具体职位（岗位）。

3. 专科电子商务专业的就业方向有哪些？列举三个具体职位（岗位）

4. 专科计算机应用技术专业的就业方向有哪些？列举三个具体职位（岗位）

5. 专科摄影测量与遥感技术专业的就业方向有哪些？列举三个具体职位（岗位）。

6. 小 Z 是一名服装与服饰设计专业的学生，她的目标是做一名网络时装店店主，但不太了解线上操作和营销技巧，她可以旁听哪些专业的专业课程，补充知识？

实 训 活 动

调查你所学专业的就业方向及就业情况并预测它的发展趋势。

模块二　规　划　学　业

➤ **知识目标**

(1) 了解大学生学业规划的现状及特征。

(2) 掌握学业与专业、职业、事业、就业之间的关系。

(3) 掌握大学生学业规划的步骤及方法。

➤ **技能目标**

(1) 给自己的大学生活做一个科学的学业规划。

(2) 通过学习对比找出自己平时学业规划遇到的问题及不足之处。

学业规划的目的是使每位大学生在校期间都有明确而具体的学习目标和素质拓展目标，以及实现目标的路径设计，让每位学生都成为一个有追求的人，让每位学生通过自己的努力顺利完成学业，成为有足够竞争力的青年才俊。因此，开展大学生学业规划具有非常重要的意义。

项目 1　学业规划概述

【案例导入】

毕业的遗憾

小英是一位专科生，在大三毕业前夕，由于找工作不顺利，因此她参加了专接本考试，如愿考上了"3＋2"财务管理本科班。一年级时觉得时候还早，什么都不着急，结果第一年的时光很快就过去了。第二年临近毕业时，由于经济不景气，小英发现就业压力比专科毕业时还大，于是打算考研，可是她的英语四级还未通过，现在已经没有精力复习考试了。在匆忙应付完毕业论文之后，小英满怀遗憾地毕业了，至今尚未找到合适的工作。总的来看，小英还是一个能够正视自己生活中的压力的同学，可惜，她虽然看清楚了问题，却没有采取相应的应对措施，未对自己的学业进行有效规划，因此，错失了提升自己的机会，使得自己在就业竞争中处于不利的位置。

学业是大学生立身之本，是大学生应当集中精力努力掌握的知识、能力、素质体系。具备和拥有好的学业，才会有好的就业、好的职业。

一、大学生学业规划现状

据有关部门对某年应届毕业生的调查，发现有三分之一的学生对于就业准备属于"临阵磨枪型"，直到毕业前夕才考虑就业，另有 50％的学生到大三下学期才开始考虑就业问题，只有 4％的学生是在进大学以前就考虑就业问题的。就业方向不明或就业准备不足是导致求职失败的重要原因。因此，对于在校学生来说，建立起一个学业发展的观念是极其重要的。

在美国，孩子们上八年级（高中）时，就要请专家给孩子们做学业兴趣分析。十几岁的孩子学业兴趣并没有定型，但通过学业日、学业实践活动，可以根据其显露出来的特征有效引导，达到以兴趣定职业的目的。相比之下，我国高中生是在懵懵懂懂时被分为文科生和理科生，上大学选专业也很少考虑到其职业兴趣和能力倾向。与此同时，大学生对学业生涯设计普遍不重视。

对某省一些院校的在校大学生调查表明：只有 5％的大学生对自己将来发展、学业、职业生涯有明确的设计。事实表明，大学生毕业后无目的、无规划地盲目就业，将影响他们的长远发展。

据某市人才交流中心有关负责人介绍，有些人频繁地跳槽，换工作，除了追求高薪之外，还有一个原因就是不知道自己适合什么样的职业，对自己的人生和职业没有清楚定位。研究表明，在学业生涯的起步阶段，由于人的可塑性强，学业转换成本低，如果在这个阶段就对一个人的学业有准确定位和长远规划，那么对其今后的成长与发展是非常有利的。

站在大学校园门口，同学们必须思考自己的学业。对待学业，一个重要特征就是"我思故我在"。

进入大学后，我们究竟应该干什么？一些大学生对此感到十分迷惑。还是那句老话：大学生的天职是学习，大学是学习的天堂。人生也许很长，但只有大学这几年是可以让人充分、自由地学习的时期。参加工作后，要么有心情没时间，要么有时间没心情。因此，绝不可以为学的东西暂时没有发挥作用，或者自己不喜欢这个专业而不去学习。同学们要根据社会需要、社会发展趋势和个人的兴趣、特长及所学专业等确立自己大学期间努力的目标，并根据确立的目标，做好切实可行的职业生涯规划，然后根据制订的规划，及早准备，付诸行动。

二、树立正确的学业观

大学生的学业是指在高等教育阶段进行以学习为主的一切活动，是广义的学习阶段，它不仅包括科学文化知识的学习，还包括思想、政治、道德、业务、组织管理能力、科研及创新能力等的学习。

观念是行动的先导，要完成大学学业首先必须树立正确的学业观。所谓学业观，就是对所学专业、课业的态度和认识，它在很大程度上影响着大学生们的学习、生活乃至人生前景。当代大学生在对待学业问题上存在着种种误区：或将学业含义理解过窄，或对学业生活预期过高，或学业角色定位不准，或职业期望值过高，以致学业不精，甚至荒废学业。因此，我们应正确处理如下四种关系。

（一）正确处理学业与专业的关系

珍重自己的学业，应学得其所，努力培养自己的专业兴趣，把自己的爱好和国家的需要及社会发展的要求有机地统一起来，掌握专业知识、专业技能和相关能力，培养自己的专业素质。

（二）正确处理学业与职业的关系

在学习期间应自觉地学好职业知识，培养职业技能，锻炼职业能力，以期在将来的从业竞争中立于不败之地。

（三）正确处理学业与事业的关系

将自己现在的学业、将来的职业和未来的事业联系起来，在学习的过程中，充分认识所学专业在国家建设和社会发展中的意义、作用和发展前景，立志献身其中，在工作中充分实现自己的人生价值。

（四）正确处理学业与就业的关系

就业与学业密切相关，就业是学业的导向，学业决定了就业。以就业为学业的导向，有利于大学生专业报考的选择、学业目标的调整、学习方式的改变、学习外延的拓展以及综合素质的提高。

与此同时，就业也构成了衡量学业成就的重要标志。要想顺利就业，就必须具备强烈的事业心、广博精深的专业知识、较强的沟通协调能力、良好的心理素质和强健的体魄以及创新精神，这些都应当在完成大学学业过程中养成。

三、大学生活从学业规划开始

大学生学业规划，就是大学生根据自身情况，结合现有的条件和制约因素，为自己确立整个大学期间的学业目标，并为实现学业目标而确定行动方向、行动时间和行动方案。换言之，大学生学业规划就是大学生通过解决学什么、怎么学、什么时候学等问题，以确保自身顺利完成学业，为成功实现就业或开辟事业打好基础。对于在校的大学生来说，只有及早设计自己的学业规划，明确自己的学业目标，提高素质优势，才有可能在将来激烈的竞争中把握住机会，获得成功。

（一）做好学业规划能增强自我约束力和自我管理能力

没有学业规划，我们的时间、精力容易处于荒废和散乱之中，生活漫不经心，心态消极怠慢，很容易进入与学业无关的琐事中，虚度大学美好光阴、浪费青春。而学业规划能让我们明白现在做的每一点都是实现未来目标的一部分，从而重视现在，把握现在，集中时间、精力和资源，选定学业。

（二）做好学业规划能增强生活与学习的主动性

一份有效的学业规划，能够引导我们认识自身的个性特质、现有的和潜在的资源优势，对自己的综合优势与劣势进行对比分析，树立明确的学业发展目标与未来职业理想，评估个人目标与现状之间的距离，学会运用科学有效的方法，采取切实可行的步骤和措施，不断增强自己的学业竞争力，实现学业目标与职业理想。从大一开始，同学们就应该认清自己的学习发展方向，并在大学期间为自己的目标努力，而不是到大四快毕业了，才开始想自己到底要干什么，改变以往的被动局面，由"要我学"变为"我要学"。

（三）做好学业规划能促使大学生积极向上和自我完善

学业规划是我们努力的依据，也是对自我的鞭策。随着学业规划的每一个具体目标的实现，我们就会越来越有成就感，我们的思想方式及心态就会向着更积极向上的方向转变。好的学业规划为我们提供了完成学业的清晰图画，使自己对学业的实现过程有了清晰透彻的认识，进而更有信心、勇气，达到自我完善。

（四）做好学业规划有助于自我定位

同学们要不断地了解自己、发掘自己的特点，进而进行不断地调整与修正，找出自己感兴趣的领域，确定自己能干的工作，即优势所在，明确切入社会的起点，其中最重要的是明确自我人生目标，即自我定位。而学业规划确立的过程是一个有弹性的动态的规划过程，是一个认识自身优势与弱势、机会与挑战的过程，是一个自我定位、规划人生的过程，是一个明确自己"能干什么""社会可以提供给我什么机会""我选择干什么"等问题的过程，进而使理想具有可操作性，为进入社会提供明确的方向。

项目 2　学业规划实施

【案例导入】

人生规划在童年

主角：高倩

故事梗概：5 岁定人生目标，一定进哈佛读法学院，将来当律师。在父亲高燕定的精心培养和女儿的执著努力下，她一步步迈向了美国最著名的两大学府——哈佛大学毕业后被哥伦比亚大学法学院录取，25 岁就获得了法学博士学位。

1. 5 岁开始规划——长大要上哈佛学法律，当律师。

2. 树立目标后，调整学习方向，培养相应的能力和素质。

3. 基本职业素质——初中培养语言能力，能够说英、法、西、汉四种语言。

4. 高中加入了商业与法律交叉的专业设计，学习和了解经济和商业，暑假还到大学修经济。

5. 在兼职和社会活动方面，力求与职业相吻合（卖过珠宝，应聘成为市少年法庭的律师，参与审判少年罪犯，高中时参加模拟法庭审判比赛）。

6. 哈佛大学后任《哈佛深红色》报社的商务主管。

7. 哈佛大学毕业的同年，进入哥伦比亚大学法学院攻读法学博士。

8. 法学院第一年的暑假，进入美国顶尖律师事务所工作；先后担任两个法学期刊的编辑，包括全美最高法学专业期刊哥伦比亚《法学评论》的编辑、编委，对包括美国在内的世界各国法学教授、专家投寄来的论文拥有是否采用及编审的大权。

9. 23 岁法学院二年级时独立撰写的论文被哥伦比亚《法学评论》接受发表；25 岁就获得了法学博士学位，这是法学院博士生入学的平均年龄！

一、大学生学业规划的步骤

一个人的文化知识水平及其综合素质，将决定他在求职择业时的自由度和取得职业岗位的层次。大学是就业准备教育，大学生一毕业绝大多数人都将走向工作岗位，我们应该为几年后的就业做好知识、能力、素质等全方位的准备，珍惜大学时光，抓好学业，为未来的就业、创业、成功立业开山铺路。因此，根据社会发展和用人单位的需要，同学们应重点从构建合理的知识结构、锻炼较强的实践能力以及全面提高综合素质三个方面抓好学业，做好就业准备，具体步骤如下。

(一)学业规划选定

首先,分析自己的兴趣爱好,认定自己想干什么。兴趣是理想产生的基础,兴趣与成功概率有着明显的正相关性。要择己所爱,选择自己喜欢的专业方向和研究领域进行钻研和学习。其次,分析自己的能力、特长,确定自己能干什么。能力是人的综合素质在现实行动中表现出来的正确驾驭某种活动的实际本领、能量和熟练水平,是实现人的价值的一种有效方式,也是支配人生命运的一种主导性的积极力量。因为任何一种职业都要求从业者掌握一定的技能,具备一定的条件,所以结合自己的兴趣爱好,在认定自己想干什么的基础上确定已经具备的能力和应该培养的能力。再次,分析未来,确定社会要求干什么。着眼将来、预测趋势,立足于社会不断发展变化的需求。避免盲目跟风,因为最热门的并非是最好的。选择社会需要又最适合发挥自身优势的专业方向和研究领域才是最好的。要把自己的兴趣爱好、能力特长同社会需要结合起来,把想干什么、能干什么、社会要求干什么有机地结合起来。几方面的结合点和链接处正是大学生学业规划的关键所在。

(二)强化学业规划

当学业规划选定以后,很多大学生或者束之高阁或者虎头蛇尾,结果导致有了学业规划却不能实施或实施后不能持久,最终无法实现既定的学业。这些现象的出现是因为大学生在制订学业规划时缺少一个重要环节,即对学业规划的强化。强化学业规划就是规划执行者在执行之前充分运用想象,详细地罗列出达成学业规划的好处,从而培养出积极的心态,进而增强动力,产生更大的执行力,确保学业规划顺利完成。

(三)学业规划分解

学业总目标制订出以后,要能自上而下地分解,即制订学习计划。以专科三年为例,可以按照以下思路进行:三年的学习目标、一年的学习目标、一学期的学习目标、一月的学习目标、一周的学习目标、一日的学习目标,使学业规划落实到学习生活的每一天,确保学业的严格执行。

(四)学业规划评估与反馈

在实施过程中,要及时地对环境和条件做出评价和估计,对自己的执行情况做出评估。由于现实生活中种种不确定因素的存在,学业规划的设计必须具有一定的弹性,因此评估结果出来以后应进行反馈,以便自己及时反省和修正学业目标,变更实施措施与计划;同时应做到定期评估与反馈,即每年、每学期、每月、每日进行检查评估与反馈,进而分析原因与障碍,找出改进的方法与措施。

(五)激励与惩罚

激励措施能将人的潜能和积极性激发出来,惩罚可以防止惰性的产生。一定要制订出完成阶段目标后对自己的奖励和惩罚措施:完成后怎样奖励自己,完不成将怎样惩罚自己。

二、大学生学业规划的方法

大学生应该怎样对自己的学业规划进行设计?计划赶不上变化,如果不能实现自己的规划，该怎么办？有关学业规划专家给出了切实可行的建议。

（一）明确学业目标

在学业生涯中，学业目标有短期目标和长期目标，而且在一定时期还有可能对学业目标做出一定调整。大学生应当尽快确定自己的学业目标，打算成为哪方面的人才，打算在哪个领域成才等。对这些问题的不同回答不仅会影响个人学业生涯的设计，也会影响个人成功的机会。

（二）正确分析自我和学业

自我分析即通过科学认知的方法和手段，对自己的学业兴趣、气质、性格、能力等进行全面认识，清楚自己的优势与特长、劣势与不足。自我分析要客观、冷静，不能以点带面，既要看到自己的优点，又要面对自己的缺点，避免设计的盲目性。

学业规划时，要对该学业所在的行业现状和发展前景有比较深入的了解，比如人才供给情况、平均工资状况等。不同职业岗位对求职者的自身素质和能力有着不同的要求，在学业规划时，还要了解所需要的学业素质要求，除了要了解所需要的一般能力外，还要了解所需要的特殊职业能力。

（三）构建合理的知识结构

在学业规划时，大学生要能够根据职业和社会不断发展的具体要求，将已有的知识科学重组，构建合理的知识结构，最大限度地发挥知识的整体效能。如今的社会对未来人才的知识综合性结构提出了更高的要求，大学生既要很好地适应社会需要，又要充分体现个人特色，既能满足专业的要求，又有良好的人文修养，既能发挥群体优势，又能展现个人专长。构建合理的知识结构没有捷径可走，只能是学习和积累，采取适合自己的科学方法，持续不断地付出艰辛的劳动，辛勤耕耘。

（四）培养职业需要的实践能力

综合能力强、知识面广是用人单位选择大学生的最主要依据。应重点培养大学生的决策能力、创造能力、社交能力、实际操作能力、组织管理能力和自我发展的终身学习能力、心理调适能力、随机应变能力等。

（五）参加有益的学业训练

当前，大学生进行的学业训练较少，即使是学业测评，也只有少部分人开始运用它为自己学业规划做参考。目前，高校组织大学生参与的暑期"三下乡"活动、青年志愿者活动、毕业实习、校园创业活动等都是学业训练的很好形式。在这方面，高校应鼓励有条件的大学生利用假期实习，从事社会兼职，组织学生开展模拟性的学业实践活动，开展学业意向测评，开展学业兴趣分析测评等。

三、大学生学业规划应注意的问题

在学业规划时要根据社会需求，把握社会动向。

大学生都有自己的专业，每个专业都有一定培养目标和就业方向，这就是大学生学业规划的基本依据。用人单位对毕业生的需求，一般首先选择的是大学生专业方面的特长。如果学业规划离开了所学专业，无形当中增加了许多"补课"负担。所以，专家建议大学生对所学的专业知识要精深、广博，除了要掌握宽厚的基础知识和精深的专业知识外，还要拓宽专业知识面，掌握或了解与本专业相关、相近的若干专业知识和技术，而且要根据个人兴趣与能力特长设计学业规划。学业规划要与自己的个人性格、气质、兴趣、能力特长等方面相结合，充分发挥自己的优势，扬长避短，体现人尽其才、才尽其用的要求。

专家提醒大学生，知识多、学历高不一定能力强，大学生切不可以学习成绩作为评价能力高低的唯一尺度。大学生应在对自己能力特长正确认知和评价的基础上，根据自己的真才实学和能力特长设计学业规划。

拓 展 阅 读

大学生学业规划的主要指标

（一）思想政治及道德素质方面

力争在大一下学期内，通读马列主义、毛泽东思想、邓小平理论、"三个代表"重要思想一遍。

积极参加各阶段的党、团活动；每月向党组织递交对党章的学习、认识及实践，以及自己的言、行、感受；争取在大二上半学期被党组织确认为入党积极分子；力争在大二下半学期取得"三好生"称号；争取在大三下学期通过组织考核，加入中国共产党。

关心政治时事，努力践行社会主义荣辱观，树立社会主义荣辱观和正确的人生观、价值观、道德观、奋斗观、创业观。上好思想品德课和法律基础课。做到遵纪守法、爱护公物、热爱劳动、尊敬师长、关心同学、讲文明、讲礼貌，不乱谈恋爱，不留宿异性，不晚归，不违反校规在外住宿，不沉迷网吧，不看色情片，不读低级趣味的书籍，不参与打架、酗酒、赌博、吸毒等有害身心和违反治安规定的活动。

（二）社会实践与志愿服务方面

在校期间，力争每学年分别参加社会调查活动、社区咨询和临时实习等工作各一次。在校期间，力争每学年分别参加义务献血、植树活动和青年志愿服务等公益事业活动各一次。在校期间，力争每周参加校园卫生死角劳动一次。

（三）科技学术创新创业方面

扎实学习专业技能，同时，充分利用校内图书馆、校外图书城及网络信息，开阔视野，扩展知识范围，以此激发、开拓思路，尝试设计开展学术创新、科技创新。力争每月至少阅读一本有利于提高综合素质的专业以外的书籍。

（四）文体艺术、社团活动与身心发展方面

积极参加校内外文体艺术活动，力争在校期间分别参加校内外社团活动、歌手赛、演讲赛、辩论赛、征文赛、书画赛和知识竞赛等活动各两次以上，以此充分锻炼胆量、能力，展示个人风采，力争在大二下半学期取得"积极分子"称号；力争在大三第二学期取得"优秀学生干部"称号。

在校期间坚持锻炼身体，每周平均出操三次，每次半小时左右。力争每年的体质达到健康标准。

（五）技能培训方面

力争在大一下半学期通过全国一级计算机考试，在大三第一学期通过全国计算机二级考试，并参加一次全省计算机技能操作选拔赛；力争在大二下半学期通过英语四级考试，在大三第二学期通过英语六级考试，可参加CCTV英语演讲选拔赛；力争在大二下半学期通过普通话二乙考试，并参加一次校园普通话演讲选拔赛；在校期间，力争通过师范生"三笔"（钢笔、毛笔、粉笔）等教师基本技能测试；力争在毕业前通过教师资格考试，取得教师资格证书；同时至少通过一门职业技能资格考试，取得国家承认的职业技能资格证书。

（六）专业学习方面

在校期间，树立牢固的专业思想，力争不迟到、不请假，不旷课，保证学习听讲时间及学习质量，按时完成各门功课作业。严格遵守考场纪律，力争通过学校每学期开设的各门课程考试。全力避免一学年累计三门课程不及格。上好体育课，积极参加课外体育锻炼，力争达到体育锻炼合格标准，全力避免体育课程不及格。每学期力争辅修一门跨专业的课程。在校期间积极参加专升本自考或函授，力争3～4年内完成学业，取得本科学历。

除去上课时间，应充分利用课余时间。除去必要的身体锻炼、娱乐活动及休闲时间外，应安心、踏实、专注地攻读专业书籍及其他类别的实用书籍。学习时应注意预习、听讲、复习、综合分析、时间分配。知识积累不仅应做到广、博，更应做到专、精，力争在毕业时获得"优秀毕业生"称号。

模 块 小 结

该模块主要介绍了学业规划的作用、学业规划的步骤和正确方法，及学业规划过程中可能存在的问题；阐述了树立正确学业观的意义。

大学生毕业后无目的、无规划地盲目就业，将影响他们的长远发展。站在学以致用的立场上，大学生有必要问自己"我上大学的目的是什么？""我希望成为什么样的人？""我想从事什么职业？"然后以终为始，寻找达成目标的学业途径和方法，进行学业规划；正确分析自我，树立正确的学业观，构建合理的知识结构，培养职业需要的实践能力，参加学业训练；有目标、有方向地开展大学生涯，最大限度地规避就业前的迷茫和就业后的失望，为未来职业生涯奠定良好基础。

教 学 检 测

1. 你上大学的目的是什么？
2. 你选择这个专业的目的是什么？
3. 你希望未来成为什么样的人？
4. 你希望从事什么职业？
5. 该职业对知识、能力有什么要求？
6. 为了掌握这些必要的知识和能力，你计划在大学阶段如何开展学习？

实 训 活 动

根据自己的实际情况，依照表2-1制订自己的学业规划。

表 2 - 1　大学生学业规划样表

姓名		性别		出生年月		政治面貌	
班级				籍贯		城镇□ 农村□	
个人简历							
自我剖析（性格、爱好、特长、缺点等）							

自我发展规划 （总目标及实现目标的做法等）	学年度具体目标	
	第一学年	
	第二学年	
本人签名： 　年　月　日	第三学年	
指导意见	班主任签名： 　　年　月　日	

时间 ＼ 项目		个人自评	组织鉴定
学年目标对照自评及调整	第一学年末	本人签名： 年　月　日	班主任签名： 年　月　日
	第二学年末	本人签名： 年　月　日	班主任签名： 年　月　日
	第三学年末	本人签名： 年　月　日	班主任签名： 年　月　日

项目＼时间		第三学年（毕业学年）
毕业鉴定	个人自评	本人签名： 年　月　日
	组织鉴定	班主任签名： 年　月　日

第二部分　职业规划篇

模块三　探索职业

> **知识目标**

(1) 掌握产业、行业、专业与职业之间的关系。

(2) 熟悉职业的特点、功能及其分类。

(3) 了解职业素质的概念及其构成。

> **技能目标**

(1) 通过学习试分析职业素质如何提高。

(2) 如何看待我国经济发展改革对大学生就业产生的影响。

项目1　与职业相关的概念

【资料导入】

中国未来机器人产业发展趋势

自第一台机器人诞生至今，已走过了半个多世纪的历程，全球工业机器人的装机量已超过百万台，形成了一个巨大的机器人产业。同时，非制造业用机器人近几年也发展迅速，并逐步向实用化发展。中国从20世纪70年代开始研究和开发机器人，此间历经多个高潮与低谷，在技术上进展突出，但在机器人产业化方面收效不大。究其原因一是由于我国工业基础薄弱，机器人产业化中需要的许多关键原部件需要进口，从而导致国产机器人价格优势不明显；二是我国的机器人市场一直处于培育期，难以有一个大的市场来支撑机器人产业化；三是我国缺少一贯和有效的机器人产业发展策略。

"十五"期间是我国机器人产业发展的一个关键转折点。经过多年的研究开发，我国的机器人技术已日趋成熟；市场需求在"十五"初期也有了一个"井喷式"的发展，此外我国业已形成了几家具有一定竞争力的机器人公司和产业化基地。各种条件和环境与日本号称"机器人元年"的20世纪80年代初非常相似，日本就是抓住了这次机会，发展成为世界机器人大国；而我国在"十五"期间没有很好地抓住这个机会，使得机器人发展又进入了一个低谷时期，失去了一次大力发展机器人产业的难得机遇。

目前，国际制造业中心正向中国转移，用信息化带动工业化，用高新技术改造传统产业已成为我国工业发展的必由之路。作为先进制造装备之典型代表的工业机器人必将有一个大的产业发展空间，市场前景广阔；但我们也应注意到国外机器人巨头已经全部涌入中国，市场竞争日益加剧，所以中国未来机器人产业的发展也不会一帆风顺。国家应借鉴日本机器人产业发展的成功做法，制定机器人产业发展战略和相关政策，这是我国机器人产业发展成败之关键。

产业、行业、企业和公司与职业的关系是密不可分的，要更好地了解职业，首先我们要清楚地掌握产业、行业、企业和公司这些概念。

一、产业与行业

按照一般的看法，产业、行业是两个互相联系而又有所区别的概念，其覆盖面由大及小，产业的范围最大。

(一)产业

产业，是对能够带来增加值(附加值)的社会经济领域的总称，属于经济学概念。概略地说，一个产业是一定区域内(如一个国家或一个地区)生产同类或同一产品(包括服务)的所有企业的集合。

1. 三次产业分类

三次产业分类是新西兰经济学家费希尔首先提出的产业分类方法。该分类方法将国民经济全部活动划分为第一产业(Primary Industry)、第二产业(Secondary Industry)和第三产业(Tertiary Industry)。虽然世界各国对三次产业的划分并不完全一致，但一般地说，第一产业对应的是广义的农业，包括种植业、林业、畜牧业和渔业；第二产业对应的是广义的工业(包括采掘业、制造业、供水、电力等)和建筑业；第三产业则对应着广义的服务业，即第一和第二产业以外的各业。三次产业分类是对全部经济活动的最简明分类，在发展经济学和国民经济核算中广泛运用。

根据《国民经济行业分类》，一、二、三次产业划分范围如下：

第一产业是指农、林、牧、渔业。

第二产业是指工业和建筑业。工业包括采矿业，制造业，电力、燃气及水的生产和供应业。

第三产业是指除第一、二产业以外的其他行业。第三产业包括：交通运输、仓储和邮政业，信息传输、计算机服务和软件业，批发和零售业，住宿和餐饮业，金融业，房地产业，租赁和商务服务业，科学研究、技术服务和地质勘查业，水利、环境和公共设施管理业，居民服务和其他服务业，教育，卫生、社会保障和社会福利业，文化、体育和娱乐业，公共管理和社会组织，国际组织。

2. 标准产业分类

各国大多都有自己的标准产业分类，联合国综合各国经验，于1971年颁布了《全部经济活动的国际标准产业分类索引》。联合国的国际标准产业分类(ISIC)把全部经济活动分为十个大项，每个大项下分成若干中项，每个中项下又分成若干小项，每个小项再分成若干细项，各大、中、小、细项都有统一规定的统计编码。标准产业划分比三次产业划分要细致得多，但二者间存在对应关系，可以相互转换。值得指出的是，标准产业分类主要是从技术角度确定产业分类，并不一定能够反映市场需求状况。现实统计工作往往按企业(而不是按产品)进行，而单个企业通常生产多种产品，因此经常不够准确。也就是说，标准产业分类只能大体作为产业经济学研究现实问题的基础，往往不能满足产业经济学研究的需要。

3. 工业结构产业分类法

专门用以进行工业结构研究的产业分类法，比如轻工业和重工业两分法。

在西方的产业经济学中，划分轻重工业的根据往往是产品单位体积的相对重量。产品单位体积的重量大的工业部门就属重工业，重量轻的就属轻工业。

一般属于重工业的工业部门有钢铁工业、有色冶金工业、金属材料工业和机械工业。

由于在近代工业的发展中，化学工业居于十分突出的地位，因此，在工业结构的产业分类中，往往把化学工业独立出来，同轻、重工业并列。这就形成了工业结构的轻工业、重工业和化学工业三大部分。

（二）行业

行业一般是指其按生产同类产品或具有相同工艺过程或提供同类劳动服务划分的经济活动类别，如饮食行业、服装行业、机械行业等。

二、职业与专业、行业的关系

专业是你拥有较丰富知识的一门学问；职业是你现在从事的岗位；行业是企业的归属。

（一）专业与职业的关系

职业作为一种劳动分工，它是从社会工作的类别来划分的；而专业是学业门类，它是从学科与技术的角度进行划分的。

尽管专业与职业有很大的不同，但是两者之间是密切相关的，专业是为职业设置的，拥有专业是人们从事职业的必要条件。一个人要从事一项职业首先要掌握与之相适应的知识、技能，人们学习专业知识和专业技能目的也在于更好地胜任工作。如果说职业是我们的目标，那么专业就是实现这个目标的手段和工具。从经济和效率的角度来看，我们所选择的专业当然应该是职业目标需要的知识和技能。但是从专业和职业的相关性上来说，它们之间呈现出的是一种复杂的相关关系。其中的联系可以概括为三种：一对多的关系、多对一的关系、一一对应的关系。从本节开始，我们就具体讨论每一种类型的专业与职业之间的关系。

1. 一个专业对应多个职业的关系

一个专业对应多个职业方向，是以专业为基础发展职业。人们常说的"宽口径，厚基础"专业就是指这类专业。

学生在确定了专业方向后，需要确定适合于自己发展的职业目标，并根据自己的职业规划，在学好专业的同时有针对性地学习和开发其他必要的知识技能，通过选修、自学提高自己所从事职业的素质。此种类型适合于在学业规划时先确定专业后确定职业目标的情形。

比如影视动画专业，如果你确定自己毕业后从事动画制作这一行业，那么在学习影视动画的同时，就需要了解整个影视动画的制作流程，针对其中的岗位学习研究。如果你想成为项目经理，或者是导演，还需要有针对性地开发和学习其他知识和技能，比如角色模型、动画造型等。

2. 多个专业对应一个职业的关系

多个专业对应一个职业就是多种专业都可以发展到某一种职业的情形，是以专业为核心发展职业。此种情况下，所选职业与学习的专业虽然方向一致，但职业发展超出所学专业领域，也就是职业的发展不仅只需要专业所在的领域，还需要其他专业领域的参与。

学生所学专业在个人职业发展中仍有重要意义，需要在学好本专业的基础上，同时辅修或自学自己规划要从事职业所需的其他专业课程。这种类型也适合于先确定职业目标后确定专业方向的情形，在学业规划时处于比较主动的态势。

比如教师、科研人员、新闻记者、编辑人员、营销主管、企业管理人员等，这类职业所面向的专业可以是很多种的。

3. 一个专业对应一个职业的关系

一个专业方向对应一个职业，专业与职业高度相符。在这种情况下，个人的职业发展一直在所学专业的领域内，选择的职业与学习的专业相吻合，能够做到学以致用。其专业应用于职业的范围较狭窄，同时职业发展依赖于该专业知识，两者之间存在特定的相互依附关系。

此类专业学生在进行学习时，需要牢固掌握本专业知识，并及时关注本专业对应行业的发展情况，及时补充个人知识与技能储备。这种类型属于确定专业方向的同时确定职业目标的情形，在学业规划时处于比较主动的态势。

这类专业和职业一般都适合于专业技术人员。

（二）职业与行业的区别

职业是参与社会分工，利用专门的知识和技能，为社会创造物质财富和精神财富，获取合理报酬，作为物质生活来源，并满足精神需求的工作。

职业的含义：第一，与人类的需求和职业结构相关，强调社会分工；第二，与职业的内在属性相关，强调利用专门的知识和技能；第三，与社会伦理相关，强调创造物质财富和精神财富，获得合理报酬；第四，与个人生活相关，强调物质生活来源，并满足精神生活。行业一般是指其按生产同类产品或具有相同工艺过程或提供同类劳动服务划分的经济活动类别，如饮食行业、服装行业、机械行业等。

区别：职业是指个人从事某种岗位的工作，行业是指众多生产经营同类型产品的企业形成的产业群体，企业是指单一的经济组织。

联系：行业内有众多的企业，企业内有不同的职业岗位，它们是相互联系、相互依赖的。

项目 2　职 业 概 述

【案例导入】

小何的色彩工作室

小何是一名职业院校服装设计专业的毕业生，毕业后她想自己闯一闯，租下了广州市闹市区的一间七八平方米的铺面，在并不起眼的门前挂上了一个令人耳目一新的招牌——色彩工作室。她所从事的是一种叫"色彩搭配"的新兴职业，就是专门为客人设计服饰的颜色搭配。

色彩工作室里除了一些装饰店铺的各种形状、颜色的布料外，就是几本用电脑制作的色彩搭配效果图画册。刚开业不到一个月，已有 30 多个客人来这里"消费"。小何对这个成绩十分满意，大多数客人好奇而来，又满意而归。在这个崭新的领域里，我们相信她能获得独特的发展空间。

职业在不断地发生变化，经济和社会的发展不断改变着人们的生活方式，也不断催生新的职业，旧的传统职业也可能不断地衰退，甚至淡出历史舞台。作为即将跨出校园、准备就业的准劳动者而言，认识职业，理解职业，掌握职业的发展趋势，对于顺利就业，规划自己的职业生涯，在职业生涯中先人一步，快人一拍，非常重要。

一、职业的概念

职业是指人们从事相对稳定的、有收入的、专门类别的社会劳动，是社会地位的一般性表现，也是一个人的权利、义务、职责。职业具有经济性，即从中取得收入；职业具有技术性，即发挥才能和专长；职业具有社会性，即承担生产任务，履行公民义务；职业具有促进性，即符合社会需要，为社会提供有用的服务；职业具有连续性，即所从事的劳动相对稳定，是非中断性的。

职业的要素有三方面：一是谋生；二是承担社会义务；三是促进个性的健康发展。

物质条件是人们生存的基础，人们要获得衣、食、居住等生活资料，就必须参加劳动。劳动，作为人们谋生的手段是人类社会的普遍现象。以谋生为目的的劳动是职业劳动。例如，母亲照看自己的孩子是家务劳动；而保姆照看他人的孩子，取得一定的报酬作为生活来源，这便是职业劳动。

人们的职业劳动，不仅为个人谋生，同时也是尽社会义务。一个人通常只能从事一种或几种具体的劳动，不可能生产出个人所需要的所有生活资料，人和人之间是相互依存的，需要用自己的劳动成果与别人的劳动成果相交换。通过交换，在满足自己需要的同时，也满足了其他社会成员的需要，从而起到了为他人服务的作用，对国家和社会也作出了贡献。

在人的一生中，职业生活占有重要位置。职业活动对于人的个性发展有着至关重要的影响。人们接受教育所获得的知识和能力，通过职业劳动发挥出来，产生社会作用。人们在职业劳动的实践中，使自己的体力、智力、知识和技能的水平不断得到发展和完善。

二、职业的特征与功能

（一）职业的特征

职业需同时具备下列特征。

（1）目的性，即职业以获得现金或实物等报酬为目的，人们从事某个职业必定要从中获得维持生计的经济收入，体现从业者谋生的需求。在现代，工资、奖金等都是职业经济收入的体现。

（2）社会性，即职业是从业人员在特定社会生活环境中所从事的一种与其他社会成员相互关联、相互服务的社会活动，是从业者必须承担某一社会分工角色而进行的社会生产劳动。各类职业作为构成社会劳动体系的组成部分，要为社会提供产品或服务，体现社会功能，为社会提供服务。

（3）规范性，即职业必须符合国家法律和社会道德规范，每种职业都有其独特的活动结构、作业技能和特定的职业规范。

（4）连续性，即从业者持续地从事某一社会工作，或者相对稳定地从事一项工作。对于从业者来说，具有明显连续性的工作才是职业。临时的、不稳定的工作，不能称之为职业。

（5）群体性，即职业必须具有一定的从业人数。从社会的角度来看，某项社会分工之所以成为职业，在于它需要也能容纳一定数量的从业者。

（二）职业的功能

职业是人与社会联系的纽带。不同的职业把劳动者区分在不同的职业岗位上，相互合作，从其功能（价值取向）而言，正如黄炎培先生所概括的，职业是为己谋生，为群服务，这是不可分割的两面。

1. 对社会的功能

职业一旦产生就在社会中独立存在，并成为人们认识、选择、从事和发展的对象。职业具有重大的社会意义，其意义和作用在于：

（1）职业的存在和职业活动构成了人类社会的存在和社会基本框架；

（2）职业劳动创造出社会财富，从而为社会的存在和发展奠定物质基础；

（3）职业的分工是构成社会经济制度运行的主体；

（4）职业也是维持社会稳定，实现社会控制的手段；

（5）职业的运动如职业结构的变化、职业层次间的矛盾的解决是推动社会进步的一种动力。

2. 职业对个人的作用

职业对于个人的发展也是十分重要的。人作为社会成员其需要是多方面的。

（1）职业是谋生的手段，个人通过职业实现个人和家庭生存的需要。"民以食为天"，解决好就业问题，是个人安身立命之本，是人最根本的需要。

（2）职业使人获得对社会、行业、集体、单位的归属感，提供一个最经常的社交场所，满足人们对归属和爱的需要。个人的价值不通过社会职业是不可能表现出来的，择业的成功和职业上的成就能够满足人们实现社会价值的需要，成为在社会中有所作为的人，提供成就感，满足受到社会尊重的愿望。

（3）职业是促进个性发展的手段。世界上没有完全相同的人，这种个体差异有先天的生理和心理上的差异，更主要的是由后天环境、教育、机遇，特别是职业所形成的，军人、教师、艺术家各有特质。人们可以通过对职业的选择，发挥自己的特长，满足自己的兴趣，实现自己的理想，满足人们展示个性的需要。同时人根据社会发展和职业的需求，不断地完善自我，促进人的全面发展。

三、职业的分类

社会分工是职业分类的依据。在分工体系的每一个环节上，劳动对象、劳动工具以及劳动的支出形式都各有特殊性，这种特殊性决定了各种职业之间的区别。

据国际职业分类词典介绍，现代社会职业分类有一万多种。如此众多的职业岗位，是在社会分工和劳动分工的基础上划分的。社会分工是指由于生产发展需要而引起的国民经济各部门之间的分工，也包括各部门内部的分工。

（一）职业分类的形象描述

我们对职业分类做一个形象性的描述，如图3-1所示。

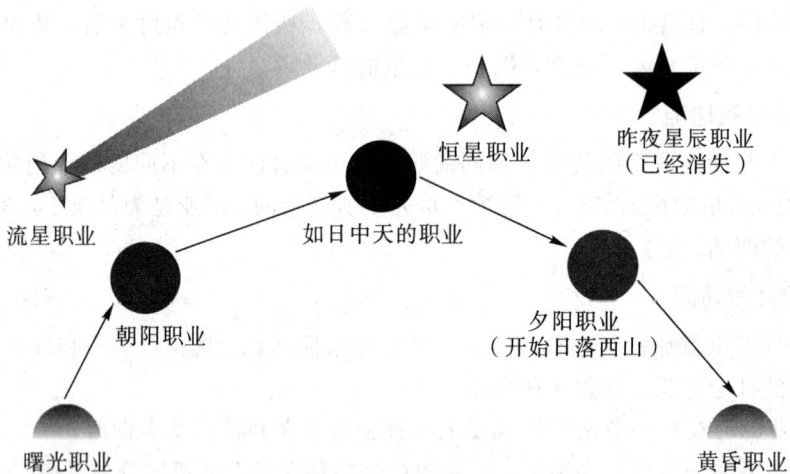

图3-1　职业分类

（1）曙光职业。如心理咨询师、职业生涯辅导师……

（2）朝阳职业。如人力资源经理、市场营销经理……

（3）如日中天的职业。如IT界的编程人员……

（4）夕阳职业。如公交车售票员……

（5）黄昏职业。如送煤工、淘粪工……

（6）流星职业。如传呼台的传呼小姐，曾经有很多人做这项工作，这个职业现在基本上不存在了。

（7）恒星职业。自从人类有文明记载以来，几乎是几千年一直存在。

（8）昨日星辰。现在已经没有了。

那么，我们选择职业的时候，最好选择什么样的职业呢？

专家建议：大学生在选择职业时，尽量选择朝阳职业、如日中天的职业。如果你选择了一个曙光职业，则需要更大的勇气，因为你可能是这个职业的一个开拓者。而黄昏职业、夕阳职业尽量不要选择。

（二）我国的职业分类

根据不同标准，可有不同的分类方法。如：从行业上划分，可分为一、二、三产业；从工作特点上划分，可分为务实（使用机器、工具和设备的工种）、社会服务、文教、科研、艺术及创造、计算及数学（钱财管理、资料统计）、自然界职业、管理、一般服务性职业等10多种类型的职业。每一种分类方法，对其职业的特定性都有明确的解释，这对我们更好地掌握某一职业的特点，去选择适合自身职业有指导作用。

目前，根据我国不同部门公布的标准分类，主要有两种类型。

第一种：根据国家统计局、国家标准总局、国务院人口普查办公室1982年3月公布，供第三次全国人口普查使用的《职业分类标准》。该《标准》依据在业人口所从事的工作性质的同一性进行分类，将全国范围内的职业划分为大类、中类、小类三层，即 8 个大类，66 个中类，413 个小类，1838 个细类职业。

8 个大类分别是：

第一大类：国家机关、党群组织、企业、事业单位负责人，其中包括 5 个中类，16 个小类，25 个细类；

第二大类：专业技术人员，其中包括 14 个中类，115 个小类，379 个细类；

第三大类：办事人员和有关人员，其中包括 4 个中类，12 个小类，45 个细类；

第四大类：商业、服务业人员，其中包括 8 个中类，43 个小类，147 个细类；

第五大类：农、林、牧、渔、水利业生产人员，其中包括 6 个中类，30 个小类，121 个细类；

第六大类：生产、运输设备操作人员及有关人员，其中包括 27 个中类，195 个小类，1119 个细类；

第七大类：军人，其中包括 1 个中类，1 个小类，1 个细类；

第八大类：不便分类的其他从业人员，其中包括 1 个中类，1 个小类，1 个细类。

第二种：国家发展计划委员会、国家经济委员会、国家统计局、国家标准局批准，于 1984 年发布，并于 1985 年实施的《国民经济行业分类和代码》。这项标准主要按企业、事业单位、机关团体和个体从业人员所从事的生产或其他社会经济活动的性质的同一性分类，即按其所属行业分类，将国民经济行业划分为门类、大类、中类、小类四级。门类共 13 个：① 农、林、牧、渔、水利业；② 工业；③ 地质普查和勘探业；④ 建筑业；⑤ 交通运输业、邮电通信业；⑥ 商业、公共饮食业、物资供应和仓储业；⑦ 房地产管理、公用事业、居民服务和咨询服务业；⑧ 卫生、体育和社会福利事业；⑨ 教育、文化艺术和广播电视业；⑩ 科学研究和综合技术服务业；⑪ 金融、保险业；⑫ 国家机关、党政机关和社会团体；⑬ 其他行业。这两种分类方法符合我国国情，简明扼要，具有实用性，也符合我国的职业现状。

（三）国外的职业分类

世界各国国情不同，其划分职业的标准有所区别。根据西方国家的一些学者提出的理论，在国外一般将职业分为三种类型。

（1）按脑力劳动和体力劳动的性质、层次进行分类，如美国的职业分类方法之一是把工作人员分为两大类：一类为白领工作人员，另一类为蓝领工作人员，即通常所讲的白领与蓝领阶层。白领工作人员包括：① 专业性和科技性的工作，如会计、建筑师、计算机专家、工程师、医生、教师、科学家、作家等。② 农场以外的经理和行政管理人员。③ 销售人员。④ 办公室工作人员。蓝领工作人员包括：① 手工艺术及类似工人，如木匠、砖瓦匠、油漆工等。② 农场以外的工人，如饲养人员、建筑工人、垃圾工、伐木工等。③ 服务性行业工人，如清扫服务工、农场工人、私人服务人员等。这种分类概括简要，但明显表现出职业的等级性。

（2）按心理的个别差异进行分类。如美国著名的职业指导专家约翰．L．霍兰德创立的人格——职业类型匹配理论，把人格类型划分为六种：现实型、研究型、艺术型、社会型、企业型和传统型。对应这几种人格类型，把职业划分为六大类型。这种分类，把个性心理特征与职业类型二者统一起来，便于实施职业指导，如企业型的适合去企业，艺术型的可去做乐队指挥、音乐教师等，研究型的可从事科学研究、做工程技术人员等。使从业者在心理上得到满足，充分发挥创造性进而提高工作效率。但在择业或实施职业指导时，必须采取严格准确的心理测试。况且人的个性心理特征和职业都是发展变化的，也很难用固定格式把人与职业匹配起来。

（3）依据各个职业的主要职责或所从事的工作进行分类，这种分类方法较为普遍，以两种代表示例。其一是国际标准职业分类。国际标准职业分类把职业由粗至细分为四个层次，即 8 个大类、83 个小类、284 个细类、1506 个职业项目，总共列出职业 1881 个。其中 8 个大类是：① 专家、技术人员及有关工作者；② 政府官员和企业经理；③ 事务工作者和有关工作者；④ 销售工作者；⑤ 服务工作者；⑥ 农业、牧业、林业工作者及渔民、猎人；⑦ 生产和有关工作者、运输设备操作者和劳动者；⑧ 不能按职业分类的劳动者。这种分类方法便于提高国际职业统计资料的可比性和国际交流。其二是加拿大《职业岗位分类词典》的分类。它把分属于国民经济中主要行业的职业划分为 23 个主类，主类下分 81 个子类，489 个细类，7200 多个职业。此种分类对每种职业都有定义，逐一说明了各种职业的内容及从业人员在普通教育程度、职业培训、能力倾向、兴趣、性格以及体质等方面的要求，有较大的参考价值。

四、职业的相关概念

（一）职位

职位是指承担一系列工作职责的某一人所对应的组织位置，是组织内某个岗位的职务和责任的集合体。一个组织有许多不同的职位，其招聘录用员工也都会针对某一具体的职位。一般来说，毕业生寻找一份工作，实际上就是在谋求具体的职位（岗位），如一个会计专业毕业生可以到企业寻求财会工作。到不同组织或部门工作，职位（岗位）虽不同，但都属于同一类职业。

（二）职业群

现实中，我们不难发现，一些职业的名称、工作内容、社会作用、基本操作技能相通，对劳动者素质能力要求较为相近，可以称之为一个职业群。以设计专业为例，设计专业的职业岗位群主要包括：产品造型设计（工业设计 industrial design），广告设计（平面媒体、电视媒体、网络媒体），人物形象设计（这个概念有歧义，一个是化妆发型服装方面的人物形象设计，另一个是动画类的人物形象设计），新媒介艺术设计（新媒介是相对传统媒介而言的，传统艺术媒介主要有纸张、版画等，多是二维静祯艺术作品），装饰艺术设计（依附于某一主体的绘画或雕塑工艺）等。

（三）职业意识

职业意识是大学生在职业问题上的心理活动，是自我意识在职业选择领域的表现。它包括两个不可分割的方面：一是自己对自己现状的认识，二是自己对职业的期望。

职业意识是职业态度、职业道德、职业操守、职业行为等职业要素的综合，是自我意识在职业领域或从事工作中的表现。职业人具备的素质，是人们对职业的认知、评价、情感和态度等心理成分的综合反映，对全部职业行为和职业活动起着调节作用。大学生在接受职业教育的过程中，自身的职业意识会得到塑造、训练和强化，如责任感、诚实守信、团队协作精神、角色与自律意识等不仅是一个成熟的社会人应有的规范，也是一个职业人应有的职业意识。

（四）职业理想

职业理想是人们在职业上依据社会要求和个人条件，借想象而确立的奋斗目标，即个人渴望达到的职业境界。它是人们实现个人生活理想、道德理想和社会理想的手段，并受社会理想的制约，是人们对职业活动和职业成就的超前反映，与人的价值观、职业期待、职业目标密切相关，同时与个人世界观、人生观密切相关。简单地说，职业理想是指你将来希望从事的职业是什么，对职业的设想是什么，你所期望的职业要达成一个什么样的目标。理想是人生的奋斗目标，没有理想就没有坚定的方向。如求职就业中是只注重个人收入，还是将个人职业理想与时代理想统一起来，更好地服务人民、报效祖国，就反映出不同的理想境界。

项目3　职业素质与职业资格

【案例导入】

小李的困惑

小李，来自河北某城市，在石家庄一所高职院校学习电子商务专业。小李自制力差，比较贪玩，沉溺于网络游戏，经常逃课，学习上也缺乏吃苦耐劳的精神，快毕业了，多门功课不及格，更不用说利用业余时间从事企业兼职，锻炼和培养自己的社会实践能力。小李看着周围的同学有考专接本的，有的找工作，小李感觉三年一晃就过去了，自己却一无所长，要知识没知识，要经验没经验，不知道该怎么办。

随着科学技术的高速发展和社会文明的不断进步，劳动专业化程度越来越高，职业门类也越来越多，对求职者的素质要求也就越来越高。新的时代对未来人才提出了新的素质要求。

一、职业素质的概念

（一）素质

素质是指人在先天禀赋的基础上通过环境和教育的影响而形成和发展起来相对稳定的内在基本品质。也就是说，素质是指人的品质、质量，是在人的智慧、能力和个性的基础上的发展总水平，是人的各种属性综合。素质可以通过后天环境的影响和教育的作用而形成和巩固下来，成为稳定的内在品质。

素质可以划分为生理素质、心理素质和社会文化素质三个层面。职业素质属于社会文化素质方面。这三个层次相互联系、相互作用、缺一不可，共同构成了人的整体素质。整体素质中的各种素质是相互渗透的，对素质不可孤立地理解。

人的素质体现在各个方面，贯穿着人的一生。而人生很多时间是要在职业岗位上度过的，因此，在职业岗位上具有什么样的素质就显得非常重要了。

（二）职业素质

从事不同职业的劳动者，在一定的生理和心理条件的基础上，通过教育、劳动实践和自我修养等途径而形成和发展起来的，在职业活动中发挥着重要作用的内在职业要有职业素质的基本品质，就是我们通常所说的职业素质。职业素质以专业知识、技能为特色，它是人的生理素质、心理素质、社会文化素质等根据不同的职业要求有机结合而成的。

二、职业素质的构成

职业素质是一个系统的整体。思想政治素质、职业道德素质、科学文化素质、专业技能素质及身心素质，这五方面的关系是什么？在这个整体当中，思想素质是灵魂，职业道德素质是保证，专业技能素质是本领，科学文化素质是基础，身体素质是本钱。较强的创新精神、创新能力和综合职业能力是事业成功的根本。

（一）思想政治素质

思想政治素质是一个人的政治态度、政治观点、思想观念、思想方法和政治理论等方面的基本品质总称，主要包括思想素质和政治素质两个方面，思想政治素质是职业素质的灵魂，它对其他素质起着统率作用，规定着其他素质的性质和方向。

（二）职业道德素质

职业道德素质是指劳动者在职业活动中通过教育和修养而形成的职业道德方面的状况和水平，包括劳动者在职业活动中表现出来的职业态度、职业道德修养的水平等。

职业道德素质的好坏不仅会影响到学校的声誉，而且对企业经济效益和企业形象产生影响。由此可见，在现代社会就业形势严峻的情况下，职业院校毕业生不仅要掌握扎实的专业知识和技能，并且要具备良好的职业素质，才能在激烈竞争的就业市场中找到一席之地。

职业道德素质是从业人员在职业活动中应该遵循的行为准则，是一定职业范围内的特殊道德要求，即整个社会对从业人员的职业观念、职业态度、职业技能、职业纪律和职业作风等方面的行为标准和要求。

（三）科学文化素质

科学文化素质是指人们对自然、社会、思维、科学知识等人类文化成果的认识和掌握的程度。具体包括：科学精神、求知欲望和创新意识。

科学精神是人们在长期的科学实践活动中形成的共同信念、价值标准和行为规范的总称。科学精神就是指由科学性质所决定并贯穿于科学活动之中的基本的精神状态和思维方式，是体现在科学知识中的思想或理念。

什么是求知欲望？求知欲望表现在许多方面，比如，不耻下问、敢于向权威质疑、善于在实践中发现问题，等等。除此之外，它还表现在热爱书籍上。书籍是人类进步的阶梯，是知识的系统化和理论化。

创新意识是指人们根据社会和个体生活发展的需要，引起创造前所未有的事物或观念的动机，并在创造活动中表现出的意向、愿望和设想。它是人类意识活动中的一种积极的、富有成果性的表现形式，是人们进行创造活动的出发点和内在动力。

（四）专业技能素质

专业技能素质是指在教育者的指导下，通过学习和训练，形成一定的操作技巧和思维活动能力。专业技能素质是人们从事某种职业时，在专业知识和专业技能方面所表现出来的状况与水平。专业技能素质体现在职业中的方方面面，比如有高超技术的汽车修理工可以通过异地手机传来的声音诊断汽车故障，再比如有高超技术的厨师可以在气球上切肉丝，而气球毫无损伤。职业院校的学生要全面掌握专业知识，熟练掌握操作要领，做到全面练习，科学分配练习时间，注意手脑并用，通过在实践中刻苦学习，这样才能具备更好的专业技能素质。

（五）身心素质

身心素质是身体素质与心理素质的合称。身体素质是指应具备的健康的体格，全面发展的身体耐力与适应性，合理的卫生习惯与生活规律等。心理素质是指应具备稳定向上的情感力量，坚强恒久的意志力量，鲜明独特的人格力量。

在社会急剧变革的今天，多种思想文化的激荡，新旧价值观念的冲突、激烈的竞争、物质生活的悬殊，社会生活和经济生活的不协调等，无不冲击人们的心灵，引起了部分人认知失调、心理失衡和行为失范。这些都影响人们的学习、生活和工作，也不利于就业求职。因此，青少年必须加强修养，提高心理素质，要能正确评价自我，胸襟开阔、豁达大度、积极乐观；要正确对待挫折，克服期望值过高的心理，培养坚忍不拔的毅力；要克服自卑感，增强自信心，培养心理调试能力，以良好的心理素质去迎接挑战。

三、职业素质的提高

职业素质不是先天就有的，可以在工作岗位上培养和提高。随着我国经济的发展和社会的进步，职业素质被赋予了更高的要求。职业素质的提高有利于促进人的全面发展，有利于推动社会发展和科技进步，有利于提高劳动生产率。

机遇总是垂青有准备的人，一个人综合素质的高低，将决定他求职择业的层次与自由度。而综合素质的提高，不是一朝一夕就能做到的，也不是依靠毕业前的突击武装就能解决的。它要求同学们要转变观念，增强竞争意识，在整个求学期间，按高要求有针对性、分阶段地不断充实自己、完善自己，逐步提高自身的综合素质，成为择业竞争中的强手。

现今社会对职业素质的提高的要求表现在以下四个方面。

（1）从单一型向复合型转变。随着社会的发展，越来越多的专项技能将成为新型从业者的通用技能，比如企业的设备维修工，要求从业者具备机电一体化、自动化控制的知识。

（2）从职业型向社会型转变。人力资源是企业生存和发展的重要条件，企业越来越重视职工的职业心理、情感、道德等方面的素质，也越来越重视员工的经营管理能力、社交技巧和协作精神。对从业人员具有良好的责任感和敬业精神提出了较高的要求。发达国家就十分注重培养和训练从业人员的质量意识、安全意识、效率意识、能源意识、环境意识、经济意识和工程意识等，让他们接受技术文化的熏陶。

（3）从操作型向智能型转变。在现代企业中，传统的体力劳动越来越多地被机器所替代，一线的操作者主要通过设备对生产过程进行控制，这对劳动者提出了更多的"智能"要求——具备较高的文化素质，有一定的专业理论知识和分析问题的能力。

（4）从传承型向创新型转变。现代从业人员不仅要求继承前人的优秀技术，更要根据企业生产的需要进行技术革新，要有一定的创新意识和能力。

四、职业资格

（一）职业资格的内涵

职业资格是对从事某一职业所必备的学识、技术和能力的基本要求。职业资格包括从业资格和执业资格。从业资格是从事某一专业（工种）学识、技术和能力的起点标准。执业资格是指政府对某些责任较大、社会通用性强、关系公共利益的专业（工种）实行准入控制，是依法独立开业或从事某一特定专业（工种）学识、技术和能力的必备标准。

职业资格是一种综合的能力，包括从事某种职业所需要的生理和心理素质、思想品质、职业道德、职业知识、技能和技巧，也包括从事某种职业所必需的实践经验等。高校毕业生不仅应获得本专业的职业资格证书，还应对相关的职业资格有所了解。例如，会计专业的学生，除取得会计专业的毕业证书外，还应至少考取会计电算化证和会计证。这是具有从业资格的基本条件。此外，还有一些与此专业对应的资格证书，包括注册会计师证、资产评估师证等（这些是今后能否具有执业资格的证明）；专业技术职务证书，如助理会计师、会计师、高级会计师等技术职务证书（这是专业水平的体现）；体现个人综合素质和能力的证书，如外语等级证、计算机等级证、普通话等级证和汽车驾驶证等。

（二）职业资格证书

职业资格证书是职业标准在社会劳动者身上的体现和定位，是对劳动者具有达到某一职业所要求的知识和技能标准的认证。职业资格证书是通过职业技能鉴定的凭证。职业技能鉴定必须按照法定的职业标准，统一考核和鉴定规范，统一考务管理，并由政府或政府授权的鉴定机构实施。职业资格证书是劳动者晋升、求职、任职、独立开业和用人单位录用的主要依据。我国职业资格证书分为 5 个等级：初级（五级）、中级（四级）、高级（三级）、技师（二级）和高级技师（一级）。

职业资格证书制度既是劳动就业制度的一项重要内容，也是一种特殊形式的国家考试制度。它是指按照国家制定的职业技能标准或任职资格条件，通过政府认定的考核鉴定机构，对劳动者的技能水平或职业资格进行客观公正、科学规范的评价和鉴定，对合格者授予相应的国家职业资格证书。

职业资格证书分为从业资格证书和执业资格证书。

从业资格证书是国家发给达到从业资格条件的劳动者的证明。例如，为了实现农业现代化，我国需要一批有文化、懂技术、善经营、会管理的农民。为此，农业部提出试行"绿色证书"（农民从业资格证书）制度。财政部实施了会计上岗证制度。《家庭服务员国家职业技能标准（试行）》，将技术等级分为初、中、高 3 级，规定家庭服务员必须掌握家庭礼仪、法律、心理学、营养学、美学、医学和理财方面的知识和技能。

执业资格证书制度是国家对某些承担较大责任，社会通用性强，关系国家、社会公共利益的重要专业岗位实行的一种管理制度，实行全国统一考试，注册有效，由政府监管。凡具备规定的相关专业学历、实践工作年限的专业技术人员都可以报考。证书由人事部与国务院有关主管部门共同用印，一次注册 3 年有效。取得执业资格证书并经相关机构注册登记者，可以依法独立执业。

拓 展 阅 读

职业资格证书的作用

职业资格证书已成为职场中获得职位晋升及扩展事业的有力砝码，是人们趋之若鹜的"硬通货"。有人还说："21世纪将是职业资格证书的时代"。21世纪，考证时代来临了。

据了解，目前我国3000万专业技术人员中，有20％是通过这些考试获得相应资格的。所谓的专业技术考试分为三大类：专业技术资格考试，包括会计、计算机软件水平等；执业资格考试，包括注册建筑师、注册资产评估师等；再就是包括英语在内的职务评聘专项考试。其中比重最大的还是IT行业的职业资格证书。

伴随着考证热，每年的9—10月，中国都有大量的人才奔波在考证的路上，参加包括注册城市规划师、执业药师、造价工程师、计算机软件水平、统计资格、审计资格、秘书职业资格、国际商务师资格等在内的名目繁多的考试，以取得进入这些行业的职业资格证书。随着中国成为世贸组织的成员，许多职业的就业标准开始国际化。只有获得职业资格证书，才会在职场中发展得更好。

很多国外的教育培训机构瞄准了中国市场，纷纷在中国开设考点，国际认证变得炙手可热。大量的"洋"职业资格证书涌入中国，令中国的"考证族"应接不暇。一时间，职业资格证书认证考试掀起了一股"洋"流。国外的一些顶级行业的资格考试，如国际注册会计师证书（ACCA）、CCNA（CISCO职业认证）、CCIE（国内互联网专业证书）等国际认证，都受到就业者的普遍欢迎，而许多证书目前在国内获得人数甚至不足百人。最近的计算机职业资格证书也受到很多企业和员工的青睐。

职业资格证书对就业有用是毋庸置疑的。证书带给人们的，除了是有关部门认定的权威性之外，更重要的是职业上的自信和安全感。同时，收入也有一定程度的增加。无疑，后者是人们对考证执著不已的关键所在。可见职业资格证书已经影响着各行各业。北京某信息技术公司的一项调查结果显示，获得一项职业资格证书，个人的薪金就能得到一定比例的提高。以IT认证为例，大致情况如下：如果通过职业资格证书认证，薪金一般提高40％～50％；如果通过微软MCSE认证，薪金一般提高30％～50％；如果通过微软MCSD认证，薪金一般提高40％～60％；如果通过Cisco认证，薪金一般提高50％～60％。正是职业资格证书带给人们太多的惊喜，所以受到欢迎，受到人们的追捧。

模 块 小 结

该模块介绍了产业、行业、企业和公司的基本概念。阐述了职业的概念、特征、功能及其分类，强调了职业素质与职业资格对于职业者的重要性。

根据《国民经济行业分类》，将国民经济划分为第一、第二、第三产业，行业一般是指其按生产同类产品或具有相同工艺过程或提供同类劳动服务划分的经济活动类别，不同的行业包含在产业范围之内，两者相互渗透，总体而言产业的范围比较广。

职业是社会分工中演变分化形成的不同行业、单位中的人的劳动形式，是人们从事相对稳定的、有收入的、专门类别的社会劳动。对于个人而言，专业是一个人拥有较丰富知识的专门学问；职业指人从事的岗位；行业是企业的归属。通过从事某种职业，个体可以谋生，承担社会义务，融入社会，健康发展个性。我国根据《职业分类标准》将全国范围内的职业划分为大类、中类、小类三层，即 8 个大类，66 个中类，413 个小类，1838 个细类职业。在国外一般按照三种标准对职业进行分类：脑力劳动和体力劳动的性质、层次，心理的个别差异，职业的主要职责或所从事的工作。

职业资格证书是从事某种职业的敲门砖。职业资格证书分为从业资格证书和执业资格证书。从业资格证书是国家发给达到从业资格条件的劳动者的证明。执业资格证书制度是国家对某些承担较大责任，社会通用性强，关系国家、社会公共利益的重要专业岗位实行的一种管理制度，实行全国统一考试，注册有效，由政府监管。

一种职业从产生到热门，再到转化，直至被替代，与社会生产力的发展密切相关。因此选取职业之前，有必要了解产业政策、行业背景、企业发展及职业的具体行情。除此以外，职业资格证书的热度，也可以很好地帮助我们了解职业现状。在选取某种职业的时候，可以从职业资格入手，了解其对从业者的素质、能力、知识要求。如果从业者在大学期间可以主动培养与目标职业相匹配的素质、能力、知识，那么毕业将会顺利许多。

教 学 检 测

1. 产业、行业、企业、职业之间的关系是什么？可以用文字描述或用图表示。
2. 我国第三产业主要包括哪些行业？
3. 列举你感兴趣的单位，用图展示该单位所有的职位。
4. 找出你喜欢的职位，在招聘网站上查找哪些单位可以提供该职位？每一家单位对该职位的从业要求是什么？画图或表格展示结果。
5. 你想要从事的职位对个人素质的要求是什么？需要的从业资格证和执业资格证有哪些？

实 训 活 动

调查本省或本地区经济发展状况，结合大学培养目标，谈一谈作为大学的毕业生，你将选择哪种职业？手中应握有几个职业资格证书？

模块四 认识自我

➢ **知识目标**

（1）了解大学生心理发展历程及其特征。

（2）理解职业兴趣的概念及分类。

（3）掌握职业人格形成的因素、分类及方法。

（4）正确区分能力与职业能力，掌握影响能力发展的因素。

➢ **技能目标**

（1）思考如何培养自己的职业兴趣。

（2）通过学习思考自己今后适合的职业方向。

项目1 我喜欢做什么——大学生的职业兴趣

【案例导入】

李芳的专业选择

李芳是某院校刚入校的新生，她以前在课余时间最喜欢做的事情就是看书，特别是小说和历史方面的书籍，而对数学和制作小玩具等动手的活动不感兴趣。参加了职业辅导后，知道自己的兴趣主要在于文学、音乐和服务方面。不过，由于其他原因，她还是准备从事会计工作。按照李芳的兴趣特点，哪些工作能够更好地与她的兴趣相吻合？她应如何培养职业兴趣？

一、职业兴趣概要

兴趣是人积极探索某种事物的认识倾向，职业兴趣则是有关职业偏好的认识倾向。同学们已经有了明确的职业方向，怎样来培养自己对未来职业的兴趣呢？这是一个重要的问题。人的职业心理并不是天生的，它的形成与所处的历史条件、环境、实践活动以及对自身能力的认识有密切的关系。例如，一位同学如果因从事某项操作活动而受到师傅、同学的赞扬，就会增加他进一步探究这种职业的兴趣。

二、职业兴趣的一般分类

职业兴趣是一种认识倾向，不论人是否了解某种职业的内在特征，都可能会对它做出是否喜好的评价，因此，它反映的往往是人对职业活动外部特征的认识。由于人与人之间存在着很大的差异，因此对同一种职业就会产生不同的反应：有的人喜欢，有的人厌恶，有的人无动于衷。所以，虽然职业成千上万，分类比较复杂，一时难以全面掌握，但可以从人的职业兴趣的角度进行分类。

（一）职业兴趣分类

在职业兴趣分类方面，比较有名、使用时间较长的是库德职业爱好调查表（Kuder Preference Record Vocational）的分类。它将职业兴趣分为 10 类。

类型 1：户外——大多数时间愿意在户外度过，愿与大自然打交道，喜欢从事地理、地质、动物、植物等方面的工作。相应的职业有地质勘探人员、登山队员、森林管理者、考古人员、农业人员等。

类型 2：机械——愿意与工具、机器打交道，而不喜欢从事与人打交道的职业，并希望制作能看得见、摸得着的产品。相应的职业有车钳工、修理工、裁缝、钟表工、建筑工、司机、农机手、制造工程师、技师等。

类型 3：计算——喜欢与数字计算和文字符号类有关的活动，工作的规律性较强。相应的职业有会计、银行工作人员、邮件分类员、图书管理员、档案管理员、统计员等。

类型 4：科研——喜欢去发现新的现象和解决问题，乐于从事分析推理或长于理论分析。类似的职业有化学家、工程师、侦察员、医生、数学家、生物学家、物理学家等。

类型 5：说服——善于与人会面、交谈、协调人际关系、组织管理，或者善于推销、宣传。相应的职业有教师、行政管理人员、记者、作家、店员、演员、警察、节目主持人等。

类型 6：艺术——这是一种创造性的艺术工作，喜欢通过新颖的设计、颜色的匹配和材料的布局等引起别人情感上的共鸣。比如，画家、雕塑家、建筑师、服装设计师、美容师和室内装修工等，均属艺术性的职业。

类型 7：文学——喜欢阅读和写作，或能作相应的讲授、编辑工作。这一类职业有文学家、历史学家、演员、新闻记者、编辑等。

类型 8：音乐——对音乐作品和演奏有特殊爱好，喜欢听音乐会、演奏乐器、歌唱，或者喜欢阅读有关音乐和音乐家、戏剧家的书籍。有关职业有音乐家、歌唱家、表演艺术工作者、音乐戏剧评论家等。

类型 9：服务——乐于从事社会工作，为他人服务，主要指社会福利和帮助人的职业，为他人解除痛苦、克服困难。相应的职业有医生、护士、职业指导者、家庭教师、人事工作者、社会福利救济工作者、宾馆或饭店服务人员、导游人员等。

类型 10：文秘——喜欢那种需要准确性、灵活性的办公室式的工作。此类职业有秘书、统计员、交通管理者、公共关系人员等。

（二）应用职业兴趣分类方法应注意的问题

有关职业兴趣的分类还有不少，都可以为了解自己和了解社会职业提供帮助。这些职业兴趣分类的共同特点在于，通过所划分出来的兴趣类型能够与绝大部分社会职业建立联系。在运用这些职业兴趣分类分析自己时，需要注意以下三个方面的问题：

首先，一般说来，每个人不仅仅具有一种职业兴趣类型，有时可能会具有几种类型。这就要求根据自己在各种类型上兴趣的强度的差别来确定中心兴趣。当然，确定时要考虑社会需要和自己的优势能力。

其次，一种职业可能主要与某种兴趣类型有关，但也会涉及其他的兴趣类型。例如，当好一名护士应乐于为他人服务，具有助人精神（类型 9），同时，也应能准确、灵巧地使用各种器械来做好护士工作（类型 2），此外，还要善于从心理上安抚病人（类型 5），所以也不能将各种职业兴趣类型截然分开。

最后，职业兴趣只能作为了解自己的一个重要方面。兴趣只能代表人在职业方面的认识倾向，而不意味了解了自己的兴趣就完全了解了自己。因此，还应当把职业兴趣与职业能力和人格特征结合起来分析，这样，才能为毕业后的职业抉择做好心理准备。

三、职业兴趣的培养途径

职业兴趣的发展一般要经历探究、爱好和定型三个阶段。探究阶段是产生认识倾向的阶段。例如，观看了一场精彩的足球比赛之后，对某足球明星产生倾慕感，油然而生成为足球运动员的兴趣；过几天听了一场学术报告，又想成为一名出色的化学家，等等。总之，这个时期的兴趣比较分散、易变，初中生、高中生多具备这种兴趣特点。爱好阶段与前一阶段最大的区别在于，要亲身参与有关职业的实践活动。例如，职业技术院校的学生参加学校安排的现场实习教学活动，通过实际操作或者模拟扮演某项职业角色，对该职业有了深入的认识，这时的兴趣已向专一方向发展。定型阶段的职业兴趣已经明确化，学生已能将个人的兴趣、爱好与能力水平、社会的职业需求结合起来。例如，不少同学经过劳动实践，已经能看到自己的劳动创造为社会带来的效益，从而产生稳定的职业自豪感，决定献身这一职业。

不少研究资料表明，很多学生填报高考升学志愿时，主要是听从家长的意见，另一些学生甚至是为了谋求好的就业机会进入违背自己志愿的专业进行学习，因此，还谈不上对所学专业有浓厚的学习兴趣。这种状况往往妨碍着一部分同学的学习积极性。如何在入校后培养自己的职业兴趣？培养途径有以下几种。

第一，主动参与职业实践活动。职业兴趣只有在真正的社会实践活动中才会形成和巩固，关键在于亲自参与，从活动中获得亲身体验。例如，可以到学校附近与所学专业相关的企事业单位参观，此外，还应当与工人师傅们好好谈一谈，了解所学专业的重要作用和岗位成才的事迹，帮助自己增加对即将从事的职业的兴趣。

第二，注意培养间接兴趣。在同学中，还存在着学习偏科的现象。这些同学没有认识到系统、综合的知识学习与未来职业发展需求的关系，在将来，如果一个工科大学生没有掌握计算机辅助设计技术、英语、写作等知识，就不可能胜任工科类的技术工作。所谓间接兴趣，是指由活动的目的、结果引起的兴趣。例如，学习编写计算机程序和文字输入规则很枯燥，但是，想到将来从事任何职业都需要掌握计算机才会有更好的发展，就会对计算机学习产生间接兴趣，从而努力克服学习中的困难。

第三，客观评价和确定职业兴趣。必须指出，对某类职业有浓厚的兴趣，并不能说明就一定适合这类职业，关键在于是否具备相应的职业能力。换言之，渴望从事某类或某种职业这只是我们一厢情愿。今天，人才交流已逐渐转入市场机制，在一些紧俏的职位招聘中，具有较高学业能力和职业道德的人才能获得这种机会，所以应当学会客观地评价和确定自己的职业兴趣。既要考虑到自己想干什么，更要考虑到与他人相比较，自己的能力更适合干什么。学生所学的专业是自己和家长经过慎重选择和努力而获得的，自己要珍惜它。目前，首要的任务是努力学习，发展自己的职业能力，增强对未来社会的适应能力，使得自己在毕业时具有较强的竞争能力，切不可把在校学习的宝贵时光耽误在朝令夕改之中。当然，我们并不主张人的职业方向终身不变。今后，随着科学技术的发展，一些职业还会消失，又会兴起另一些职业，市场也为人才交流提供了机会，只有在校期间努力学好各门功课，掌握了扎实的基础知识和专业知识的学生，才能以一变应万变。因此，对待职业选择最客观的态度，还是安心学好现有的专业，以适应社会经济发展的要求。

项目2　我适合做什么——大学生的职业人格

【案例导入】

王晓霞该怎么办？

王晓霞是某高职院校大三的学生，正面临着毕业分配。因为她在学校的学习成绩很好，所以一方面学校领导和她谈话，希望她能够留校工作；另一方面，也有几个公司向她表示可以接受她，让她在公司的公共关系部工作。王晓霞现在很困惑，因为留校工作和在公共关系部工作是两个性质差别很大的工作，她不知道自己从事什么工作，将来能够很好地发挥自己的优势，获得成功。因此，她向一位职业生涯规划方面的专家咨询。专家应该怎样向她提出建议？

一、职业人格的内涵

人格也叫个性，是人不同于他人活动的动力特征的稳定态度和行为方式，它包括气质和性格两方面特征。气质指人说话、办事时表现的脾气，如有的人是急性子，有的人是慢性子，它是人本来就具有的心理活动的动力特征，没有好坏之分。但是，在不同的职业活动中，对人的气质要求不一。不同气质特征的人，对特定职业确实存在适应或不适应的问题，但只要努力进取，扬长避短，都会有所作为。在复杂的社会环境中，一般都不孤立地考虑气质类型，而更多地从性格特征来考虑问题。

性格是一种为人处世的态度和行为方式，它是后天形成的，与人的职业价值观念有更密切的联系。心理学家认为，人的性格与职业适应性有着密切的关系。如果一个人的性格与所从事的职业很符合，就可能在事业上获得成功；反之，则会使从业者的心理健康受到损害，甚至会妨碍事业的成功。人的性格通过教育也是可以改变的，在学习知识、技能的同时，如果也能注意塑造自己良好的性格，将有助于个人的健康发展。

有关研究表明，影响性格形成的主要因素有以下几个。

（一）生理特征

人的身高、体重、体型、外貌等生理特征，由于易受到人们的评论，对性格形成有很大影响。例如，在同学们中间个子显得特别矮小、身体过胖者，容易产生自卑感。生理上有缺陷的残疾人，性格一般都比较内向。

（二）家庭教育

家庭是人社会化的第一个社会单元，家庭教育对子女的性格发展有重要作用。苏联心理学家科瓦列夫曾经做过一个相当长时间的性格追踪研究，考察一对孪生姐妹的性格发展情况。这对孪生姐妹在生理条件方面极其相似，从小学到大学接受同样的教育，但当她们成人后，竟然发展成性格截然不同的两个人：姐姐办事果断、主动、善于交际；妹妹只是追随、服从。究其原因，原来是祖母从小就把她们中的一个定为姐姐，另一个定为妹妹，并要求姐姐照管妹妹，对其负责，这样，姐姐就较早地形成了独立、果断、主动的性格。

(三) 学校教育

学校教育包括教师的榜样教育、课外活动教育和班集体教育。可以说，一位好教师的榜样会对学生一生的发展产生不可估量的影响，而好的班风、集体中良好的心理气氛对每一个成员的性格形成也会产生很大的作用。

(四) 文化传统

每一个国家、民族都有自己的风俗习惯、文化传统和特殊的行为方式、规范，这对性格的形成和发展有着无形的影响。随着各国科学技术的交流，生活方式和风俗的相互渗透也会越来越多。但是各民族都比较注意维护、保存自己文化传统中优秀的东西，其中当然包括一些共性的民族性格特征。

二、职业人格的分类

有位名人曾夸张地说过：如果人能从事自己感兴趣的工作，那么，人生就是天堂。兴趣给人的活动过程带来的乐趣由此可见一斑。"我想你对感兴趣的职业存在着相同程度的渴望，问题在于你感兴趣的职业是什么？"回答这样的问题，我们先要面对的是更为基础的问题：由于我们不可能在数以千计的职业中去找寻自己所感兴趣的职业，因此首先须将庞杂的职业归为数量有限、适合操作的职业群（这种归类与国家公布的职业分类不同），然后再去发现自己感兴趣的职业群。对职业归类的研究由来已久，所划分的类别当然也是众说纷纭。对我们影响比较大且有配套的兴趣量表的，当属美国心理学家、职业指导专家霍兰德(John L. Holland)的相关理论。

霍兰德的职业理论，其核心假设是人可以分为六大类，即实际型、研究型、社会型、常规型、企业型、艺术型，职业环境也可以分成相应的同样名称的六大类，人格与职业环境的匹配是形成职业满意度、成就感的基础。各个兴趣类型的特点及较为适宜的职业环境如表 4－1 所示。

表 4－1 劳动者类型与职业类型对应表

类型	劳 动 者	职 业
实际型(R)	① 愿意使用工具从事操作性工作； ② 动手能力强，做事手脚灵活，动作协调； ③ 不善言辞，不善交际	主要是指各类工程技术工作、农业工作。通常需要一定体力，需要运用工具或操作机器。 主要职业：工程师、技术员，机械操作、维修、安装工人，矿工、木工、电工、鞋匠、司机等，测绘员、描图员，农民、牧民、渔民等
研究型(I)	① 抽象思维能力强，求知欲强，肯动脑，善思考，不愿动手； ② 喜欢独立的和富有创造性的工作； ③ 知识渊博，有学识，不善于领导他人	主要是指科学研究和科学实验工作。 主要职业：自然科学和社会科学方面的研究人员、专家，化学、冶金、电子、无线电、电视、飞机等方面的工程师、技术人员，飞机驾驶员、计算机操作员等

类型	劳 动 者	职 业
艺术型（A）	① 喜欢以各种艺术形式的创作来表现自己的才能，实现自身的价值； ② 具有特殊艺术才能和个性； ③ 乐于创造新颖的、与众不同的艺术成果，渴望表现自己的个性	主要是指各类艺术创作工作。 主要职业：音乐、舞蹈、戏剧等方面的演员、艺术家编导、教师，义学、艺术方面的评论员，广播节目的主持人、编辑、作者，绘画、书法、摄影家，艺术、家具、珠宝、房屋装饰等行业的设计师等
社会型（S）	① 喜欢从事为他人服务和教育他人的工作； ② 喜欢参与解决人们共同关心的社会问题，渴望发挥自己的社会作用； ③ 比较看重社会义务和社会道德。	主要是指各种直接为他人服务的工作，如医疗服务、教育服务、生活服务等。 主要职业：教师、保育员、行政人员，医护人员，衣食住行服务行业的经理、管理人员和服务人员，福利人员等
企业型（B）	① 精力充沛，自信，善交际，具有领导才能； ② 喜欢竞争，敢冒风险； ③ 喜爱权力、地位和物质财富	主要是指那些组织与影响他人共同完成组织目标的工作。 主要职业：经理企业家、政府官员、商人、行业部门和单位的领导者、管理者等
常规型（C）	① 喜欢按计划办事，习惯接受他人指挥和领导，自己不谋求领导职务； ② 不喜欢冒险和竞争； ③ 工作踏实，忠诚可靠，遵守纪律	主要是指各类与文件档案、图书资料、统计报表之类相关的各类科室工作。 主要职业：会计、出纳、统计人员，打字员，办公室人员，秘书和文书，图书管理员，旅游、外贸职员、保管员、邮递员、审计人员、人事职员等

霍兰德提出了四个基本假设：其一，人的个性大致可分为六种类型，即实际型、研究型、艺术型、社会型、企业型和常规型；其二，所有职业均可划分为相应的六大基本类型，任何一种职业大体都可以归属于六种类型中的一种或几种类型的组合；其三，人们一般都倾向于寻找与其个性类型相一致的职业类型，追求充分施展其能力与价值观，承担令人愉快的工作和角色，职业也充分寻求与其类型相一致的人；其四，个人的行为取决于其个性与所处的职业类型，可以根据有关知识对人的行为进行预测，包括职业选择、工作转换、工作绩效以及教育和社会行为等。

在这四个基本假设的基础上，霍兰德提出了六边形模型，如图 4-1 所示。

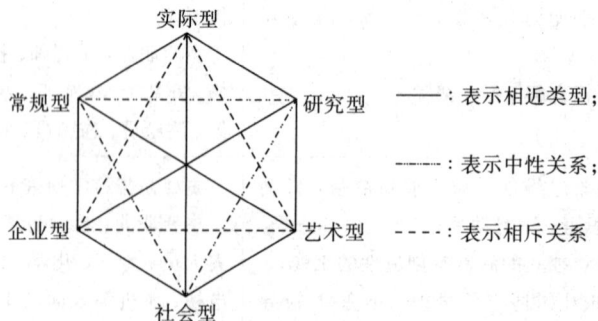

图 4-1 霍兰德"六边形模型"

在图 4-1 中，六边形的六个角分别代表霍兰德所提出的六种类型。六种类型之间具有一定的内在联系，它们按照彼此间相似程度定位，相邻两个维度在各种特征上最相近，相关程度最高。距离越远，两个维度之间的差异越大，相关程度越低。每种类型与其他五种类型存在三种关系：相近、中性和相斥。霍兰德又经过了大规模的试验，分别确定了男性和女性的各种类型之间的相关系数，如图 4-2 和图 4-3 所示。

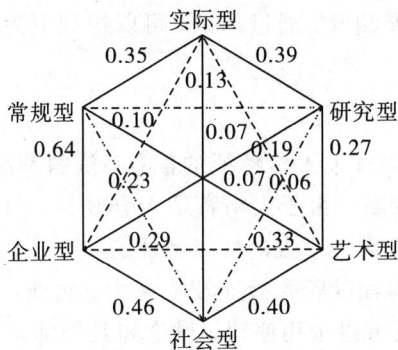

图 4-2 男性个性分类

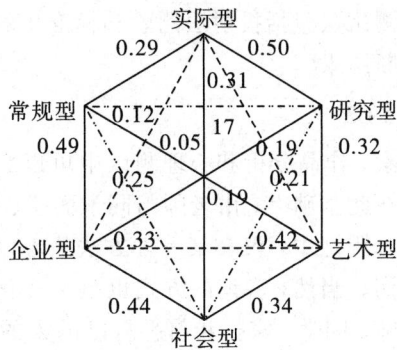

图 4-3 女性个性分类

根据六边形模型来理解，最为理想的职业选择就是个体能找到与其个性类型重合的职业类型，即人职协调。这时，个人最可能充分发挥自己的才能并具有较高的工作满意感。如果个人不能获得与其个性相重合的职业，则寻找与其个性类型相近的职业。由于两种类型之间有较高的相关系数，因此个人经过努力和调整也能适应职业环境，达到人职次协调。最差的职业选择是个人在与其个性类型相斥的职业环境中工作。在这种情况下，个人很难适应工作，也不太能感到工作的乐趣，甚至无法胜任工作，是人职不协调的匹配方式。总之，个性类型与职业类型的相关程度越高，个人的职业适应性越好；相关程度越低，个体的职业适应性越差。因此，六边形模型有助于人们更好地理解和进行职业选择。

三、了解人格特征的方法

人格特征是胜任未来职业的一个重要的心理因素，掌握一定的分析方法，从而科学地了解自己，一方面有利于在校期间有意识地塑造自己的良好品德，克服不良的态度和行为方式；另一方面，也有利于适应未来职业的要求。不过，人格是一种比较复杂的心理现象，怎样才能了解到它的内在特征呢？

1. 观察法

观察法即通过观察活动来了解自己的各种表现。例如，学校的学习活动、课外活动、劳动实践活动，等等。观察应当是有目的地进行，根据目的还可以先拟订一个观察计划，然后逐项分析。这种观察既可以是自我观察，也可以由他人来观察。观察时要做好记录，供以后分析讨论使用。观察的内容还包括交谈，因为语言是思维的重要工具，在交谈中，一个人是健谈还是少言寡语，言论是否真诚可信，都能反映出谈话者的人格特征。此外，人的非言语信息，如面部表情、语调、语速、手势、坐姿、人与人的空间距离、衣着打扮等都可以提供被观察者的性格特征方面的各种信息。

2. 作品分析法

作品指日记、自传、作文、艺术创作品(绘画、雕刻、手工艺品等)和其他劳动产品。这些作品是人格特征的投射物,通过对这些作品的自我分析或相互分析,可以从中获得很多信息。

3. 心理测试法

心理测试法包括投射法测验和标准化的人格问卷测验,通过测试,可以得到更为明确的心理诊断结果。

4. 咨询法

从观察、作品分析和心理测试中可以获得大量的有关人格特征的信息、资料和结果,咨询则是在此基础上,由老师与同学面谈、讨论和诊断。由于人格特征十分复杂,而且又处在成长过程之中,仅靠某一种方法是难以准确地把握一个人的性格特征的,所以要进行专门的咨询。当然,咨询的方式也是多样化的,咨询者以职业指导教师为主,此外,可征询其他教师、同学、家长和熟悉自己的人的意见,还可以采用座谈、讨论和其他活动方式来进行咨询活动。

当然,了解自己的人格特征更重要的目的是促进个人职业道德的健康发展。因此,不论是学校安排的调查,还是座谈或测试,都要积极配合和参与。

项目3　我能够做什么——大学生的职业能力

【案例导入】

除了网管我还能做什么?

小英今年23岁了,在一家网吧做网管,现在想换工作,但不知道自己还能做什么。她平时不爱玩游戏,因为她觉得这是在浪费时间,做了一两年的网管,现在也不会玩一个网络游戏。她现在不想做网管了,但是除了这份工作她还能做什么呢?因为从学校毕业后没做过别的,没有任何其他经验,她该怎么选择?

一、职业能力概述

什么是能力?能力指顺利完成某种活动所必须具备的一种心理特征。从一个人从事的活动中,就能看出他是否具有某种能力,而且这种能力达到了什么水平。例如,通过数学演算测试,鉴别出某位同学逻辑关系清晰,运算方法简捷,计算结果准确,由此能确定他比其他同学的数学能力强。能力对人一生的职业道路的选择和事业的成败具有重要的作用。能力实际上是由多种因素组成的复杂心理结构,一般说来,顺利完成任何职业活动都必须具备两种能力:一般能力与特殊能力。

一般能力是完成各种活动都必须具备的基本能力,它包括观察力、记忆力、思维力和想象力,这是人认识世界的基础,因此,又称一般能力为认识能力,而且把这四种认识能力的综合称为智力。在学校阶段,学习各门学科的目的是为了奠定未来职业的基础,发展一般能力,开发智力。

特殊能力是在某种职业活动中表现出来的能力，它在职业活动中体现为职业能力，所以，职业能力指顺利完成某种职业活动所必须具备的心理特征。例如，数学能力、音乐能力、机械操作能力、绘画能力等，这些能力都是完成某些特定职业活动必须具备的能力，它是了解自己能否胜任某种职业的依据，与职业选择具有更直接的联系。心理学家认为，每一种特殊能力都是由制约职业活动质量的几种心理品质组成的。例如，飞行能力就包括注意分配、手足动作协调、生物反馈、空间定向、知觉广度和图形辨认等心理品质。用人单位在招聘人员时，往往通过考察各种与职业活动有关的心理品质来预测求职者是否适合从事该职业。目前，各地的人才中介服务机构也开始采用心理测试的科学方法来选择人员。

二、影响能力发展的客观因素

一个人的能力怎样才能得到更好的发展？影响能力发展的客观因素有哪些？这些问题常常是追求上进的同学思索的内容。根据教育学、心理学研究结果，这些影响因素主要包括生理因素、家庭因素和学校因素。

1. 生理因素

生理因素主要指人先天的生理素质，这是人的能力产生的物质基础。例如，生来身材太矮小的人不可能成为优秀的篮球运动员。但是，先天的素质条件如果缺乏必要的教育，也是很难发展成能力的，所以，人的能力并不是与生俱来的。

2. 家庭因素

如果学生的父母或自身所处环境的条件较好，就会加速能力的发展。日常的观察表明，一些具有特殊才能的父母，由于教育得法，其子女这方面的能力发展较快。不过，这种情况也不是绝对的，有些学生的父母并无特殊才能，子女也得到了良好的发展，这也证实能力不是靠遗传获得的。

3. 学校因素

学校通过系统的知识、技能和道德规范的传授，形成学生的认识能力、实际操作能力和社会交往能力，这是其他任何活动不能替代的。此外，校内外的各种课外活动又扩大了学习的范围，使得同学们能够有针对性地发展自己的职业能力，所以，一定要珍惜在校学习的时光。

三、职业能力的自我培养

从学生的成就差异可以发现，具有相同智力水平的学生，后来的能力发展水平可能截然不同，其原因主要是在校期间的主观努力不同。在校期间应当怎样发展和培养自己的职业能力呢？

第一，要处理好知识与能力的关系。知识不等于能力，但它是顺利完成某种活动起定向作用的重要因素，是能力形成的基础。随着科学技术的不断进步，工作更多地向智力型发展，这就要求不仅会动手，而且更应当会动脑。如果要提高自己的思维判断能力，就要有坚实的理论知识作基础。所以，必须认真学好每一门课程，使自己全面提高，能力才能得到和谐的发展。

　　第二，要有意识地培养自己的实际技能，因为高等职业技术院校的培养目标就是培养具有一定专业知识和技能的高级专门人才。很多现场实习指导教师反映，一些理论学习成绩很好的学生，到了实习岗位常常手足无措，不能把所学的理论知识与工作实际结合起来，个别同学的动手能力还比不上一些平时学习成绩较差的人。这并不是说，学校的理论教学没有作用，而是没有很好地建立理论与实践的联系。所以，在校学习期间，应当有意识地把所学的理论知识用于解决实际问题。在课余时间里主动参加一些实践活动，这不仅有利于发展与职业能力相关的实际技能，而且能促进对专业理论知识的深入理解和牢固掌握。

　　第三，要有锲而不舍的学习精神。职业能力的发展需要客观条件，更需要学习者坚强的意志和毅力。在人的能力形成过程中，越接近成功，需要付出的代价就越大，因为这里有一个难以逾越的"高原期"。

　　第四，要善于捕捉施展能力的机遇。"虚心使人进步"，在培养自身能力时要谦虚谨慎、脚踏实地，但是，虚心并不等于谨小慎微、胆小退缩。可以从很多事例看到，一个人即使具有某种优势能力，如果不主动参与活动，则既不能捕捉住施展能力的机遇，也不会得到良好的发展。在社会实践活动中，常常也会遇到施展才能的机遇，如学生会、团委组织的活动，学校安排的学生自我管理、参与学校管理决策的活动、社区公益活动、生产实践活动等，都是造就良好的职业技能和交往能力的机会，应当积极地参与。

项目4　我值得做什么——大学生的职业价值观

【案例导入】

诺贝尔奖获得者屠呦呦的价值观

　　2015年10月5日，85岁的药学家、中国中医科学院中药研究所首席研究员屠呦呦因为在医学上的贡献而获得诺贝尔生理学或医学奖。在多年的科研生涯中，无论是面对动荡的社会环境、简陋的实验条件，还是面对无数次实验失败的打击，她都矢志不渝地做好自己的科研。为保证病人的用药安全，她以身试药，导致肝中毒。没有院士的桂冠、没有海外留学的经历、没有博士学位，如果不是获得了诺贝尔奖，她可能终身默默无闻，但是所有的这一切丝毫没有影响她对中药科研的执著和热爱，没有动摇她立志寻蒿、将中药现代化作为毕生追求的信念，正如屠呦呦自己所言："我喜欢宁静，蒿叶一样的宁静。我追求淡泊，蒿花一样的淡泊。我向往正直，蒿茎一样的正直。"这样一位科学家，令我们肃然起敬的不仅仅是她的科研成果给人类带来的福利，更是她淡泊名利、坚忍不拔、锲而不舍的精神。当今社会，很多人把虚荣当成风尚，看脸当成审美，娱乐当成主流，浮华当成氛围，又有多少人能坐稳冷板凳、淡泊名利、甘于寂寞呢？

　　不仅仅是屠呦呦，每一个取得巨大成就的人，在我们看来都有着超出常人的定力，而这种定力正是源于价值观，价值观如同一股无形的力量，无时无刻不在牵引着人们做出决定。人的一生中要做出无数个决定，小到每天穿什么、吃什么，大到选择配偶、选择职业。生活环境、成长经历、身心条件都影响着人们做决定，但最终帮助人们做出决定的是价值观，即无论如何都不会放弃的原则、标准或品质。

一、职业价值观的内涵

一提到价值观，大家首先想到的是社会主义核心价值观，可见，价值观对于个人有着潜移默化的影响。在每个人平时的言语和行为中，都可以看到价值观的影子。比如，有人说"我要去偏远的山区支教，让那里的孩子了解大山外面的世界""我要回家乡，用自己的专业技术和乡亲们一起改变家乡的面貌""我要创业，成为亿万富翁，过富足的生活"，这些都是个人对自己价值观的描述。从理论上讲，价值观是指人们认识和评价客观事物与现象对自身或社会的重要性时所持有的内部标准。对个人而言，价值观决定了人生的境界。对社会而言，价值观决定了社会文明的程度。

价值观是后天形成的，在家庭和社会的影响下，随着知识的增长和生活经验的丰富，个体逐步形成自身的价值观，价值观一旦形成，便是相对稳定的。个体在逐渐成长的过程中，由于环境的改变、经验的积累、知识的增长，价值观有可能发生变化。

在自我认知领域，价值观支配着自我了解、自我定向和自我设计，它如灯塔一般为职业生涯指明前进的方向。职业价值观是个人价值观在职业活动中的反映，是个人基于需求的满足而对工作特质或属性进行的价值判断和评价，是职业决策考虑因素的重要组成部分。人们在选择职业时，在众多的价值取向里，优先考虑哪种价值，以及对具体职业的评价集中地反映了个体的职业价值观。任何一种职业都不可能满足个人的全部需求，左右人们选择的往往是职业价值观，例如有人重视报酬、有人重视稳定、有人重视环境、有人重视赞誉赏识等，个体不论做出什么选择，选择的背后必定与个人的需求和价值判断密切相关。

职业价值观简单而言，就是找工作时，你想找到什么？辛辛苦苦上班，希望换来什么？不甘心或不得已时，选择跳槽，是为了什么？"钱"也许是看到上面这些问题后，你的脑海中想到的第一个字。是的，赚钱、赚更多的钱，很现实，也很重要，但是，没有别的了吗？给你 100 万，但是每天老板批评你、侮辱你，行吗？你没有发展的机会，天天干重复性、低价值的工作，行吗？有的人可以，有的人就无法忍受。每个人通过职业希望获得的回报是不一样的，这些不一样的回报就是职业价值观。

职业价值观会影响一个人对工作的抉择。如果能在与自己价值观相符的环境中工作，探索自己的职业价值，这样的工作必定是令人愉快的。如果能够了解自己所重视的是什么，当面临职业选择时，就能清楚哪些因素是做决定的重要指标，只有这样，才能选择适合自己的工作，进而提升工作的满意度。

二、职业价值观的特征

1. 职业价值观是因人而异的

由于每个人的先天条件和后天经历不同，其职业价值观的形成也会受到不同的影响，因此，每个人都有自己的价值观和价值观体系。在同样的客观条件下，具有不同价值观和价值观体系的人，其动机模式不同，产生的行为也不同。

2. 职业价值观是相对稳定的

价值观是人们思想认识的深层基础，它形成了人们的世界观和人生观。它是随着人们认知能力的发展，在环境、教育的影响下，逐步培养而成的。人的价值观一旦形成，便会相对稳定。但当自身状况和外界环境发生较大变化时，职业价值观也会随之而变。

3. 职业价值观是具有阶段性的

根据马斯洛的需求层次理论，当人低层次的需要得到满足以后，他就会产生更高层次的需求。从职业人生来看，大多数人的职业价值观是具有阶段性的，特别是某一阶段的自身需求满足后，新的职业价值观也就会随之产生并确定下来。

4. 职业价值观不是唯一的

人的职业价值观不是唯一的，择业时会有几个动机支配个人的选择。人们常常为选择感到痛苦时，就是因为个人的职业价值观不确定，而在某一职业中又难以得到全部满足，从而患得患失。

三、职业价值观的探索

职业价值观的探索就是解决"什么工作是你心目中的好工作"的问题。当被问到这个问题时，有的同学说"赚钱多的"，有的同学说"有发展机会的"，有的同学说"能照顾父母的"，还有的同学说"离家近的"。很多人在找工作、转换工作时，知道自己不要什么，但是不知道自己要什么。如果不知道什么工作是自己心目中的好工作，不知道自己在乎什么，不知道什么可以激励自己，那么如何才能找到好工作呢？如何做出职业转换的决定呢？在职业价值观探索中，首先要做的便是尽量全面地了解自己的职业价值观，同时还要考虑个人职业价值观与职业本身体现的价值之间的吻合度，至少二者不能有冲突。比如，设计师这一职业崇尚的是自由，企业家这一职业主要体现成就、利益和财富这些价值，而教师主要体现知识、创造性、自主这些价值。如果这些价值与个人的职业价值观相矛盾，那么这项工作很难使个人获得满意感。

（一）职业价值观分类

结合职业属性和人的内在需求，职业价值观可以划分为 18 种类型。

（1）成就动机：把事情做好而得到满足感；通过自己的努力取得实质性成果；每天做完工作，自我感觉良好；知道自己的工作对团队整体有贡献；在自己的工作上取得卓越成绩。

（2）归属感：与团队成员一起工作；与同事建立良好的关系；工作上经常和他人接触；有机会参加社交活动；被他人接受及喜爱。

（3）挑战：在有压力的情境下，准时完成任务；有机会解决有难度的问题；能经常对有风险的事承担责任；有机会发挥个人的潜能，做没做过的事情；有机会与他人或其他组织竞争。

（4）创新：找寻解决问题的新方法；完善旧的方法或旧的产品；发现或创造真正独特的产品等；与富有想象力及创意的人共事。

（5）经营管理：无须广泛征询意见而能快速做出决定；能够提出有价值的战略或策略；随时准备面对风险；接受挑战，永不放弃；找寻从采取行动到看出成果的过程中的满足感。

（6）财富：比其他人挣更多的钱；有足够的钱去享受生活；不需要担心钱的问题；赚足够多的钱，被视为富裕。

（7）助人：别人有困难时能够帮助他们；感到自己对社会有所贡献；对他人慷慨；可以教导、训练他人，并可提供服务；能够有机会去做公益。

（8）主动性：发现潜在的问题并采取行动以避免问题发生；发觉有什么事需要办并且把其办好，而不需要别人安排；看到其他同事忙碌时能主动帮助；发现某种需求并向上级提出；要求增加自己的责任感或职责。

（9）独立自主：能够自己安排工作的优先次序；有挑选自己任务的自由；可以自己做主，而不需要事事请示；可以弹性对待公司的规则；可以对影响自己工作的事做决定。

（10）尊严：根据自己的价值观行事；维护自己的信念；不做与自己信念相违背的事；与和自己同道的人共事；在一家有社会责任感的公司工作。

（11）领导力：制定政策，让他人跟随；决定事情该怎么办；可以指挥他人；负责一个部门的业务；做领导且被他人认为是合格的领导。

（12）安排/计划：制订详细的计划再开展复杂的工作；确保获得所需要的资源；事事安排妥当，进展顺利；详尽安排好各项工作的次序。

（13）个人/专业发展：有学习机会、发展机会；参加公司组织的课程以提高自己的技能；与那些鼓励或支持发挥自己潜能的人交往；愿意参加那些可以提高自己能力的活动。

（14）认同/地位：在工作上的贡献得到认同；有能力及机会成为一个受人尊重的员工；拥有相应的职位、职称；被上级或同事赏识。

（15）安全感：就算单位遇到困难也不会被辞退；单位提供保险和其他福利；有自动加薪的机会；按时拿到工资。

（16）按部就班：能按时上下班；有清晰的标准和程序。

（17）多样性：工作及活动富有弹性和灵活性；有不同的项目及职责；可与不同类型的人接触；需要解决不同种类的问题。

（18）工作和生活平衡：可以很好地照顾家庭；有时间和精力做自己喜欢的事情；下班后不被工作打扰。

【课堂练习1】

定义职业价值观。从上面的18种职业价值观中，选出你认为最符合自己未来职业选择的5种职业价值观，这5种职业价值观构成了你对"好工作"的定义。接下来，对这5种职业价值观进行具体定义，即达到什么样的标准才能获得满足，同时思考能够满足这一职业价值观的工作或活动，将其填入表4-2中。

表4-2 职业价值观分析表

序号	职业价值观	获得满足的标准	能够满足的工作或活动
1			
2			
3			
4			
5			

（二）职业价值观澄清

在定义职业价值观的过程中，我们会发现，每个人的职业价值观并不是单一的，而是多样的。也就是说，每个人的职业价值观是多元的，但是，在多元的职业价值观中，它们在自己心目中的地位是不平等的，这意味着，职业价值观有主次之分，而这种重要性的区分是在职业价值观的互相比较中产生的，那么为什么要对职业价值观进行排序，澄清核心价值观呢？因为任何一种职业都不可能同时满足一个人所有的需求，职业决策的任务要求个人在多种职业选择之间权衡利弊，以实现选择的最优化。职业价值观作为决策时的内心尺度，支配着个人的决策行为，同时也为最后的职业选择提供充足的理由。

如果个人的职业价值观没有在深入探索的基础上加以澄清，内心尺度处于混沌状态，那么在决策时个人必然陷入痛苦的纠结之中，难以取舍。正所谓"鱼和熊掌不可得兼"，在人生中，由于个人的精力是有限的，因此需要做出适当的取舍，学会选择与放弃，舍谁取谁，是自己的选择。选择了权力与财富，可能就要舍弃健康与爱，这就是个人要为自己的选择付出的代价。目前正处于社会转型期，现实生活中充满各种各样形形色色的价值观，价值冲突导致社会价值观呈现出多元化、无主导性、难以整合等特点，大学生受其影响，面临着价值观比较、选择和整合的困难，越是在这样的环境中，越需要个人保持清醒的头脑，学会思考，理智选择，不要随波逐流。

澄清职业价值观的时候，我们在内心中要不断地问自己如下问题：你对这价值观有强烈的感觉并珍惜它吗？你会在公共场合提这个你珍视的价值观吗？必要的时候，你会很确定地肯定它吗？在选择这一价值观之前，你是否考虑了其他的选项？在选择这一选项之前，你是否思考了选项给未来职业带来的影响？你是否会独立于外界的压力在这一价值观的指引下选择一种职业，保持感受、思考和行动的一致？你会用行动来支持你的信念吗？你是否会始终如一地根据你的感受和信念来行动？

【课堂练习2】

澄清职业价值观。将你认为最符合自己未来职业选择的5种职业价值观分别写在5张小纸条上。现在，如果你不得不放弃其中的一张小纸条，你会放弃哪一张小纸条？继续下去，直到最后一张。请认真地再看一看它，这是否是你无论如何也不愿放弃的？通过不断地比较和放弃，最后将最重要的职业价值观留下来。现在将5种职业价值观按照重要程度进行排序(第一即是最后留下的最重要的职业价值观，后面的以此类推)。

第一：_____

第二：_____

第三：_____

第四：_____

第五：_____

拓 展 阅 读

自我认识评价的方法

人们对自我性格和自我能力的定位，往往会决定自己的行为。自我认知强烈地限制人们的职业选择，我们必须找出一个真实的自我形象，勿使自我过度膨胀，或者让形象含有不可能实现的华丽设想。选择适合自己的职业，认识自我是重要的第一步。认识自我，就是要认识自己的理想、价值观、兴趣爱好、能力、性格等心理特点；认识自我，就是要客观地评价自己，不高估自己，也不贬低自己；认识自我，就是要认识自己的优势、劣势、自己的与众不同和发展潜力。

自我认识评价需要有解剖自己的勇气，需要有深刻反思自身的能力，需要有正确的途径和方法。自我认识评价的具体方法主要包括自我现实分析法、自省比较法、他人评价法、心理测量法等。

（一）自我现实分析法

（1）要正确地认识自我，有效地把握自我，对自己的人生态度、兴趣和成功的理想有充分的认识。应对诸如"我的人生需求到底是什么？什么对我是最重要的，是挣钱的多少，还是什么样的职业？"等问题进行深入思考，充分认识自己的人生态度。兴趣可以弥补能力和知识的欠缺。因而，把兴趣和职业方向联系起来至关重要，不可因经济实惠的利益驱动而抹杀自己的兴趣。对成功的理解，是确定职业的重要砝码。"高薪水、高品位、高自由度、高个性化的工作"，这是传统的成功思想，自我对社会的贡献和社会对自我的满足和承认，才是成功的本质。

（2）要正确地对知识、能力、个性、特长等方面进行分析，确定自己最适合的职业。知识影响专业背景，能力影响职业素质，人际关系影响发展前景，特长影响成功。尽管你对某一职业感兴趣，也拥有相应的知识，但如果你的个性和能力表明你不适合从事这项职业，固执地选择，只会造成人才资源的浪费。

（3）要考虑社会的需要。择业时考虑个人因素是合理的，但前提是这种选择是否符合社会的需要。人是现实性、社会性的人。个人期望与社会需求有效结合，才是最合理的选择。具体而言，是把国家经济发展、政治形势、就业政策导向、行业发展前景、职业性质、岗位要求等客观要求与个人主观愿望有机地统一起来，摆正二者的关系，才会使自己成为社会所需要的人才。在大学毕业生中甚至在一部分指导学生就业的教师中存在着这样一种错误概念，即认为自主择业想去哪儿就去哪儿，想干什么就干什么，这是非常错误的，必须意识到择业的主客观约束条件，也就是自我职业适应性与社会需求的综合限制因素。

（二）自省比较法

自省比较法即通过自我反省、自我总结、自我比较的方法认识自己。如自己与自己的过去比较，回顾过去的经历，对自己的想法、期望、品德、行为进行理性思考，然后认真地描述和判断自己的特点。在这个过程中，需要个人收集信息，耐心地分析。比如，问问自己：过去我做过什么自己确实喜爱的工作，喜欢这些工作的哪些方面？现在我仍喜欢它们什么？我喜欢处理人际关系，还是喜欢处理具体问题或处理信息情报的技术？什么能激发我的活力，什么令我感觉倦怠之味？另外，要对过去的成功经验和教训进行回顾，分析自己过去有哪些成功，哪些不成功，原因是什么。除了客观因素外，自己在哪些方面需要改进。需要注意的是，要尽量以客观评价为依据，避免因为个人认识或个人动机出现较大误差。比如，有的人成绩一般却自我欣赏，有的人成绩显著却自感不如他人，自信心不足。

（三）他人评价法

他人评价法是自我认识的一个重要方法，因为自己对自己的评价往往带有主观偏见，尤其是对自己的突出优点和缺点估计不足，如能借鉴他人对自己的评价（一般指老师、父母、朋友、同学等对自己了解的人的看法、评价），就能准确地认识自己。

（1）依据他人对自己的态度评价自己。个人对自己的评价往往是以其他人的评价为参照，人们在相互交往中，不断深化对自己的认识。如可以问问家长、老师、同学、朋友对自己的评价和态度是怎样的。

（2）通过与自己条件相似的人比较来评价自己。如可以和自己的大学同学比较概括出自己的特点。需要注意的是，要能够准确理解和分析他人对自己的态度和说法。

（3）通过专家咨询认识自我。到就业指导中心、专业咨询机构进行咨询，是一种有效而快捷的方式。咨询人员会用他的学识、经验以及科学的咨询技术给个人提供帮助，在咨询过程中个人会获得大量的知识和信息资料，获得对问题的重新认识。更重要的是，通过专家咨询，提高自己的决策能力。

（四）心理测量法

心理测量法是一种科学的检测手段。毕业生可以通过心理检测，用不同的量表，测量出自己心理素质、性格、能力等方面的情况。心理测验是一种力求客观的测量手段，它的特点是能够在较短时间内测出一个人某方面的特点，并且这一特点是在与群体的比较中得出的。通过测量，个人能够在短期内获得对自己较为客观的描述和评价。通过评估，分析自我的特点，再结合职业的要求，帮助自我进行职业选择，这也就是通常意义上的"人职匹配"。了解自我可以帮助个人做出更好的职业选择，但在具体操作中，要准确理解测验报告。通过测验所得出的结果，是一种参照性的结果，这只是帮助自我分析的方法之一，而不是绝对的。

但是，不论采取哪种方法，都要注意相互之间的参照与综合，这样才能准确、全面地认识自己。

模 块 小 结

该模块主要从职业兴趣、职业人格、职业能力、职业价值观四方面阐述如何认识与提升自我。

职业兴趣，往往反映了人对职业活动外部特征的认识，我们可以把各种职业按照人的兴趣进行简单分类。库德职业兴趣调查表产生于1934年，经历了长期的调查、实际运用和更新，它的最新版本将职业兴趣分为10类，并提供职业兴趣评估。

如果凭借兴趣选择职业带有感性色彩，那么根据人格特质选择职业则带有较多的理性色彩。霍兰德认为人格与职业环境的匹配是形成职业满意度、成就感的基础。霍兰德的职业理论，将人格和职业环境与职业倾向相匹配，分为基本六大类，即实际型、研究型、社会型、常规型、企业型、艺术型，并提供相应的评估。

无论人们愿意或者适合做什么工作，能力才是可以从事该职业的叩门砖，它是人们顺利完成某种活动所必须具备的一种心理特征，它的形成受先天遗传、后天环境及自身学习因素的影响。一般而言，顺利完成职业活动必须具备一般能力与特殊能力。一些能力可以习得，如计算、绘画、机械操作等。职业能力可以通过学校培养、自学、实践等方式得以提升。

即使一个人依据上述三种因素选择了职业，还可能存在工作价值与个人需求的不对等，即工作与职业价值观的冲突。职业价值观因人而异，由先天与后天因素共同决定，它具有相对稳定性，并且不是唯一的。一个人身上可能同时存在几种职业价值观，在人生的不同阶段，随着个人需求层次的递进，职业价值观会发生转变。

教 学 检 测

1. 什么是职业兴趣？怎样培养对自己所学专业的兴趣？
2. 什么是职业人格？怎样了解自己的职业人格？
3. 什么是职业能力？怎样发展自己的职业能力？
4. 什么是职业价值观？如何探索自己的职业价值观？

实 训 活 动

同学们，试着总结自己喜欢做什么？适合做什么？能够做什么？

模块五　明晰职业生涯规划

> **知识目标**

(1) 了解职业生涯规划的定义、意义及三大要素。

(2) 掌握职业生涯规划的步骤和原则。

(3) 熟悉职业生涯规划调整的时机和注意事项。

> **技能目标**

通过学习，结合自身情况制定一份科学的职业生涯规划。

项目 1　职业生涯规划的内涵

【案例导入】

不同的职业生涯规划导致不同的结果

小琪是某高职院校会计专业三年级的学生，高考报考志愿时，小琪就对未来的工作没有什么特别的计划，只是听说这几年很多人都自己开公司，社会上对会计的需求量比较大，所以就报考了会计专业。但是进入大学后，小琪觉得这个专业的课程比较枯燥，后悔自己选错了专业。想换专业又不知道自己喜欢什么，一直闷闷不乐，临近毕业还有半年，大部分的同学已经签订了工作，小琪还没有想清楚要找什么样的工作。大三的寒假前她开始着急，到处投简历，参加各种招聘会，面试过几家单位，但是没有一家满意。小琪对自己的未来感到茫然，不知道下一步该怎么做。

小美是小琪的同学，在高考报专业前，小美随同父母走访了亲朋好友，了解了会计这个行业的发展情况、从业要求和就业情况，同父母商量以后，小美决定选择会计专业作为今后的发展方向。做决定之前，小美了解到这个行业的竞争相对比较激烈，就业形势也不如前些年，但是小美相信，自己数学和计算机操作基础好、性格比较沉静、敏锐细致，做事非常有条理，喜欢从事逻辑性强的工作，这些都是从事会计行业的基本素质，有了这些基本素质，再加上她的勤奋和执著，她一定会在这个竞争激烈的行业里有所发展。从大学入学开始，小美就给自己定下三年的目标和计划，她打算充分利用三年的时间，一年级、二年级先学习好本专业知识，同时积极参加社会活动，锻炼自己的人际交往能力，锻炼英语口语能力，准备在毕业前参加英语过级考试；三年级的时候参加会计电算化的培训和资格认证，到两家会计事务所实习，实习期间小美非常认真，抓住机会向同事请教学习，同时了解到这个行业的一些任职资格以及培训制度。尽管实习中发现工作中有很多东西和书本上的不一样，小美清楚地认识到，要做好会计这一行，只靠书本上的知识是远远不够的，必须要有长时间的经验积累和社会资历，所以小美决定毕业后先找一家规模不大但是运作比较规范的会计事务所。通过自己的努力，小美终于在三年级的寒假前找到了满意的工作，虽然薪水不高，但是事务所的同事都比较勤奋，工作关系融洽，小美相信，在这样的环境中可以逐步提高自己的专业水平，她计划在工作后两年之内考过注册会计，五年之内成为一个专业熟练的会计。小美相信，只要自己一直努力并且不断为未来的职业发展做准备，自己一定会在会计这一行有很好的发展。

案例中的小琪和小美是我们在目前的大学院校中见到的两类比较典型的学生。小琪从来没有计划过自己读完大学以后的职业发展，报考志愿时有从众心理，没有分析自己的个性、兴趣、特长和工作期望，而是随大流报考了比较热门的会计专业，入学以后发现不喜欢这个专业，但是并没有及时调整方向也没有任何弥补措施，因此在毕业前对就业方向和前途感到迷茫。

而小美从选择志愿开始就做了充分的准备，了解与会计专业相关的信息，包括行业的发展情况、从业要求及就业情况，并且结合了自己的个性特点及兴趣。从大学入学开始，小美就给自己定下三年的目标和计划，大学期间除了专业学习还注重综合能力的培养，同时为获得职业资格做准备。明确的目标、全面的规划和对目标计划的执著让小美在临近毕业、即将进入工作前有了一个很好的开端。我们需要思考职业在生命中意味着什么？它在生活中处于什么样的位置？作为普通高职院校的学生，你是否应该从入学时就开始规划自己的职业生涯？

一、职业、教育、生涯

(一) 职业与教育

成长意味着你必须为自己的衣食住行承担起责任，为自己的选择承担起责任。成年人生活的一个重要组成部分就是职业，你的职业决定着：

你有多少钱可以支配？

你每天与什么样的人打交道？

你有多少可以自由安排的时间？

你对自己所从事的活动及获得的成果感觉如何？

无论从事什么样的职业，教育总是紧紧相随。随着社会经济和科技的发展，无论是职前教育、在职教育，还是继续教育，社会分工的细化对从业人员所接受的各种教育都有了越来越专业化的要求。事实上，教育是为职业做准备，职业是教育的延续。大学高专院校正是顺应了社会发展的需要，设立了一些技术性和专门性较强的专业，然而，这种职业教育的目的只是强调了培养学生的一技之长，与现代社会需要的、对自己职业发展有长期规划的人才相去甚远。要注意，这里所说的职业指的只是一种"谋生之道"，并不同于让人功成名就的事业，因为事业指的是"适合个性发展的社会活动"。如果学校只教育学生谋取生计，而缺乏贯穿一生的职业指导，很难谈得上学生今后的事业发展。因而，大学高专院校教育的中心应该是职业教育，具体来说，这种职业教育的目的是让学生具有结合自身需要和社会需要，结合个性特长和职业发展的能力。

陶行知先生的教育观中提出了"创业教育"这一概念，这种教育所要培养的基本能力包括三个方面：① 培植生活力。教育要引导受教育者正确理解生活，选择生活道路，确定生活的目的。② 培养劳动能力。由于职业是实现人生目的的根本途径，是人生历程的主体部分，因而教育必须以职业为中心。③ 发挥创造力。一个人只有把生活力、劳动能力和创造力三者在自己身上统一起来，才能正确处理好社会需要、个体需要以及劳动和其他活动的相互关系，才能构建合理的人生。从这个意义上讲，创业教育就是在人生历程之中进行创造和职业相结合的教育。

然而在现行的教育制度下，对于大多数人而言，我们所接受的教育与职业的关系似乎过于松散。原因有两点：第一，目前我国的绝大部分高校都没有从入学开始对学生的职业生涯进行规划指导，传统的就业指导中心只是局限于为学生提供就业信息。第二，在大部分学生的眼里，职业和事业是两个完全独立的概念。谋取职业的目的，往往只是限于换来衣食住行；而事业的目的，是充分发展个性。当然，这种把职业和事业隔离开的观念与目前日益严峻的就业形势下学生的"先就业后择业"要区分开。前者是没有职业准备和长期规划，在毕业时往往是非常被动地选择职业，后者提倡的则是依据外部环境和自身求职需要主动调整自身定位，暂时的调整正是为了实现长期的职业和事业发展目标。

由于缺乏学校的正确引导和自身的规划，大部分学生往往在面临就业的问题时才会考虑选择什么样的职业，很少有学生在入学之初就考虑自己的职业发展方向，因而在选修课程和报考各种资格证书时常常是随大流，选修了热门但是也许毕业以后再也不会用的课程，或者是天天逼着自己过级考证，似乎大学生活少了这两项就不完整，然而结果是让大部分学生感到更多的学习压力，让学生的家庭承担了更多的经济负担，对学生的身心健康和全面发展是弊大于利。

因此，我们需要的是与职业发展紧密结合的教育，需要学校和相关部门对学生的职业发展和规划做出指导，引导学生作好职业准备和长远发展规划。

（二）职业与生涯

舒伯对生涯的定义是"生活中各种时间的演变方向和历程，包括人一生中的各种职业和生活角色，由此表现出个人独特的自我发展类型；它也是人自青春期至退休之后一连串的有报酬或无报酬职位的总和，甚至包含了副业、家庭和公民的角色"。生涯的特征主要包括以下几个方面。

（1）方向性：它是生活里各种事态的连续演进方向。

（2）时间性：生涯的发展是一生当中连续不断的过程。

（3）空间性：生涯是以事业的角色为主轴，也包括了其他与工作有关的角色。

（4）独特性：每个人的生涯发展是独一无二的。

（5）现象性：只有在个人寻求它的时候，它才存在。

（6）主动性：人是生涯的主动塑造者。

每个个体在生活中所承担的角色以及他经历的人生发展阶段，就构成了一个人的生涯。

舒伯认为，大多数人在一生中都必须扮演9种主要的角色，依次是子女、学生、休闲者、公民、工作者、夫妻、家长、父母和退休者。个体的生涯发展在某种程度上就是各种人生角色的选择与否，只不过有些角色是主动选择的，而有些角色是被动的，比如子女的角色。我们每个人都没有可能选择是否为人子女，在我们被生下来后就承担了这个角色。在人生的头几年，这是每个个体唯一的角色，父母是孩子生活的全部，这一阶段的角色要求就是生存下来并健康地成长。从上学以后，子女角色的比重开始降低，与父母的交流互动减少，在离家上学或者因为工作从父母家搬出去以后，与父母关系方面的投入降到最低。随着父母年龄的增长、身体的衰老和疾病的侵扰，在大约40～50岁时，子女角色在生活中的比重又开始增加，个体可能需要为这个角色做出身心和经济方面的付出。

　　"学生"角色有很大的个体差异，这往往是个体主动选择的结果。有些人初中没毕业就不再上学了，而有些人则会一直读完博士，大多数人会念完高中或大学。无论哪种情况，离开学校后，学生的角色就减轻许多，但并不是完全没有。工作以后，有些人选择参加业余的培训班，也有些人会脱产，专门学习一段时间。在今天，终身学习不仅仅是一种时尚，更是一种需要。

　　"夫妻""家长"和"父母"角色如今更是个体自主选择的结果，与之有关的另一个角色是"男朋友"或"女朋友"。先谈恋爱后结婚，然后为人父母，是这些角色的内在要求，但打算在多大的年龄时成为"夫"或"妻"，在多大年龄时生育孩子，或者根本不选择这些角色，都是个体主动性的体现。

　　"休闲者"是所有人都会扮演的角色，却是很多人扮演不好的角色。每个人都会选择属于自己的休闲方式，让自己在生活中有愉悦的感受，但并不是每种休闲方式都是积极和健康的。很多人常常忽视这个角色的重要性，殊不知它是个体身心健康、工作和家庭平衡的重要保障。也有些人太过重视这个角色，而偏废了其他角色的要求。

　　相比以上所有角色，"工作者"角色对于大多数人来说都是重要的。中国的父母大都希望子女"成龙""成凤""成才"，也就是说完成好"工作者"的角色是做好"子女"角色的标准；"工作者"角色也是"学生"角色的目标，做学生时所学的大多是为工作做准备的；"工作者"角色还是履行"夫妻""家长"和"父母"角色的基础。对于个体而言，工作不仅意味着一个养家糊口的饭碗，而且是建立人际关系、赢得尊严和地位的平台，更是自我价值实现的基础。选择何种职业，对于个体来说，有着重要的战略作用，是个体生涯发展的核心组成部分。

二、职业生涯规划的定义及三大要素

（一）职业生涯规划的定义

　　通过对生涯概念的了解，我们知道，职业生涯规划不应该简单地等同于找工作，或者仅仅与工作相关。当然，这个概念也是经过几十年的发展，才有了更为广泛的含义。职业生涯规划最早起源于1908年的美国。有"职业指导之父"之称的帕森斯(FrankPasans)针对大量年轻人失业的情况，成立了波士顿职业局，首次提出职业指导的生涯的概念，于是生涯规划不再局限于职业指导的层面。

　　生涯规划是一个人对于自己一生所担当生涯角色的规划与设计，它包含职业规划，也包含生活规划，是个体对于自己未来的，由工作和家庭角色组成的生活模式的规划。生涯规划关注个人的全面发展与终生发展，它把职业发展作为其中的重要组成部分和重要阶段任务来考虑。

　　简而言之，职业生涯规划就是在了解自我、了解职业、了解环境的基础上，对自己未来要从事的职业做出理性、稳定、高度认同的决策的过程。

　　在我国，职业生涯规划还是一个比较新的概念。很多的学生有职业生涯规划离自己还很远这样的想法。其实不然，从大一开始做职业生涯规划，起步已经不早了。我们必须明白职业生涯规划越早开始越好。

　　职业生涯指的是一个人从职业学习开始到职业劳动最后结束这一生的职业工作经历过程。职业生涯规划是指根据个人对自身的主观因素和客观环境的分析，确立自己的职业生涯发展目标，选择实现这一目标的职业，以及制订相应的工作、培训和教育计划，并按照一定的时间安排，采取必要的行动实施职业生涯目标的过程。正确理解职业生涯规划的含义要注意几点：第一，职业生涯规划具有明显的个人化特征；第二，职业生涯规划是一个包含了生涯目标的确定、生涯措施的实施及目标实现的长期的过程；第三，职业生涯规划中的职业目标同日常工作目标有很大的差异。

简单来说，职业生涯规划是指一个人生涯的妥善安排，在这种安排下，个人能依据各计划要点在短时期内充分发挥自我潜能，并运用环境资源达到各阶段的生涯成功，而最终达成既定的生涯目标。

在国外，青少年很早就接受了职业生涯教育，从小学起，他们就开始有目的地规划设计自己的未来生涯。而在我国，由于教育体制等方面的原因，职业生涯教育尚属新鲜事物。我国传统的职业教育观念都是：学校就是"两耳不闻窗外事"的知识殿堂，学生就要专心于学习，学有所成再谈论职业，再加上高考的巨大压力，使得大多数中国学生在上大学前，对社会上各行各业基本上是一无所知的，职业对于他们来说，还是一个非常遥远的词汇。很多大学生在毕业前从来没有想过要做一份个人的职业生涯规划，甚至不知职业生涯规划为何物。他们上的大学是父母、师长帮助选的，专业是父母、师长帮助选的，有些同学的父母甚至已经替他们安排好了将来的工作，很多人从来就没有自己为自己做过选择，结果很多人在未来的职业工作中，屡屡受挫或是长期处于频繁跳槽和事业停滞的状态。

（二）职业生涯规划的相关概念

与职业生涯规划相关的概念包括就业指导、职业生涯规划指导、职业指导、职业咨询和生涯辅导等。其中就业指导不同于其他四个概念。

从职业指导到生涯辅导的演变可以归纳为四个发展阶段。第一阶段（1908—1942年），职业指导理论提出和基本模式建立时期——帕森斯和威廉姆逊的特质因素论。这一阶段职业指导强调的是帮助个体了解自己、了解职业，并使人的特点与职业要求匹配的咨询和斡旋的职业指导模式。第二阶段（1942—1951年），重视个人发展的时期——罗杰斯的来访者中心疗法。来访者中心疗法强调人们普遍具有自我发现的潜能、自我抉择的能力，要尊重人的自由发展的权利，推动了职业指导的重点从开发职业素质测试的技术向职业咨询的方法与技术转变，职业指导观念向职业辅导观念转变。第三阶段（1951—1971年），是生涯辅导的形成时期——金斯伯格和舒伯的生涯发展理论。这一理论推动了由静态的、一次完成的职业指导向发展的、多次完成的职业选择的转变。第四阶段（1971—现在），是生涯辅导成熟、完善和国际化的时期。这一阶段将生涯辅导推向一个以注重个体生涯发展历程为重心的方向。

就业指导强调的是学生就业，即找工作的指导，提供的是职业机会的信息，相对来说是在某个阶段提供的指导。这是目前我国绝大部分高校就业指导中心的主要工作内容。

职业生涯规划指导、职业指导、职业咨询、生涯辅导都强调一个个体职业发展的咨询和指导，是一个延续性的过程，是贯穿个体发展一生的指导。

例如，从生涯辅导（Career Counseling）的定义来看，它是指协助个人建立并发展一个整合而适当的自我概念（包括职业自我），然后将此概念转化为实际的选择与生活方式，达到个人的生涯发展目标，同时满足社会的需要。我国高校的就业指导中心目前普遍缺乏的是指导个体对自身职业进行长远规划，以实现个人和社会的目标，满足个人和社会的需要。

（三）职业生涯规划的三大要素

每个人的职业生涯发展阶段和历程不同，职业生涯规划的重点也有所不同。不同的人在做其职业生涯规划时，需要考虑的因素是不完全相同的，但是有一些因素是必须考虑的。我国人事科学研究者罗双平用一个精辟的公式总结出了职业生涯规划的三大要素，即：职业生涯规划＝知己＋知彼＋抉择。

知己、知彼是抉择的基础，正所谓"知己知彼，百战不殆"。知己就是认识与了解自我，知彼就是探索外在的世界，特别是与职业生涯发展有关的工作世界。抉择就是在获得内外部信息的基础上，进行正确的选择。

在职场上，知己、知彼、抉择之间是密切关联的。

三、职业生涯规划的意义

大学生职业生涯规划的意义主要表现在以下几个方面。

（一）缩短职业适应期，减少职业试错过程

大学时期正是个人职业生涯早期的学习探索阶段，正处于学习生涯结束期和职业生涯开始期，在这一交替时期，个人将认真地探索各种可能的职业选择，对自己的天资和能力进行现实的评价，并根据未来的职业选择做出相应的教育决策，并最终完成自己的初次就业。在这一时期，合理规划职业生涯之路，不仅有助于缩短职业适应期，减少职业试错过程，而且对今后的职业成功及对社会的贡献都有很大的帮助。

（二）正确认识个性特质，发掘潜在资源优势

有许多学生，对自己并不了解，尤其是不了解自身的优势和劣势。因此，在职业选择过程中具有比较大的盲目性和不切实际性。

通过有效的职业生涯规划，可以使学生认识到自身的个性特质、现有和潜在的资源优势，帮助学生认识自身的价值并使其持续增值；可以对自己的综合优势和劣势进行对比分析，着力培养某些职业特质；树立自己的职业发展目标和职业理想，从而能规划自己的学习与实践，并为自己获得自己认为理想的职业而去做各种准备，比较客观地评估自己的个人目标与现实之间的距离，运用科学的方法采取切实可行的步骤和措施，不断增强职业竞争能力，实现自己的职业目标与理想。

（三）了解社会资讯，规划长远发展

过去，人们把高校比作象牙塔，把大学生比作天之骄子，生活在象牙塔内的大学生们，常常缺乏对社会、对外部职业资讯的了解。在职业生涯规划过程中，学生需要不断获得外部信息，这些信息包括职业、组织、社会等多方面。学生获得的外部信息越多，心理上的准备也就越充分，在规划自己未来发展的时候，就能够根据社会的需要，考虑眼前利益和长远发展的关系，合理地规划自己。

（四）通过培训和教育积累知识，增强自信心

在诸多影响个人职业生涯成功的要素中，信心排在第一位。现代社会的"文凭热"，多少让大学生处于一种尴尬的境地，自信心也受到影响。职业生涯规划的过程，是学生不断

学习的过程，随着知识的积累，接受的培训和教育的增多，对自己和职业工作认识的加深，自信心也就会逐渐建立起来。

（五）选择正确方向，促成自我实现

面对人生的大舞台，每个人都渴望实现自我价值，当代大学生更是如此。美国心理学家马斯洛提出了著名的"需求理论"，指出人的需求由低级向高级层次推进：从生理需求→安全需求→友爱和归属的需求→受尊敬的需求→自我实现的需求。而所有这些需求又必须通过职业生涯活动来实现。我们可以通过从事一份职业来获得生理、安全、友爱和归属、尊敬的需求，我们更是通过从事一份职业来发挥自己的潜能，体现自我价值。然而，有一份工作并不能保证我们实现所有这些需求。谁都希望能在自己的职业生涯中有所成就，特别是受过良好教育、自身素质较高的大学生对未来事业之途更是充满很高的期望，并愿意为成功付出勤奋和努力。但是，成功仅有主观努力是不够的，还要看是否选择了正确的方向。因此，一份正确的职业生涯规划，能为实现自我价值创造机会并能够扬长避短，最终迈向成功。

因此，在大学开展职业指导工作，让大学生对自己、对职业、对未来都有明确的认识，尽早开展科学的个人职业生涯规划，才能使他们掌握自己的命运。

项目 2　职业生涯规划的实施

【案例导入】

小敏的职业生涯规划

小敏从小喜欢画画，也喜欢从裁缝铺收集一些漂亮的碎布片拿回家，自己缝制一些小手袋、笔袋送给同学，刚上初中时还给自己的布娃娃缝过小衣裳。爸爸妈妈总是觉得自己的女儿从小多病，身体不好，不愿给她太多压力，因此没有逼着小敏非要把学习搞上去，而是对她学画画很支持，送她去美术班，给她请美术辅导老师。学画期间小敏也吃了不少苦，也感觉到不断努力却不见长进的痛苦，但是父母的鼓励和自己的坚持终于让小敏在初中时就有了一些收获。虽然学习比不上其他同学，但是小敏的画多次得奖，也让一家人感到非常欣慰。高考前一家人商量决定，让小敏报考服装设计专业。主要原因有四：第一，小敏从小喜欢画画，也喜欢缝缝补补，让她做自己喜欢的工作，小敏自己有信心和热情；第二，小敏有美术功底，接受过比较专业的训练和指导，多次获奖也证明了小敏有这方面的资质和天分；第三，小敏的家在广州，这是一个服装制造业发展前景看好的城市，是全国服装成衣重要的集散地，良好的产业环境和发展潜力为服装设计业提供了不可估量的发展潜力；第四，小敏的叔叔在深圳开了一家制衣厂，这两年发展很好，希望多开一些生产线，需要招聘更多的设计师，希望小敏学了服装设计毕业以后能在他厂里工作，小敏和家人都认为这会是一个很好的开始，因为考虑到这样可以让小敏在刚就业的时候避开当前就业市场的激烈竞争，这个相对稳定的开始能让小敏有一个边工作边学习的机会。另外，小敏的父母也认为不一定非要读重点大学热门专业才有发展，他们相信，行行出状元，因此，他们很支持女儿走服装设计这一条路。

高考之后，小敏去了叔叔的服装厂待了一个暑假，好问和勤奋让她学到了不少东西，

生产现场的参观和体验也让小敏积累了对这个行业的认识。她开始明白，这个行业并不是她以前想象的那么简单，要设计出一件让市场接受让顾客爱不释手的服装，要经过精心设计、选料、试制等多个流程，设计的服装要有明确的市场定位，要有鲜明的特色和个性，要结合装饰性和实用性，要考虑经济成本和目标客户的消费能力，要接受市场的考验……对服装设计师而言，这是一个既要求个性鲜明也要求团体沟通配合的工作。略显内向的小敏意识到她需要弥补自己在性格方面的不足。客观的认识让小敏真正静下心来思考自己的不足和发展方向。暑假结束，小敏如愿以偿进入某高职院校读服装设计，入学之初，小敏就把三年的计划做好了，她希望能趁这三年弥补自己的不足，她打算一边学习专业知识，一边收集服装设计行业发展的信息，每年寒暑假她都会到叔叔的工厂去，她还自己去另外两家服装厂实习过。课余时间，小敏积极参加学校的社团活动，锻炼了她与人沟通交往的能力。三年过去了，她对自己在这个行业的发展很有信心。她给自己定下一个一年、三年和五年的职业生涯目标，希望自己在毕业后一年能熟悉服装设计的整个流程，争取在第三年时担任服装设计助理，能够承担一定的独立工作，第五年结束前独立承担一条生产线的服装设计。十年之后，她希望能帮叔叔把服装厂做大，希望生产自己设计命名的服装，她希望成为一名专业的服装设计师。小敏知道，她肯定会遇到很多挫折，但是她相信只要一直努力，不断进取，总有一天会实现自己的职业目标。

　　案例中的小敏根据自身的兴趣特长、亲友提供的就业小环境、良好的职业发展大环境，再加上父母的支持鼓励，明智地取长补短，确定了明确的职业目标。在大学期间积极弥补不足，收集职业发展信息，把握机会参与实习锻炼，为自己的职业生涯规划打下了良好的发展基础。我们需要思考职业生涯规划有哪些步骤、职业生涯的目标怎样确立、职业生涯规划的原则有哪些、职业生涯规划容易陷入哪些误区等问题。

一、职业生涯规划的步骤

　　一个好的职业规划是一个发展良好的职业生涯的开始。一个好的规划可以让你高效率地安排自己的时间、精力、金钱和技能，达到事半功倍的效果。

　　进行职业生涯规划时，比较简便的方法是：请父母或师长等人帮助选择；跟随市场趋势选择新兴热门行业；选择待遇好的行业；高考后不考虑个人兴趣、爱好而选择一所能录取自己的学校；根据社会的导向选择（如女性适合做幼儿教师，男性不合适）等。这些方法的优点是省时省力，个人不需要花费太多心思，在短时期内效率很高；但是其缺点也是显而易见的，即无法根据个人的能力、特性作长远规划，所以将来面对的职业风险就比较高。

　　为了使未来的职业风险降至最低，就要遵循科学的职业生涯规划方法。职业生涯规划通常可依照以下五个步骤进行。

（一）自我评估

　　全面而客观的自我评估是一个明智的职业生涯规划的开始。选择任何一种职业之前，你要对自己进行全面分析，深入、客观地分析和了解自己：明确认识自己的个性特征、主要兴趣所在，才能、特长、性格、学识、技能、智商、情商；熟悉自己掌握的知识与技能；了解自己的协调、组织管理、活动能力等；弄清自己为人处世所遵循的价值观念，明确自己为人处世的基本原则和追求的价值目标；了解自己的优势和不足。

　　要对自己进行全面分析，以便进一步规划自己的职业生涯，首先要弄清自己是谁，自己想要做什么，自己能做什么，自己平时是怎么样做的，自己可以从哪些方面发挥优势、弥补不足。

弄清"自己是谁"——反思自身条件以及目前所扮演的角色。具体来说，自身条件就是你的性格是什么样的？是内向还是外向？是喜欢独处还是喜欢合群？喜欢一个人静思还是喜欢团体讨论？是喜欢事事缜密三思而后行还是说风就是雨雷厉风行？分析自身条件是职业生涯规划的基础，直接关系到个人的职业成功与否。分析自身条件特别是分析自己的性格是职业选择的前提。职业心理学的研究表明，不同的职业有不同的性格要求。虽然每个人的性格都不能百分之百地适合某项职业，但可以根据自己的职业倾向来培养、发展相应的职业性格。

同时，作为一个学生、一个子女、兄弟姐妹、朋友，你扮演的角色是什么样的？是一个服从规范的好学生，还是一个喜欢打破规则的调皮学生？是一个顺从的子女，还是一个反叛的角色？是一个考虑周到喜欢承担责任照顾他人的姐姐或哥哥，还是一个依赖性强独立性差的弟妹？是一个诚实守信相交如水的君子朋友，还是一个趋炎附势见利忘义的酒肉朋友？你怎么评价你的这些角色？你的亲人和朋友又是怎样评价你的这些角色？你目前所扮演的角色将有助于你对未来角色的定位和描述，以作出有利于自身发展的职业选择和规划。

弄清"自己想要做什么"——分析自己的兴趣和职业需求。兴趣是工作的动力，如果一个人的工作与自己的兴趣相符，那么工作就是一种享受和乐趣。需求主要是分析自己的职业价值观，弄清自己究竟要从职业中获得什么。你喜欢需要与人沟通交往获得尊重和认可的社会工作，还是喜欢独立操作获得成就感的技术型工作？你喜欢领导团队满足控制欲望的管理性工作，还是习惯于接受别人领导和安排的一般性事务？如果公司认为你过去一年工作表现突出，要给你一次奖励，你希望得到的是加薪折现、培训进修还是职位的提升？

弄清"自己能做什么"——分析自己的特长。特长是自己的能力与潜力。你做哪些事情比较得心应手？你在哪些方面比别人表现更为突出？你的哪些特质与众不同？每个人都有着巨大的发展潜力，如果你在准备充分的条件下，能够得到适当的机会、合理的发展空间以及恰当的激励和挑战，你就有可能让自己的潜力表现出来。如果你觉得自己没有什么特长，想想曾经让你自己感到满意或受到过称赞的那些成果。关键是要相信自己，从正面的、积极的角度肯定自己的价值。

弄清"自己平时是怎样做的"——了解自己的人际关系应对方式。职业准备的一个重要步骤是认识到自己如何对不同的人和情境做出反应以及他人如何回应你。你在学习工作受挫的时候会求助还是独自承受？你在学习工作之余是喜欢和同事打成一片还是独自一人？你在学习工作有起色的时候是喜欢与人分享还是暗自窃喜？你在别人反对你的意见时是孤立地坚持己见还是试图说服对方？你在被上级误解时是消极抵抗、闷闷不乐，还是先积极寻找学习工作中的不足再找机会消除误解？你在受到朋友排挤时如何应对？别人对你又有什么样的回应？

弄清"自己可以从哪些方面发挥优势、弥补不足"——分析自己的发展方向。一个人难免有不完美的地方，如何让自己的优势得到展现，如何弥补自身的不足，是我们每个人一生都要做的功课。博采众长，取长补短，找到适合自己的发展方向，才能不断完善自我。

在进行自我评估时，个人对自己的认识难免有片面之处，还应当听取他人的意见和建议，以便对自己有更准确的认识。

（二）评估就业环境

就业环境因素对个人职业生涯发展的影响是巨大的，它为每个人提供了活动空间、发展条件、成功的机遇。

在制订职业生涯规划时，要分析就业环境的特点、环境的发展变化情况及趋势、个人与环境的关系、个人在环境中的地位、环境对个人的要求以及环境中对自己有利与不利的因素等。

没有人能准确预言未来世界需要什么样的工作。但是你可以对自己未来的职业进行预测。在做这个预测时，你需要考虑以下几个对就业市场产生影响的因素：

（1）经济环境。利息率、消费量、就业率是影响就业市场的一部分经济因素。

（2）科技。能改善我们工作条件的新产品和新工艺在不断更新，在选择职业时有必要了解这些新技术的发展。

（3）政府行为。政府行为和政府政策的变化影响着所有的就业领域。

（4）国外竞争。中国经济受全球市场供需状况的影响，也面临与其他国家在经济、技术、资金、管理等各方面的竞争。

（5）社会趋势。家庭的规模越来越小，单亲家庭的增多以及老龄化问题的到来都是社会发展的一部分，窥斑见豹，这种种社会发展趋势都会对就业市场产生影响。

（6）不同行业的发展速度。不同行业的发展速度受制于社会发展需求和科学技术的进步，有较大社会需求而且科学技术发展快的行业发展速度相对较快，反之，则慢。这种不同的行业发展速度也会对就业市场产生影响。

另外，外部环境分析还应该包括对组织环境特别是组织发展战略、人力资源需求、晋升机会的分析与探讨，弄清环境对职业发展的作用及影响，以便更好地进行职业目标的规划与职业路线的选择。

总的来说，需要不断观察，阅读、分析这些方面的相关信息，了解最新的发展趋势，才能评估就业环境，从而对不同职业未来的发展潜力做出判断。

（三）收集相关职业信息

职业规划的一个关键步骤是收集现有及未来就业机会的相关信息。职业生涯的规划需要个人通过多种渠道了解关于工作的种种信息，比如用人单位的性质、分类、工种、业务等情况。

这些信息根据收集渠道大体可以分为两类：间接信息和直接信息。

（1）间接信息包括：

① 图书馆。到图书馆找找职业教育的资料，一些与职业教育相关的书籍、期刊、报纸、小册子都可以翻阅一下。

② 官方出版物。政府出版的有关就业、职业方面的书籍、资料，比较适用的如职业指南手册，有对职业的比较详细的介绍。

③ 大众传媒。大部分报纸都定期开有特色的有关职业和就业的专栏，这些专栏可以提供较新的就业信息。网络上也有一些专门的求职网站，提供了大量最新信息。

④ 专业机构。几乎每个行业都有专门的管理和发展机构，除了提供专门的行业发展信息，这些组织往往还会提供一些有关就业机会的信息。你可以从专业的讲座、讨论会、会议和出版物得到一些基本的有关职业发展的资料。

（2）直接信息包括：

① 在职人群。一本私人通讯录也许是你最有价值的职业信息资料。亲朋好友以及熟人可能会为你提供一些招聘信息。大部分人都愿意给你讲讲他们的工作经历和工作状况以及可能的工作机会，但是有一点一定要注意，就是拜访这些人时，切记要选择对方方便的时间和地点。

② 公司提供的有价值的信息。有些公司会为未来的员工提供职业规划信息。这种信息可能会包括与公司业务相关的一些职业领域的发展前景，以及对员工的职业要求和规划。在应聘这一类公司时最好能提前了解有无这些资料。一些大型公司的网站上往往会在招聘栏目中放有这些信息。

（四）确定职业生涯目标

确定职业生涯目标是职业生涯规划的核心，因为坚定的目标可以成为追求成功的驱动力。一个没有奋斗目标的人，是难以获得成功的。目标的选择是以自己的最佳才能、最优性格、最大兴趣、最有利的环境等条件为依据的。

职业生涯目标的确定，要符合社会与组织的需要，要适合自身的特点。目标要高但决不能好高骛远。目标幅度不宜过宽，要注意长期目标与短期目标相结合。目标要明确具体，同一时期内的目标不要太多，同时也要考虑职业目标与家庭目标的协调。

具体来说，确定职业生涯目标需要考虑几个方面：你期望的工作环境；你满意的工资水平；你希望在工作中用到哪些技能和知识；你最适合的单位的规模大小和地点；你愿意承担的责任的多少；你今后发展的机会如何；你愿意和什么样的人一起工作。

你应该意识到，尽管工作目标只是你生命目标的一个部分，但是这个目标会影响到你生活的方方面面。

工作只是你个人目标的一个方面，而生活是方方面面的，每个人都需要在以下这些方面作出选择：

（1）个人/家庭。我的父母、配偶和孩子和我在一起的共同生活是什么样的？

（2）智力/教育。我需要多少正规的学校或附加的教育？

（3）职业/经济。我的生活中金钱和我的工作对我意味着什么？有多重要？

（4）健康/身体。我会不会花精力去维持健康的身体和合适的身材？

（5）社会/文化。朋友在我生活中的角色和位置如何？娱乐在我生活中的位置如何？

（6）伦理/道德。我生活中所遵循的信仰和理念是什么？

（五）实施职业生涯策略

职业生涯策略是指为争取职业生涯目标的实现所采取的各种行动和措施，包括职业生涯发展路线、教育培训安排、实践计划等方面的措施。每个职业都有一定的教育和培训要求，这种对入行能力的要求包括短期的在职培训以及全日制的教育。如果你确定了职业目标，必须获得相应的职业知识和技能。

对于在校大学生而言，策略的实施包括以下几个方面。

首先，要构建自己合理的知识结构。学历、文凭只是美丽的外表，要在职业上有良好的发展，需要构建一个以专业知识为核心，相关专业知识、基础及一般知识为支撑的，稳固、宽泛的知识结构。

其次，要培养职业所需要的实践能力，即具备从事本行业岗位的基本能力和某些相关专业能力。能力比知识更重要，所以，大学生应重点培养满足社会需要的决策能力、创造能力、社交能力、实践操作能力、组织管理能力、终身学习能力、心理调适能力、随机应变能力等。

第三，参加有益的职业训练。当前针对大学生进行的职业训练较少，学生可以通过学校组织的校园文化活动、社会实践调查活动、大学生"青年志愿者"活动、大学生校园创业活动、大学生社会兼职活动等接受职业训练。大学生参加有益的职业训练，能更多更早地了解职业，掌握职业技能，提高心理承受能力，提高未来职业工作的适应性。

（六）反馈评估

规划职业生涯应该是一个动态的概念，并不是一劳永逸的。在进行职业生涯规划时，应该认识到这一点。当我们确定了职业目标，在实施职业生涯规划的过程中，应该进行阶段性的小结，总结前一个阶段的经验和教训，通过自我评价和他人评价相结合的方式，对职业生涯发展进行反馈，评估前一个阶段的实施效果，并与相应的阶段目标相对比，以便决定是否需要适当调整下一阶段的职业生涯目标。

二、职业生涯规划的原则

好的职业规划可以帮助人在职业发展的道路上少走弯路。那么，如何才能设计出具有指导意义的职业规划呢？这里要遵循"四定"原则。

（一）"定向"原则

"定向"原则即定方向。方向定错了，则南辕北辙，距离目标会越来越远，还要重新走回头路，将付出较大的代价。因此，职业生涯决策决不能犯"方向性错误"。

通常情况下，职业方向由本人所学的专业确定。但现实的情况是，很多人毕业后，并不能完全按照自己所学的专业来选择工作，有的甚至与原专业风马牛不相及，"学非所用""用非所学""专业不对口"的情况比比皆是。在这种情况下，就需要认真考虑，选择适合自己的职业岗位。有时为了就业，甚至要强制自己去"适合"并不喜欢的岗位，只要这种职业是社会紧缺的、急需的或有发展前景的。有些大学生在学校里读了双学位，拿了几种职业等级证书，就业时就比别人多了几个机会，显得高人一筹。

（二）"定点"原则

"定点"原则即定地点，就是定职业发展的地点。比如有些人毕业后选择去南方，有些人选择到上海、沪宁一带发展，有人则选择去边疆、大西北，选择到祖国最需要的地方去，这都无可非议。俗话说"人各有志"。但我们应该综合多方面的因素考虑，不可一时冲动，心血来潮。比如有的人毕业去了南方，认为那里是改革开放的前沿，经济发达，薪资水平较高，但忽略了竞争激烈、观念差异、心理承受能力，甚至气候、水土等因素，结果时间不长又跳槽离开。如果一开始就选准方向，可以在一个地方围绕一个职业长期稳定发展，对自己的资历和经验都会有助益和长进，通过长时间的努力，有望成为某一领域的资深人士。频繁更换地点，今天在这儿，明天到那儿，对我们的职业生涯成长肯定弊多利少。

（三）"定位"原则

"定位"原则即定位置。择业前要对自己的水平、能力、薪资期望、心理承受度做全面分析，做出较准确的定位。我们不可悲观，把自己定位过低，更不要高估自己，导致期望值过高。一旦不能如愿，我们的失望也就越大。如果我们刚毕业就被知名大公司选中，而且薪资福利不菲，当然是我们的运气。如果我们没有碰上这种好机遇，也无须气馁。我们不要过分在意公司的名气和薪资的高低，只要这家公司、这项专业岗位适合自己，是自己所向往和追求的，就应该去试一试，争取被录用。我们应确立从基层做起、从基础做起，逐步积累经验，循序渐进，谋求发展的思想理念。这对我们的一生都会有好处。

（四）"定心"原则

"定心"原则即定心神，这是最重要的一点。如果心神不定、朝三暮四，就不能准确地"定向、定点、定位"。

三、职业生涯规划的误区

大学生在做职业生涯规划时，常见的误区包括以下几个方面。

（一）计划没有变化快，职业规划没有必要

保尔·瓦雷说道：我们这个时代的麻烦就是，将来不会是过去那个熟悉的模样。塞翁失马，焉知非福。生活常常验证了偶然因素论的观点，个体常常会在不可预测的事件中发生改变，你不必为突发事件的存在而感到失望，其实仍然有很大的余地可以做有意识的、理性的规划。如果世界真的会像你所预期的那样一成不变的话，那么做职业生涯规划倒是一件没有必要的事情，因为你的未来已经呈现在你的面前，因此你认为计划没有变化快，还是不要规划了，否则，还要再去变通，还是走一步算一步稳稳当当地算了。这种想法是非常经不住推敲的。

我们说，职业规划是考虑了自我、环境、学业、理想等影响职业生涯发展的各种因素后，结合自身理想价值追求而确定的路径安排，并且融合了职业判断、职业创新、自我管理等修正步骤在内的整体系统分析方案。制订了规划之后，随着问题的出现，如考虑不周到、执行不到位、修正不及时等潜在问题的暴露，部分大学生就会有放弃规划而顺其自然的想法。他们在想，既然制订了规划，也不是那么有效果，还不如踏踏实实地走好当下的每一步。出现了问题不一定是规划本身的问题，很可能是制定者本身的问题，如果说你的规划总是赶在变化之后，那只能说明你的规划是失败的，是有缺陷的，但你不能由此得出规划不如变化快的结论。

变化本身就是在规划中要考虑的因素和步骤，换句话说，就是最坏的结果、最大的问题也是能预料到的，即使预料不到也会通过修正步骤及时发现，即使不能及时发现也可以通过应急方案来予以解决。所以说，变化是逃不过规划的，除非你没有考虑变化就规划，而没有考虑变化的规划是不能称为规划的，最多可以称为计划。

大学生往往搞不清规划和变化的相互关系，他们就会问：你是说先规划，还是先考虑变化？这个类似于先有鸡还是先有蛋的问题，着实给大学生了一个难题。其实任何抱着"先规划，还是先考虑变化"问题的大学生都是一元论者，他们孤立地片面地把一个问题的两个因素人为地割裂开。规划和变化本身就是一对矛盾，而规划之初也是往往最充分地考虑变化的，并且在执行中最大限度地基于变化而调整方案。

（二）把自己的命运交给别人

在职业生涯规划过程中，也有的学生过分依赖他人。在笔者的教学实践中，就发现有的学生在关系自己未来发展的问题上犹豫不定，总希望有人能替他做出最后的选择。我们

说，职业生涯规划的最大特征就是个性化，个人职业生涯规划必须由自己主导。每个人的成长环境、家庭经济条件、父母的社会地位、文化背景、个性类型、价值观、能力、职业生涯目标、父母的期望、对成功的评估标准等都不尽相同，所以，不同的人对自己的职业生涯规划也必不相同。无论是老师、父母或朋友都无法替代自己，只能由自己根据实际情况来客观地进行规划。

（三）自我评估时过分地否定自己

进行自我评估，目的是要找出自己的优势和不足。不幸的是，许多人在评估过程中，看不到自己的优势所在，随之而来是对自己的过分否定，认为自己一无是处。不断地从自己身上找缺点并克服这些缺点，的确是难能可贵的，但过分地否定自己，也容易让自己失去信心。缺乏自信的人，其事业是难以成功的。

（四）职业生涯规划只考虑个人兴趣和爱好

一个好的职业生涯规划要根据社会需要、专业特长、兴趣和能力等综合考虑。选择职业是一种社会活动，必然受到一定的社会因素制约，任何人选择职业的自由都是相对的、有条件的，如果择业脱离社会需要，就很难为社会所接纳。另外，每个大学生都经过一定的专业训练，具有某一方面的专业知识，这是每个人的优势。大学生都有自己的专业，每个专业都有一定的培养方向和目标，这应该成为大学生职业生涯规划的依据。根据自己的兴趣、爱好和特长进行职业生涯规划，在未来的职业工作中，能够体会到更多的乐趣，而不是把职业工作仅视为谋生的手段和负担。

（五）把自己局限于专业领域

很多能力在不同的职业领域都是通用的，重要的是个人的全面的能力，而不是一个特殊职业领域的能力。

（六）期望寻找到一份完美的工作

个人必须调整自己的职业目标以适应当前的就业市场。

（七）在进行职业生涯规划时忽略个人品德的培养

在当今教育和资讯都比较发达的时代，企业的用人标准也发生了很大的变化，应聘者的人品成为企业选择员工的一个非常重要的条件。因此，大学生在规划自己的未来时，一定要注意培养良好的道德修养和健康的心理素质。

项目3　职业生涯的调整

【案例导入】

小陈该怎么办呢？

小陈从某院校的计算机软件设计专业毕业后，已经工作8年了，目前她在一家不出名的电脑公司里做软件开发。她对自己的职业没有太多的规划，只是感觉自己对这个行业有兴趣，希望做一名软件设计师。最初几年，她可以轻松地完成自己的工作，常常有一些成就感。几年前，由于社会上对 IT 产业十分看好，和她同专业的朋友和同学都很美慕她留在这个前景看好的行业，让她有一些沾沾自喜，但是这种优越感并没有维持多久。身边的朋友和同学相继在其他行业开办了自己的公司，虽然起步艰难，但是这两年看着朋友和同学的公司都渐渐发展起来，小陈的工作和职位却不见太大起色，小陈心里也开始着急了。而且最近几年新技术发展很快，她开始渐渐感觉到自己的知识更新跟不上新来的员工，工作对她来讲只是一个谋生的基本工具。到今天，她感觉自己继续这样下去没有太大的发展，她该怎么办呢？

我们如果希望自己的职业发展顺利，一定要意识到什么时候需要奋力前进，什么时候需要暂时停下来反思，不能在定下目标以后只顾闷头前行。无论小陈将会做出怎样的选择，在她自己感到没有发展空间和机遇的时候，确实需要静下来，想想自己下一步应该怎样走。我们需要思考职业生涯规划什么时候需要调整，如何调整职业生涯规划，该怎样规划自己的职业生涯。

一、调整职业生涯规划的必要性

调整职业生涯规划的必要性包括以下几点。

（1）职业生涯规划是一个动态的概念，需要不断根据内外界变化做出调整。规划职业生涯不是一劳永逸的。事物都是处在运动变化中的，职业生涯规划也要随着时间的推移而变化。大学生正处于对自己、对社会的认识之中，自身的价值观也处于形成时期，加之现实的种种不确定因素的存在，原来制订的职业生涯目标有时会与实际情况有所偏差，这就需要及时对规划做出调整，从而保证个人的职业生涯顺利发展，并最终实现人生的最高理想。

（2）职业生涯的不同阶段会面临不同的挑战和机遇，灵活的调整可以让特定阶段的目标更现实可行。职业生涯目标是分阶段的，每个阶段都面临着无数不可预测的因素。由于自身及外部环境条件的变化，在职工作的几十年间，有时人们会根据一定的期望或新的需要对工作做出调整，这都是很普遍的。由于个人的计划或兴趣改变、家庭的突发事件、婚姻状况的改变、孩子的出生、孩子离家入读大学、配偶的去世、被解雇、退休等事件都会迫使人们调整对生活的期望。成熟的个体能够认识到应该怎样安排自己的生活和工作，他们会调整自己以求适应这种种变化。

（3）职业生涯规划的调整有利于实现自我价值最大化。做规划的最终目的是希望自己的能力得到最大限度的发挥，实现自我价值。在人的一生中，兴趣、能力和目标是随着年龄的增长而变化的。具体来说，一个 20 岁的人定的目标，在 20 岁的时候也许是有一定的挑战性，但是在 10 年、20 年之后再来看这个目标，可能会感到不满意，因为随着知识、能力、经验、资历和自信心的增长，个人对自己的期望也越来越高，一定会对自己的职业生涯提出更高的要求。更高的期望和要求就意味着更多的挑战，意味着新的机遇和目标，有利于自我实现和自我价值最大化。

职业生涯规划的调整内容包括：职业的重新选择，职业生涯路线的重新选择，阶段目标的调整，实施措施与行动计划的变更等。

【知识链接】

工作取得成功的因素：成功人士往往有一些共同的特征，一般包括如下十点内容。

（1）热情。

（2）主动。

（3）计划的能力。

（4）沟通的能力。

（5）创造性。

（6）关怀他人。

（7）诚实。

（8）有幽默感。

（9）坚持。

（10）身体健康。

二、调整职业生涯规划的程序

（1）定期检测预定目标的达成进度。

（2）评估客观环境和自身条件的变化。

（3）每一阶段目标达成之时，依据实际效果，结合客观环境和自身条件的变化修订未来阶段目标可采用的策略。

在此过程中应注意回答以下问题：

阶段性目标：＿＿＿＿＿＿＿＿＿＿＿＿＿＿＿＿＿＿＿＿＿＿＿＿＿＿＿＿＿＿＿＿

预计结果：＿＿＿＿＿＿＿＿＿＿＿＿＿＿＿＿＿＿＿＿＿＿＿＿＿＿＿＿＿＿＿＿＿

实际结果：＿＿＿＿＿＿＿＿＿＿＿＿＿＿＿＿＿＿＿＿＿＿＿＿＿＿＿＿＿＿＿＿＿

差距：＿＿＿＿＿＿＿＿＿＿＿＿＿＿＿＿＿＿＿＿＿＿＿＿＿＿＿＿＿＿＿＿＿＿＿

差距产生的原因

主观原因：＿＿＿＿＿＿＿＿＿＿＿＿＿＿＿＿＿＿＿＿＿＿＿＿＿＿＿＿＿＿＿＿＿

客观原因：＿＿＿＿＿＿＿＿＿＿＿＿＿＿＿＿＿＿＿＿＿＿＿＿＿＿＿＿＿＿＿＿＿

调整措施：＿＿＿＿＿＿＿＿＿＿＿＿＿＿＿＿＿＿＿＿＿＿＿＿＿＿＿＿＿＿＿＿＿

总之，职业生涯规划完成并实施后，必须对阶段性的结果进行评估，根据评估结果找出规划与结果之间的差距，分析出差距产生的原因，并针对性地对计划进行调整，按新调整的方案有效地围绕目标行动。

三、调整职业生涯规划的注意事项

调整个人的职业生涯规划，需要注意以下几点。

（1）定一个系统的新计划。调整个人的职业生涯规划，需要有一个比较系统的新计划。这个计划必须是明确的、具体的、可行的。比如，你的目标可以描述为"我想做一个数据处理部门的经理"，而不单单是"我希望有一份好工作"。对目标的描述最好是可以量化的，比如，"我希望新的工作报酬比现在提高10％"。

（2）多问几个问题。个人需要在调整规划前多问几个问题，比如：我为什么不得不离开现在的工作？我的能力是否胜任新工作？新工作的强度、工作时间、薪酬福利是否让我满意？新公司付给我的报酬比现在高 10％，我能否保证自己能为新公司创造更多的利润？我的新工作是否会影响到我的家庭生活？在新的公司，我的职业发展道路和发展空间如何，我需要怎样规划？新公司的文化是否和自己的价值观一致？

（3）充分利用个人的人际关系网。给亲朋、好友、同学、校友打打电话，告诉他们你的计划，看看他们有没有合适的就业机会帮你推荐。有些大公司的很多工作机会都是通过内部推荐向外发布的。你在联系这些人的时候一定要把握分寸，考虑对方的难处。无论这种推荐是否成功，你都应该对每个帮助过自己的人心存感激。精心维护的人际关系往往会让你有意想不到的收获。

（4）总结自己的优势和不足。你需要在寻找新工作前总结自己过去的成就、经验、教训和不足。你需要重新评估自己的优势所在，目标中的新工作应该能让你有可能发挥自己的优势。你也需要从过去的教训和挫折中总结不足，并且考虑如何在以后的工作中弥补不足。如果可能，你应该在应聘新工作之前就计划好如何把自己的不足变为优势，你可以采取很多方式达到这个目的。比如，你可以通过参加在职培训，或者周末学习班等方式再充电。公司在招聘有经验的员工时往往希望这些员工对自己的优缺点有明确的认识，并且明确自己大概的发展方向，明确如何让自己扬长避短。在这一点上，公司对有经验员工的期望与公司对新毕业学生的期望是非常不同的。

（5）准备好把自己推销出去。我们应该意识到，在就业市场上，我们每个人都是一件需要包装、需要让人了解接受的商品。在总结了自己的优势和不足之后一定要突出自己的优势，让负责招聘的人能在最短的时间内了解自己的特长和经验，让招聘人员感到这个职位正是为你这样的人设置的。

（6）维护好旧有的公司关系。要调整职业生涯规划，往往会涉及离开原来的公司，这时最重要的是维护好与同事、上级及下属的关系。要知道，他们也会成为你的人际关系网的一部分。也许有一天，他们中的某一位，会成为你的新工作的推荐人。一些大公司在招聘员工时，也可能会打电话到你原来工作的公司，了解你的工作情况等。如果你在离开公司时有些关系处理不好，可能会给新公司留下不好的印象。

（7）调整心态，坦然面对得失。任何一次调整都是有代价的。你必须考虑调整职业生涯规划的得失。因为你的决定不单会影响到自己的职业生涯发展，也有可能影响到你的工作满意度、你的成就感、你的培训和进修、你的收入、你的家庭关系、你的休闲时间、你的生活方式等。在做出调整决定之前，你必须全面考虑调整会带来的正面及负面的可能性，也需要为可能面临的问题提出解决方案，准备好对策。总之，你需要做最坏的打算，同时也需要做最大的努力。

如果你能顺应时代需要，定期反省自我，及时总结经验，灵活调整职业生涯规划，并且坚持不懈，最终你就一定会实现自己的职业目标。

拓 展 阅 读

调整职业生涯规划的时机

（一）如果你遇到下面一些情况，也许就到了需要调整职业生涯规划的时机：

（1）你找的第一份工作一直做到现在，没有换过工作，然而有一天你发现自己做的工作不是你真正喜欢的，你的工作已经变成了每天的例行公事，毫无乐趣可言。

（2）你感觉自己的知识和能力不够用，你想去进修，但是现在的工作量过于饱满，每天回家时已经筋疲力尽，没有时间学习，你希望换一个工作在职进修，然后计划更长远的发展。

（3）你自己的专长一直没有机会在工作中发挥出来，你一直觉得很遗憾。

（4）你觉得你的老板低估了你的价值，你觉得凭自己的能力，应该拿更高的薪水。

（5）你觉得如果继续留在公司，提升空间不大，没有大的发展机会，不想埋没了自己。

（6）长期以来，你已经做好准备，开始期望有自己的公司，自己做老板。

……

（二）不同年龄段的思考

30岁时，你需要重新检查自己的目标，并描绘出下一个职业发展阶段的目标和前景。一些人开始发现，自己找了第一份工作一直干到现在，而这份工作并不是自己喜欢的。有些人则换了行业，他们开始意识到自己真正喜欢的行业和工作应该是什么样的。这个年龄段的人，很多人关心的都是提升或更长远的发展。

30岁时，你需要问自己的问题：

（1）我擅长的是什么？这份工作是否让我能发挥所长？

（2）我需要怎样做才能让我的工作绩效进一步提升？这个阶段也许是再次充电的好时机，充电之后也许会考虑调整工作。

（3）我是否是从我的职业生涯发展的角度来考虑问题，或者只看重当下的提升机会或暂时的加薪？频繁跳槽的人往往看重的是眼下的利益，但是这种行为的结果往往是错过了长远发展的机会。

（4）我真的想留在这个行业发展吗？我的优势是否在其他领域？

（5）我的职业发展速度合适吗？不会太慢吗？

这个年龄段你需要考虑职业长远的发展，需要做好准备，寻找合适的目标，等待下一个职业发展机遇。

40岁时，人们往往需要修正自己的目标。这个阶段的人常会遇到职业发展的平原期。所面对的危险可能是你已经适应了目前的工作环境、工作内容和工作强度，舒适的生活让你渐渐淡忘了当初的职业生涯规划为这个阶段所定的目标。有些人已经意识到，如果他们不喜欢目前所在的这个行业，这也许是他们转行的最后机会了。他们也会开始考虑自己的退休生活。这个阶段不单单是发展方向的问题，他们需要全力投入职业发展，为今后的退休生活打好基础。大多数人在这个阶段都会评估自己的职业发展，回头看看自己的得失，自己的付出和收获。有些人有可能不太喜欢现状，或者不适应目前所面对的现实和困境。

40岁时，你需要问自己的问题：

（1）我做的工作和自己的职业目标吻合吗？这个阶段，有些人可能会考虑另起炉灶，不再为别人打工，开始想自己给自己打工了。

（2）我是否被公司所经历的经济困难或被并购的危机给困住了？

（3）我是否在公司得到了与工作表现相对应的提升和认可？

（4）我人生的下一个目标是什么？有些人在这个时候可能会发现，赚更多的钱或是得到一个让人羡慕的头衔并不是他们期待的人生目标。有些人可能会在这个时候为自己做一些决定，而不是按照别人期待的方向发展。

（5）我是否得到尊重？我想要的生活和工作状态实现了吗？

对于大多数人而言，这个年龄段是需要面对很多的现实问题。二十年前的梦想和目标可能已经遥不可及，也可能目标早已被自己实现，需要新的挑战。

50岁时，人们寻求的是职业发展的成就、贡献以及对未来的安全感。

50岁时，你需要问自己的问题：

我的知识已经过期了吗？我的知识能让我胜任目前的工作吗？我真的不需要学习新东西了吗？很多公司都不会考虑送经验丰富的员工去研讨班学习，因为他们认为这些人离退休不远了或者认为他们已经不需要这样的培训了。然而，接触最新技术和行业发展对每个员工都是非常关键的。

（1）我的未来有没有安全感？

（2）我重要吗？我做出了什么贡献？我是否达到预期目的？薪水固然很重要，但是我们知道，这并不是我们工作的唯一目的。

（3）我有没有把我的知识和技能传给下一代？无论你是技师还是管理者，如果你能把你的专业技能传给年轻人或者同事，你的价值就会得到提升。

60岁时，大多数人都可以对自己的职业生涯作一个小结，他们也会开始考虑退休之后的生活方式，以及对目前的生活是否满意，等等。

60岁时，你需要问自己的问题：

（1）我做过什么贡献吗？

（2）我受尊敬吗？

（3）我的上司、下级、公司的同伴对我心存赏识和感激吗？

（4）我重要吗？

（5）我的丰富的经验是否对公司有所贡献？

（6）我现在所做的是否能保证未来能过上舒适的退休生活？在我生命的下一个阶段打算做些什么？

（7）我是否需要做些准备，以便在退休之后继续在公司做顾问，或者给其他公司当顾问，抑或自己创立自己的公司？

模 块 小 结

该模块从学业、职业、人生角色等角度诠释职业生涯，探讨了职业生涯的内涵、职业生涯规划的方法、原则和误区，以及职业生涯调整的必要性和程序。

生涯规划不仅局限于职业指导，还涉及人生的其他阶段。陶行知先生的"创业教育"提出，教育为人生培植生活活力，使学生可以发挥创造力。舒伯认为，多数人一生中必须扮演子女、学生、休闲者、公民、工作者、夫妻、家长、父母、退休者9种主要角色，个体的生涯发展在某种程度上就是各种人生角色的选择与否。帕森斯提出了职业指导，后来发展为生涯辅导，旨在了解自我、职业、环境，在此基础上对未来要从事的职业做出理性、稳定、高度认同的决策。从职业指导到生涯辅导的演变，经历了四个发展阶段，即职业指导理论提出和基本模式建立时期，重视个人发展的时期，生涯辅导的形成时期，生涯辅导成熟、完善和国际化的时期。

职业生涯规划归纳起来主要包含三个要素，即知己、知彼、抉择。若想做好职业生涯规划，需要依次进行自我评估、就业环境评估、职业信息收集、职业生涯目标确定、职业规划策略实施、反馈与评估六步工作，遵循定向、定位、定点、定心的原则，并避开某些定位偏失的误区。必要的时候，还需要依据个人情况、环境变化等因素对规划进行调整。

教 学 检 测

1. 全面而客观的自我评估包括哪些内容？
2. 评估就业环境时，需要考虑哪些因素？
3. 收集职业信息的途径有哪些？
4. 列举五个正规的招聘网站。
5. 职业生涯规划的原则有哪些？
6. 常见的职业生涯规划的误区有哪些？

实 训 活 动

1. 运用图书馆的书籍期刊、媒体以及其他职业信息，调查一份你所感兴趣的职业。

（1）我感兴趣的一份职业。

（2）职业信息的来源。

间接来源

① 图书馆的书籍、期刊、小册子等。

② 官方出版物。

③ 媒体（报纸、杂志和电视）。

④ 专业杂志。

直接来源

① 在职人群。

② 公司提供的有价值的信息。

收集有关职业的信息应该包括以下这些方面：

① 我所感兴趣的职业的职位名称。

② 工作的性质（每个职位所对应的工作职责）。

③ 工作环境。

④ 培训/教育需求。

⑤ 工资（包括初始工资和后期工资增长水平）。

⑥ 未来前景。

⑦ 其他信息资源（包括出版物和一些专业机构）。

2. 根据自身实际情况依照下列步骤做一次个人职业生涯规划。

（1）确立自己的职业目标。

确立职业目标时，需要考虑以下因素，请按照你对自己未来职业的描述，回答下面的问题：

① 我所期待的工作条件是什么？

② 我所期待的薪酬是多少？

③ 我希望用到的知识和技能是什么？

④ 组织的规模有多大及工作地点在哪里？

⑤ 我愿意承担多大的责任？

⑥ 提升的机会如何？

⑦ 我期望与我一起共同工作的人属于哪种类型？

⑧ 我目前的职业目标（在我完成了目前的教育之后）是什么？

⑨ 我今后 5 年的职业目标是什么？

⑩ 我今后 10 年的职业目标是什么？

⑪ 我的终身职业目标是什么？

（2）评估就业机会。

我的职业目标类别（　　　）；

可能的工作（标明公司、地点及联系电话）；

具体来源（　　　）：

① 通讯录（朋友、亲戚、熟人）；② 与学校相关的联系人（老师、就业中心、职业指导）；③ 商业组织；④ 媒体资源—广告媒体资源—成功案例；⑤ 职业机构；⑥ 个人收集的信息—公司提供的有价值的信息—其他（明确化）。

在收集以上信息的基础上，回答下面的问题：

① 各职业领域的发展前景如何？

② 所感兴趣的职业前景是否在另一个城市发展更好？

③ 这个职业领域的工作在未来可能减少还是增多？为什么？

（3）建立职业联系。

请你列出目前和将来可能对你职业发展起到帮助的人的联系方式。

我的职业目标是＿＿＿＿＿＿＿＿＿＿＿＿＿＿＿＿：

① 第一次联系日期；

② 姓名、职位、所属组织；

③ 地址、电话；

④ 其他信息（兴趣、经验）；

⑤ 最近一次联系日期；

⑥ 私人关系；

⑦ 专业组织；

⑧ 校园活动；

⑨ 社区活动；

⑩ 商业联系。

（4）教育和培训计划。

在你的职业目标的基础上，完成下面的问题，它可以帮助你实现你所期待的目标。

我的职业目标是＿＿＿＿＿＿＿＿＿＿＿＿＿＿＿＿。

① 需要的资历。

② 与职业相关的活动/经历（以前的经历目前的活动）。

③ 计划中的培训/教育（课程/学位/培训项目期望截止日期）。

④ 对未来培训/教育的计划就业指导实务。

第三部分　就业指导篇

模块六　认知大学生就业

> **知识目标**
（1）了解我国就业市场的界定、分类和特点。
（2）熟悉当前大学生就业形势。
（3）了解我国当前大学生就业的政策及其相关制度。
> **技能目标**
（1）通过学习，正确分析今后的就业形势及对自己的影响。
（2）分析我国近几年就业市场发生的变化及今后的发展趋势。

项目 1　就业市场

【案例导入】

　　两个人即将进入森林探险，走到森林边上的时候 A 从背包里取出一双轻便的运动鞋换上，B 问他："你干什么呢？""万一碰到老虎呢，可以跑得快些。"A 低头仔细地系着鞋带。B 听了立刻笑弯了腰："傻瓜！老虎要是来了，你再换一百双鞋也跑不过老虎呀！""我只要跑得比你快就行了！"A 说。

　　生活在 21 世纪，对于人类来说，最大的危机就是没有危机感。工作中、生活中我们都面临着太多不可预料的变数，当毕业求职来到我们面前的时候，自己是否准备好了跑鞋？"统包统分"的制度早已远离我们，当前高校毕业生就业实行"双向选择，自主择业"，所以我们首先需要了解我国就业市场的界定、分类和特点。

一、就业市场的界定

（一）就业

　　我国劳动和社会保障部对"就业""失业""再就业"的概念进行了界定。

　　就业人员是指在法定劳动年龄内（男 16～60 周岁，女 16～55 周岁）从事一定社会经济活动并取得合法劳动报酬或经营收入的人员。其中，劳动报酬达到和超过当地最低工资标准的，为充分就业；劳动时间少于法定工作时间且劳动报酬低于当地最低工资标准，高于城市居民最低生活保障标准，本人愿意从事更多工作的，为不充分就业。我国劳动保障部领导在解释充分就业的含义时指出，充分就业包括三个基准：一是人力资源的开发利用合理充分，不仅要实现人力资源利用和经济发展的良性互动，更要重视人力资源的能力建设，重视劳动力素质的提高；二是就业渠道畅通，自主就业、自主创业的环境宽松，双向选择，自由流动的市场机制发挥重要作用；三是充分就业不是没有失业，而是失业的数量和周期控制在社会可以承受的范围内。要求就业而没有就业的人员不仅基本生活有保障，而且处于积极准备就业的状态。

弹性就业：是指不限时间、不限收入、不限场所的灵活多样的就业形式。它是相对于全日制就业形式而言的。弹性就业包括非全日制就业、临时就业(如短期就业、季节就业、承包就业、传呼就业、独立就业)、派遣就业(雇佣型派遣就业和登记型派遣就业)、钟点工等。目前我国城镇广泛存在弹性就业现象。

阶段性就业：是指在劳动者的职业生涯中，自愿退出社会劳动一个阶段后，再参加社会劳动的一种就业形式。它是与终生就业相对应的。我国目前存在的在职人员脱产上学，实际上就是阶段性就业的一种形式。近年来，一些专家学者提出，妇女在生育期和幼儿成长期，可以在家承担哺育子女的职责而暂时退出社会劳动，待子女上幼儿园或上学后再去社会上就业，这也是阶段性就业的重要形式之一。

非正规就业(全称为"非正规部门就业")：这是20世纪70年代初由国际劳工组织正式提出的概念。非正规部门主要是指规模很小的从事商品生产、流通和服务的单位，主要包括微型企业、家庭的生产服务单位及独立的个体劳动者。国际劳工组织在《1991年局长报告：非正规部门的困境》中，进一步将非正规部门定义为"发展中国家城市地区那些低收入、低报酬、无组织、无结构的很小的生产规模的生产或服务单位"。在非正规部门就业的劳动者则称为非正规就业(有的学者把非正规就业称为"分散性就业")。从这个定义出发可以看出，我国城乡大量存在的私营和个体劳动者都属非正规就业，而且随着经济进一步搞活，非正规就业人员还会大量增加，从而成为我国就业大军中的重要组成部分。

不充分就业(又称就业不足)：我国在1995年就确定了不充分就业的统计定义。不充分就业是指非个人原因，在调查周内工作时间不到标准工作时间的一半(20小时)，并愿意从事更多工作的人员。在实际操作中，判断不充分就业人员的标准有三条：一是调查周内工作时间不到标准时间的一半，即不到20小时；二是工作时间短是非个人原因；三是愿意从事更多的工作。这三条必须同时具备才能统计为不充分就业人员。

弹性就业、阶段性就业、非正规就业和不充分就业是相互交叉的，它们是从不同角度对就业人员所进行的观察。如一个家庭小时工，从就业地点上看可能是弹性就业人员；从就业时间上看可能是阶段性就业人员；从就业单位上看可能是非正规就业人员；从工作量和收入上看又可能是不充分就业人员。在统计分析中，我们可以根据不同需要对就业人员进行不同角度的分析，从而使劳动力分析更具广度和深度。

高校毕业生就业是全社会就业的重要组成部分，也是人民群众最关心、最直接、最现实的利益问题之一。做好高校毕业生就业工作是促进经济社会发展、建设创新型国家的强烈需求，是维护人民群众切身利益的现实需要，是落实科学发展观、提高高等教育质量、保持高等教育持续健康发展的本质要求。各地、各高校要充分认识到在构建社会主义和谐社会进程中做好高校毕业生就业工作的重要性，把毕业生就业当作学校发展的头等大事，切实增强做好这项工作的自觉性和主动性。

(二) 大学生就业市场的形成和内涵

大学生的就业问题首先是一个社会问题，它与我国当前的社会环境、经济发展、教育体制、就业机制等密切相关。扩大视野，从高层面、更宏观的角度思考大学生就业问题，有利于我们开拓思路，推动这项工作的开展。世界商务策划师、现代企划技术的奠基人史宪文教授指出：从思维应用出发，提出"大二"思想就业，"大三"技术就业，"大四"职业就业和研究生创业就业的科学主张。他认为，托亲靠友型、盲目应聘型、沿街碰运型的传统就业方式对大学生已不适用。他主张自然而然式的、绿色的、自主的、直接面向老板的无挫折感的现代就业。就业能否顺利不仅取决于毕业生的知识、能力、社会和经济因素，而且还取决于他们所掌握的就业信息的多少，对信息的有效处理以及行动和敏锐程度。

在计划经济时代，人才市场与高校毕业生的就业基本上没有关联，但在社会主义市场经济下，随着劳动人事制度改革的稳步推进，大学生就业制度发生了很大的变化。由国家对大学生"统招统分"逐步过渡到"双向选择""自主择业"，用人单位的独立性、自主性愈来愈明显，政府的单纯行政干预也愈来愈少，再加上近几年高校毕业生人数持续增加，国家机关改革人员分流，企业减员增效，社会对大学生的接纳能力降低，并且一些学生就业观念没有及时转变，从而造成一定范围内的高校毕业生就业困难，毕业生就业市场已明显向买方市场倾斜，毕业生就业难的问题已比较突出。在该转型时期，人才市场逐渐对高校毕业生就业进行调节，开始发挥出其对人力资源的基础性配置作用，对大学生就业起着越来越大的作用。

但由于高校毕业生就业集中的特点，决定了一般的人才劳务市场不可能解决毕业生集中就业的问题，于是高校毕业生就业市场作为一种专门为迎接高校毕业生和用人单位进行人才交流的服务载体便应运而生。高校毕业生就业市场是由高校组织的毕业生与用人单位通过双向选择而进行洽谈和签约的重要场所，它体现了用人单位和毕业生供求之间的关系。在高校毕业生就业市场中，供方是高等院校中准备走向社会谋职的应届大学毕业生，他们根据自己的专业知识、择业意向、工作能力等条件选择工作单位。求方是企事业单位、机关团体等用人单位，他们根据岗位要求和毕业生的综合素质择优选择所需人员。供求双方的选择结果由供求规律决定。毕业生就业市场由各省人事厅统一组织，由有关高校承办，各级毕业生就业主管部门现场提供政策咨询等服务。毕业生就业市场主要面向省内外各类用人单位和大中专毕业生。通过供需见面、双向选择达成就业意向的，毕业生和用人单位可现场登录"高校毕业生就业信息网"，在线办理签约、签证等手续。

可见，大学生就业市场是社会主义市场经济体系下要素市场中劳动力市场的一部分，是专门以高校毕业生为对象的初次就业市场，是高校毕业生就业制度的一个重要组成部分。其任务是举办就业洽谈、进行供需信息交流、开展咨询服务等活动，通过市场作用使大学毕业生找到合适的工作，用人单位得到所需人员。大学生就业市场有四项基本职能：依法组织市场，根据法律和市场规范运作；维护进入人才市场的供需双方合法权益，使双方在市场中处于平等的地位，保证公开、公正地进行双向选择；监督运作过程和达成协议的合理合法选择；在双方出现争执时，依法据理进行调解。

为规范高校毕业生就业市场，促进大学生就业，应采取以下措施：

第一，坚持将举办毕业生就业市场纳入毕业生就业工作管理程序，由毕业生就业主管部门统筹规划，在国家和省毕业生就业政策指导下，有组织、有步骤地进行。毕业生就业市场主要由毕业生就业主管部门和学校举办，遵循小型化、专业化的原则，组织毕业生和用人单位开展供需见面、双向选择活动，努力增强针对性和实效性。毕业生就业市场应在每年的 11 月 20 日后举办，时间一般安排在休息日和节假日。

第二，举办毕业生就业市场要充分体现为毕业生和用人单位服务的精神，不得以赢利为目的。凡拟举办应届毕业生参加的供需见面活动或行业（系统）组织的招考活动，须认真填写《毕业生供需见面（招考）活动登记审核表》，经毕业生就业主管部门核准后实施并接受监督。未经核准，任何部门和单位都不得举办相关活动。

第三，积极搞好服务，增强市场效果。各级毕业生就业主管部门要加强组织协调，广泛收集、发布需求信息，尽可能多地动员用人单位参加招聘活动，并现场提供政策咨询，办理相关手续。各学校要采取有效措施，集中力量组织举办经常性的校园招聘活动；要如实向用人单位提供毕业生情况，认真做好就业推荐工作；要充分利用计算机和网络技术，扩大毕业生与用人单位的供需信息交流。

第四，进一步规范用人单位的招聘行为。用人单位招聘毕业生，要公开需求信息、招聘办法和录用结果，提高招聘工作透明度；要向毕业生如实介绍有关情况，认真履行协议，不得有欺骗行为；要尊重毕业生的求职选择，对毕业生提供的个人信息资料，用人单位要妥善保管，严禁随意丢弃或转让。对损害毕业生合法权益的行为，毕业生就业主管部门和学校要坚决制止，并追究有关负责人和当事人的责任。

第五，切实加强对毕业生就业市场的指导、管理和监督。各级毕业生就业主管部门要充分发挥职能作用，对招聘活动进行有效的指导、管理和监督，维护市场秩序，创造公平环境；要牢固树立安全第一的思想，凡举办毕业生就业市场尤其是规模较大的就业市场，一定要从维护社会稳定的大局出发，周密安排，精心组织，确保毕业生就业市场安全顺利地举办。

二、就业市场的分类

高校毕业生就业市场按其表现形式分为有形市场和无形市场。有形市场具有固定的场所、具体的时间和地点、特定的参加对象等；无形市场一般不受具体的时间和空间的制约，主要指网络就业市场。

（一）有形市场

1. 校园招聘会

（1）高等院校举办的就业市场（有的叫"招聘会"，有的叫"洽谈会"等）：是针对本校毕业生的特点，邀请与其密切相关的用人单位参加，主要为本校毕业生就业服务。

（2）学校联办的毕业生就业市场：指两所或两所以上的高校联合举办的毕业生就业市场，主要是克服单个学校的就业市场规模小、单位少、效能差而实行的弱弱联合、强弱联合和强强联合。

2. 分科类、分层次、行业性或大型企业就业市场

（1）分科类毕业生就业市场：主要是地方毕业就业主管部门从用人单位和学校两方面考虑，从市场细分的角度出发，把理、工、农、医、师范等科类的毕业生分别集中起来，与相应的用人单位双向选择。

（2）分层次毕业生就业市场：以区域或省市为基地分别举办研究生、本科生、专科生的就业市场。

（3）行业性毕业生就业市场：由中央部委主管毕业生就业的部门主办的主要为本系统、本行业毕业生和用人单位服务的就业市场。

（4）企业自办的毕业生就业市场：由大型企业或企业集团举办的以招聘到本企业或本企业集团工作的毕业生为主的就业市场。

3. 区域性毕业生就业市场

（1）地域性毕业生就业市场：由地方毕业生就业主管部门举办的，为本地区经济发展服务的就业市场，例如内蒙古自治区人才交流中心、呼和浩特市人才服务中心春秋举办的就业洽谈会。

（2）国际性毕业生就业市场：由国内外的人才中介组织举办的人才市场，招聘的人才可在国内外大型企业或跨国公司就业。

（二）无形市场

当前，高校毕业生就业信息化建设滞后，已不能适应毕业生和用人单位的需求。随着毕业生人数的逐年增加，现场供需见面会的弊端越来越明显：规模越来越大，组织成本越来越高；场次越来越多，毕业生不断赶场，求职成本越来越高；场内人数越来越多，供需双方见面的效果越来越差；场面越来越拥挤，安全隐患越来越大……这样，无形市场便应运而生。无形市场，尤其是网络市场的作用越来越大。网上招聘、网上求职的快捷、灵活已经被越来越多的单位和毕业生所认同并进行实践。随着网络技术的进一步发展，可从一般的信息交流扩展到网上面试等考核的更深层面。国家在扶持以高校为基础的有形毕业生市场建设的同时，正在加快无形市场的建设。这样，用人单位的需求信息、毕业生的求职信息将直接上传至网络，毕业生和用人单位通过计算机网络足不出户就可以双向选择，既提高了效率，又节省了物力、财力。

三、就业市场的特点

大学毕业生就业市场经过多年的发展，逐步形成了以下几个特点。

（1）群体性。每年全国有数百万毕业生走出校门、走向社会，他们不是孤立的、分散的，而是集体的、聚合的，具有鲜明的群体性。

（2）需求多变性。毕业生就业市场受整个社会政治和经济的影响较大，其需求与经济和社会发展成正比，供求关系不可能完全靠市场自身调节。

（3）时效性。毕业生一般从每年 7 月 1 日起离校，在此之前，大多数毕业生应落实到具体单位，其时间紧、任务重，且相对集中，具有强烈的时效性。

（4）高层次性。与其他人才市场相比，高校毕业生就业市场的人才是学有所长的高级专业人才，他们层次较高、素质较好。

（5）年轻化。毕业生一般较年轻，他们所掌握的知识也"年轻"，是社会所急需的新生力量。

（6）形式多样性。毕业生就业市场形式灵活、多样。既有有形的，也有无形的；既有规模大的，也有规模小的；既有综合的，也有分类的；既有区域的，也有部门的，等等。

（7）初次性。毕业生初出校门，没有实践经验，且多为第一次择业，即初次择业。

项目 2　就 业 形 势

【案例导入】

大学毕业生就业形势严峻

据统计，大学毕业生就业率逐年下降，特别是地方高校一次性就业率只有 70% 左右，历年累计未就业的大学生从 2015 年起已达 1080 万人左右，大学生"毕业就失业"成为流行语，"读书无用论"也重新抬头。2018 年，全国普通高校毕业生共计 820 万人，"十三五"期间全国将有 4500 万以上的普通高校毕业生需要就业。一组组数据说明当前的大学毕业生已从过去的"天之骄子"成为现在的普通求职竞聘者，就业形势日益严峻。

一、就业结构的重大变化

随着工业化进程和经济结构调整步伐的加快，我国的就业结构发生了巨大变化并日趋合理。这些变化包括：就业的产业结构发生重大变化，非农产业比重超过农业；传统行业的就业机会减少，新兴行业则增多；随着国家和集体单位从业人员的不断减少，就业的所有制结构发生了巨大变化；女性就业结构明显变化。

未来十年，我国的就业结构还会发生重大变化。我国将进一步推进工业化带动信息化，以信息化促进工业化，最终完成新型工业化。根据近十年来第一产业就业人数的转移情况和未来城镇化水平测算，同时考虑第二、三产业就业人数的增长情况，预计到 2020 年，就业规模将达到 8.88 亿人，就业结构将会得到进一步调整，三个产业的就业比重为 30：25：45，我国就业结构变化将呈现出以下特点。

（一）第三产业成为增加就业的主要部门

自改革开放以来，我国二、三产业从业人员逐年攀升，在 20 世纪 80 年代中前期，第二产业从业人员增长较快，其就业比重基本持续上升，高于第三产业；到 20 世纪 80 年代中后期，第三产业从业人员增长速度较快，开始超越第二产业。20 世纪 80 年代以后，第三产业劳动力不管是绝对数或是增长速度都快于第二产业，尤其是批发零售餐饮业、社会服务业等行业增长较快，这些劳动密集型行业蕴藏着吸纳劳动力的巨大潜力。

（二）非公有制经济成为吸纳就业的重要渠道

近年来，非公有制经济发展迅速。与此同时，从业人员也出现相同现象，公有制从业人员日渐减少，非公有制人员大幅增长，就业结构发生较大变化。从总劳动力来看，公有制经济的从业人员近十多年来出现锐减趋势，而非公有制经济，尤其是个体、私营企业人员增长迅速，它占总从业人员的比重逐年提高。非公有制经济加速发展，就业吸纳能力迅速增长，非公有制经济已成为拓展就业的重要渠道，尤其是随着个体、私营企业的不断壮大和扩展，它将成为今后就业者选择的重要渠道，成为增加就业机会的新增长点。

（三）城镇职工大幅下降，个体私营企业人员快速增长

自 20 世纪 90 年代中期，随着企业改制和内部经营机制的转变，由于实施下岗分流、减员增效措施，公有制单位在计划经济时期容纳的大量"隐性失业"开始大规模显性化，吸纳就业的能力明显减弱。随着我国市场经济体制的进一步完善和市场经济环境的逐步宽松，以及国家对市场经营的投资领域进一步开放和一系列政策的逐步放宽，个体、私营经济将会出现快速发展，其从业人员也因此而出现较快的增长。

（四）劳动力逐渐向资本、技术密集型行业聚集

从制造业中看，近年来工业从业人员的变动特点是：劳动密集型的传统行业仍然是吸纳劳动力的主要行业；传统行业从业人员比重下降，而资金、技术密集型行业劳动力比重持续攀升，劳动力从传统型向技术、资金密集型行业聚拢。劳动力的流向有从传统型向技

术、资金密集型行业转变的趋势，这些行业近年来的劳动力都有增长趋势。

二、高校毕业生就业现状

我国高校毕业生数量再创历史新高。数量多，任务重，使得高校毕业生就业形势十分严峻，就业工作的困难和压力很大。

（一）大学生就业现状

大学生就业现状：僧多粥少，工作难找。从 2003 年开始，大学生就业形势就越来越严峻，大学生就业难成了突出的社会问题。据了解，2001 年全国高校毕业生只有 114 万，2003 年，第一批扩招本科生进入就业市场后毕业生成倍增长，逾 212 万。到了 2006 年，高校毕业生增长到了 413 万，是 2001 年的近 4 倍。2017 年全国高校毕业生人数达 795 万人，较 2016 年增加 16 万人，毕业生人数的迅猛增长使就业形势更加严峻。

从 2002 年开始，大学毕业生就业的结构性矛盾十分突出。从地区看，北京、上海等东部发达地区需求较旺，需求总量大于当地的生源数。中西部不少省区虽然有较大的用人需求，但由于工作和生活条件艰苦，往往招不到合格的人才，出现了"有地方没人去，有人没地方去"的现象。在一些西部经济不发达地区，当前就业岗位相当有限，难以吸纳本地毕业生。从院校类别看，教育部直属高校毕业生就业情况较好，初次就业率为 85％，部门高校次之，地方院校较差。从学历看，用人单位对学历高的毕业生需求高于对学历低的毕业生需求。研究生供需比约为 1∶2.6，本科生约为 1∶1.3，专科生约为 1∶0.4。从专业看，一些紧缺专业，如计算机、通信、电子、土建、自动化、机械、医药和师范等科类的毕业生需求旺盛，毕业生供不应求，而一些长线专业，如哲学、社会学、经济学、法学等科类的毕业生需求较少。普通高校毕业生保持大幅度的增长。2003 年为 212 万人，较上年增加了 67 万，增幅达到 46.2％；2004 年毕业生为 280 万人，较上年增加 68 万人，增幅达到 32.1％；2005 年为 340 万人，较上年增加 60 万人，增幅达到 21.4％。届时，毕业生总量为扩招前的 2.9 倍。2018 年全国毕业生达 820 万人，2019 年加入求职大军的毕业生总数达到 900 万人，大学生就业竞争将更加激烈。

（二）制约大学生就业的问题

当前大学生就业问题，从根本上说，是前进中的问题，发展中的问题，是高等教育事业改革和发展必须经历的过程。传统的高等教育体制和大学生就业制度，导致了教育事业发展缺乏应有的活力和效率，人才培养机制和人才培养结构僵化，人才培养规模增长缓慢，人才配置不合理，人才资源浪费严重，人才的创新热情和积极性受到抑制。当前影响和制约大学生就业的主要问题有以下几个方面。

第一，大学毕业生的就业机制有待改革，就业政策有待完善。当前，大学生的就业机制还存在明显问题。国家已经明确了大学生就业实行"双向选择"的市场就业模式，但作为供给方，大学生所在学校仍然有派遣大学生到一些地区或者跨省的指标限制，如某名牌大学的"留京指标"为大学生总数的 15％ 左右，这些指标先满足研究生，余下的才能够分给本科生。作为需求方，大中城市接收大学生的单位也需要进入指标，两者合二为一才能够实现大学生的就业，并通过派遣制度予以保证。大学生的档案和户口随着派遣证转移，任何一关出现了问题，均不能够保证大学生就业的实现。虽然国家出台了一系列促进大学生就业的政策措施，但由于管理方面的脱节，一些政策还"悬在空中"，得不到落实。从 2002 年毕业生就业工作的情况看，一些省市限制毕业生就业的政策性障碍依然存在，突出表现在毕业生尤其是大学专科生跨省市流动受到限制。

另外，虽然国家政策规定大学生毕业 2 年内可以由学校保留档案，但由于派遣指标在当年有效，过期就不再办理派遣证，使得已经找到工作的大学生因为没有指标而不能够派遣，仍然处于不确定的状态。

第二，大学毕业生的就业渠道亟待畅通。目前的人事管理制度仍然有较强的计划体制色彩，使不少缺位以待的用人单位受到限制。据调查，不少中小型私营（股份）企业急需大学水平的管理技术人员，却因没有申报用人指标的途径，解决不了大学生的派遣、落户、接档案等问题而招不到人，这也导致一些大学生担心自己的身份丧失而望而却步。早两年就业的部委属高校毕业生到教学科研等事业单位工作的为 31.6％，到国有企业的为 31.5％，到民营三资企业的为 26.2％，到其他企业的为 10.7％。而从当前城镇劳动力市场的需求状况看，个体私营和股份企业提供的就业岗位已经占 60％。这中间的差距说明，大学生的就业渠道亟待畅通。

当前，基层和西部地区需要大学生担任公务员和教师，但如果大学生去工作，他的户口和档案将一同被派遣到工作地，再想流动就会碰到制度性障碍。不少大学生还担心，后代在落后地区得不到好的教育，到时送子女到大中城市上学，则要缴纳数量可观的"借读费"。

在大中城市中，大学生创业的机会较多，成功的概率也较大，但没有户口就进行不了工商登记，也难获得贷款的担保支持。

第三，大学毕业生的就业服务有待加强。大学生劳动力市场是一个独立的市场，特点在于人员素质较高，市场范围更大，大学生毕业时能够较容易在本国甚至国际流动。这种情况使得建立比较完善的大学生供求信息网络，提供有效的信息服务，显得十分重要。目前，毕业生就业信息系统和就业服务体系不完善，大学毕业生就业主要由学校、人才市场举办招聘会等比较原始和低效的方式获得信息，与需求方见面，信息渠道比较窄，成交率比较低。

大学生作为就业的主体，无论是树立正确的就业观念，还是提高自身的求职技能，都要求加强对大学生的就业指导工作。而目前大学毕业生的就业指导工作极为薄弱。据有关部门对 7 所高校、百余家企事业单位的调查，68％的被访者对高校就业指导工作不满意，认为"不完善，指导渠道过于单一"，就业指导教师水平参差不齐，专业的、高素质的就业指导教师太少；缺少就业指导课教材。

第四，全社会和大学生个人的就业观念要有所转变。在市场就业的情况下，大学生个人的就业观念需要有一个转变，全社会对大学生的就业观念也需要调整。比如，最近上海市大学生求职时出现了"三多三少"，即东部多、西部少，城市多、农村少，外企多、国企少的现象。由于就业观念的不适应，有的大学生盲目跟潮，有的不能根据自身的特点进行择业，还有的不能根据实际进行就业目标的调整。目前，社会、家庭对大学生就业的期望值较高，对大学生自主创业和多种形式灵活就业不能认同，接受不了大学生失业的现实等，这些都对大学生就业产生了不利的影响。

第五，大学专业结构和教育体制需要进行调整和改革。当前，大学生就业既有总量矛盾也有结构矛盾，但同其他发展中国家一样，结构矛盾是主要矛盾。尤其是大学生的就业已经市场化，但大学的专业设置调整滞后，致使毕业生专业结构与市场供求出现了错位，从源头讲，这已成为制约大学生就业的一个重要原因。一些大学的专业及课程设置没有能够以市场需求为导向进行规划，有较大的盲目性，专业趋同现象十分严重，造成供给严重大于需求。高校扩招后，一些学校仍然沿袭传统的应试教育的教学方式，培养出来的一些学生高分低能，不能适应用人单位的需要。不少学校专业划分过细，培养出的毕业生知识面过窄，学习能力和适应能力较差。专业过细，怎么调整，也难以跟上市场变化的步伐。一些大学、高专教育专业缺乏特色，培养出来的学生理论功底不如本科院校的学生，应有的动手能力也不强，不适合用人单位的需求。而随着劳动力市场的发展，竞争程度不断提高，用人单位对应聘者的实际操作能力和适应工作环境变化的能力提出了越来越高的要求。

（三）促进大学生就业的办法

1. 加强领导推动改革完善和落实政策

坚决取消大学毕业生流动就业的各种限制。按照就业市场化的要求加快大学毕业生就业制度改革，打破大学生干部身份、户籍制度、用人指标的限制，促进大学生自主流动。对省会及省会以下城市，取消大学和接收单位的派遣指标和用人指标的限制，特别是非公有制单位招用毕业生的指标限制，只要用人单位同意录用，并与毕业生签订就业协议的，公安部门应凭毕业生所持的《报到证》为其办理落户手续。废除对毕业生收取城市增容费、出省费和其他一些不合理收费的政策，促进毕业生自主流动。

制定鼓励大学生自主创业的扶持政策。国家和地方共同设立大学生创业担保基金，为创业的大学生提供小额贷款担保。对自主创业的大学毕业生，有关部门要简化审批手续，免收登记类、管理类、证照类的各种行政性收费，并制定相应的税收减免扶持政策，鼓励大学生创业。对创业的大学生提供专门的创业培训，进行开业指导、政策咨询、项目论证、跟踪辅导等服务，提高其创业能力。

制定鼓励大学生到基层就业和中西部地区就业的政策。为引导大学毕业生到基层和西部地区就业，可以采取"挂职锻炼"和"志愿者"等方式，实行来去自由的政策。国家每年安排专项经费补贴大学毕业生到中西部经济贫困地区的乡镇一级教育、文化、卫生、工商、税务、农技服务等机构和单位工作。

结合政府正在推动的社区建设工程，从编制、人员、经费安排等方面为大学生从事社区管理工作和其他基层工作创造有利条件。

完善灵活就业办法，引导大学毕业生灵活就业。鼓励大学毕业生灵活就业，研究制定灵活就业人员劳动关系和社会保险办法，解除大学生从事灵活就业的后顾之忧。在各级社会保险经办机构设立专门窗口，为从事个体经营、自由职业和创业的大学毕业生提供社会保险缴费和接续等服务。

2. 针对当前特定形势采取特殊过渡办法

解决大学生就业问题，必须坚持市场化改革的方向，绝不能重拾国家包办、计划分配的旧办法。但鉴于当前大学生就业矛盾突出，就业环境不宽松，就业机制和服务体系不健全，部分大学生对失业承受能力较差的现实情况，应该在不违背改革的原则和方向的前提下，采取一些过渡性的鼓励性的安置措施。如可以考虑在一定时期（今年、明年和后年）和一定期限（1～2年）内，鼓励企业和基层用人单位实行大学毕业生见习制度，用人单位按计划录用人员的1倍的规模接收见习人员。在见习期内，企业支付见习工资（相当于正常聘用人员的 1/2 左右），国家对企业给予税费减免和岗位补贴，以鼓励企业多吸收大学生，同时也给大学毕业生一个积累就业经验、与企业增强双向了解的机会。这也是一个实现岗位分享、缓解当前大学生就业矛盾的办法。

三、大学生就业形势分析

随着市场化程度的深化和社会职业的变动，高技能人才与社会拉得越来越紧。在全国毕业生人数再创新高，高校毕业生就业形势不容乐观的形势下，从学历看，大学毕业生仍然是就业的难点和重点。

（一）大学生就业难的原因

从客观上来看，造成大学生就业难的原因主要有以下几个：

（1）学生和家长对就业期望值太高、不切实际。

（2）现在的各种人才招聘会对于大学生的专门"领地"和信息的要求更高。

（3）高等教育的改革本身还不到位，存在着一些问题，主要表现在某些专业设置、基础理论还达不到本科教育的要求，作为学校要努力解决教育中存在的问题。

（4）用人单位的用人误区。"研究生多多益善，本科生研究研究"，认为招聘高学历人才的相对收益高，更划算。用人单位应避免"人才高消费"，做到"人尽其才"。

从大学生自身来看，大学生就业前思想准备不够，缺乏正确的择业观，表现出种种与社会客观实际不合拍的现象。

（1）定位缺乏理性思考。有些大学生就业前关起门来，自我设计自己，过高地估计自己的实力，总认为自己有专业知识，学业上有一技之长，不愁找不到合适的岗位，其忽视了社会的需求性与现实性。具体表现为自己获得了工作岗位后，并不十分珍惜，在岗位上不是脚踏实地地工作，而是左顾右盼，"吃着碗里的，看着锅里的"，这山望着那山高，时时刻刻寻找"跳槽"的机会。

（2）过分强调专业对口。有些大学生对自己所学的专业情有独钟，认为自己的父母掏兜拿钱，全力以赴地供养自己上了这个学校，就是为了学这门专业，狭隘地理解所学的专业必须对口，过分地强调学以致用。具体表现为寻找职业优先考虑是否与所学专业对口，专业不对口就觉得不理想，不踏实，上岗缺乏干劲，有投错"佛门"的感觉。

（3）安于舒适，不愿到艰苦的地方去创业。有些大学生由于出生在比较富裕的家庭，家庭经济收入比较稳定，因而社会交际面相对比较广泛，有一定的社会基础。学生本人在社会上经风沐雨的机会少，在意志上往往表现出脆弱、胆怯等不良特点，在行动上往往表现出舒适、优越的岗位就乐意去就业，艰苦、单调、下力的岗位就打退堂鼓，宁肯待业，也不愿意去就业。

（4）心境浮躁，行动盲从。有些大学生入校时成绩平平，修业中虽然拼搏努力，但专业并不突出。三年的大学生活，虽然具备一些特长，但有些华而不实。因此，当他们步入社会，寻求职业时，心境浮躁，压力大，危机感加重，一时不知所措。

（5）期望不合时宜。有些大学生由于就业前接触社会实际太少，认为自己有知识，有能力，懂技术，择业观明显表现为热衷于寻找比较稳定的、经济收入较高的、地域条件较好的、环境幽雅、"舒适"的"实惠"职业去干，极不情愿选择那些条件比较艰苦的、地域比较偏僻的、信息比较闭塞的、交通不便利的地方去创业和工作。

（二）大学生就业的机遇与挑战

面对人才市场上大学"旺需"与高校大学人才"滞销"之间的矛盾，从经济和社会发展的趋势上看，高等职业技术教育是十分必要的。大学毕业生就业有其自身的优势和特点，他们的操作能力、动手能力强，比较安心于基层工作，有吃苦精神，经过努力，会得到社会的理解、认同，成为经济建设和社会发展的骨干力量。

1. 不同专业的就业形势

外语专业学生将继续抢手。历年来外语专业学生就有比较好的去向。随着中国国际化交流的增加，外语类人才会十分紧俏。英语专业如此，小语种，尤其日语、德语、法语、西班牙语等，可望有较好的就业前景。入世后，社会最需要营销、管理、金融、财会等方面的人才，几年来，这些专业的学生都有较好的去向。另外，懂得世贸组织规则的经济类、管理类和财会类人才会十分抢手。

计算机类、电子类专业将会有所改观。随着IT业的逐渐复苏，社会对这类专业会有更高的需求，学生的就业可能比较乐观。

由于中文专业学生的适应面广、有一定功底，社会提供的许多岗位如编辑、记者、秘书、行政管理，都适合他们去做。历史、哲学、社会学和政治学等专业，虽然报考公务员可以解决这一部分专业学生的出路，但由于公务员岗位竞争十分激烈，因此将持续走下坡路。

各专业毕业生就业水平虽然会不平衡，冷热不均，但是社会对不同专业的需求量会有所变动。如果能够放低期望值，愿意到西部、到基层去工作，应该说无论是热门专业的学生，还是冷门专业的学生，都可以找到工作。

2. 招聘单位将更加理性化

大部分用人单位一改印象中非名牌、高学历毕业生不用的状况，现在更重视学生的综合素质和专业素质的培养。有资料表明，一些高级技工的薪水甚至超过了研究生。可见，用人单位更多的是从实际需要出发来选择不同学历层次的毕业生，其招聘行为的理性化程度大大提高。而这样一种环境，无疑将给大学高专毕业生的就业带来更大的发展空间。他们当中可能会有更多的人将来加入高级技师这一行列。

3. 人才市场趋向在转变

据前程无忧调查显示，人才市场未来长期的趋向是，有新知识、高技能的良好品质的人才有机会，而非大学生身份，这就要求我们大学毕业生，必须在毕业后，继续学习各种知识，不断提高自己的综合素质。

4. 民营企业将成为就业机会的最大提供者

一些名企仍将为大学毕业生提供相当数量的工作岗位。学校和科研机构是吸收毕业生的主要力量。但从2005年开始民营企业需求量增长迅猛来看，其已经成为接纳毕业生就业的一支新生力量，而且随着个体、民营经济的继续发展，其需求岗位必将进一步增加，并且其提供的收入水平已接近外资企业，这要求广大毕业生积极转变就业观念，不要将目光仅仅局限在大公司、大企业上，而要适应形势要求，投身到充满生机活力的民营企业中去。

5. 2000元月薪将成为毕业生求职底线

调查显示，46%的应届毕业生投票表示2000元为求职底线，与此同时，70%以上企业认为这几年的应届毕业生在工作中表现平平，而30％的企业表示如果招聘不到理想的毕业生宁可职位空着。

四、树立正确的择业观

择业观，也称就业观，对毕业生择业具有导向和动力作用，它支配着择业主体对择业目标的期望、定位和选择，决定着大学毕业生的择业思想和择业行为，具有相对稳定性，但择业观亦是社会现象的反映，必然随着社会的变化而发生变化，折射出时代的变迁。

现在大学生的择业价值取向，首先是接受新形势下"市场导向，政府调控，学校推荐，双向选择"的就业模式，通过就业市场获得职业。其次是择业动机突出个人才能的发挥和经济利益的实现，即突出自我发展。再次是择业目标趋向高薪水、高地位、高层次的工作，回避待遇低、地位低、层次低的工作；工作选择在东南沿海地区的大城市，期求发展前景好，施展个人才华机会多的工作。此外，有的毕业生择业有多向性与不稳定性。确实，毕业生步入社会会面临各种问题，如就业岗位与个人能力的不相适应，职业期望与工作岗位的差距，活泼好强与自我意识尚不成熟等，都会给择业带来困惑。因而，择业时往往不能当机立断，左顾右盼，甚至随意违约，究其原因，无不与择业观存在偏差有着直接的联系。

什么样的选择决定什么样的生活，树立正确的就业观必须从下面几个方面着手。

（一）认清严峻的就业形势，珍惜就业机会

尽管近些年来，我国经济建设发展速度很快，就业岗位逐年增多，每年都要增加800多万工作岗位，但失业率仍居高不下。2019年我国普通高校毕业生人数预计834万，据国家发改委统计，2018年城镇新成长劳动力约为1500万人，全国城镇失业人员再就业551万人，城镇登记失业人员974万人，按政策需在城镇安排就业的农村劳动力和退役军人约300万人，等等。我国失业率将要高达20％，这样造成了一个好的职业会有成千上万人来竞争的奇观。劳动力供大于求的局面在我国相当时段内还不能完全解决。在我国就业形势十分严峻的情况下，高校投入了大量的人力、物力，为学生毕业后就业做了大量工作，每个就业机会都来之不易，每个同学都应十分珍惜。

（二）正确估价自己，文凭"只看三个月"

有的同学在应聘时，不正确估价自己的素质、知识、悟性、能力等因素，用人单位所聘的职位，自己能不能干，能不能干好，没有定好位，只片面认为自己是大学毕业，要多少多少工资，住宿条件要多好，才会满意，没有认识到能力比文凭更重要，因此对这个单位不满意，对那个公司不称心，挑三拣四，最后一个单位都选不上。文凭只代表个人的文化程度，文凭的价值会体现在其底薪上，但只有试用期三个月有效。文凭只是应聘的"敲门砖""介绍信"，进门之后，"是骡子是马"，拉出来一遛就见分晓。用人单位看中的是求职者的悟性、知识、功底、能力、敬业精神，而仅非文凭。这就是为什么有的中专生比大学生拿的工资还高的原因。所以初涉社会，不要过分看重自己的学历文凭，而应正确估价自己的素质和专业技能。

（三）明确学习目的，锻造一身好本领

大学生应扎扎实实学好专业，熟练掌握一至两项技能。当前，尽管就业形势很严峻，但专业学得好，动手能力强的同学仍是人才市场的抢手货。有些高校推行的"3＋1"培养模

式，正是适应社会的需求而实施的。每个同学在毕业前一定要扎扎实实学好专业课，考取专业合格证书；根据自己的特长参加一至两项技能培训，获得技能合格证书，为自己择业拓宽就业渠道。

（四）珍惜就业机会，切忌草率放弃或轻易跳槽

经过自己的努力得到的就业机会，一定要珍惜，要努力奋斗，敢于拼搏，这是获取事业成功的关键。如果没有这种意识，在工作中稍不顺心就轻易跳槽，长久下去就会像"白头翁"一样，一辈子一事无成。

（五）坚持终身学习，不断优化自己的知识素质结构

在当今知识爆炸的时代，知识更新日新月异，生存发展的竞争更加激烈，所以我们要活到老、学到老，不断获取新知识，这样才能不被社会所淘汰。正如宋朝大思想家朱熹所说的："无一人不学，无一事不学，无一时不学，无一处不学。"现代上班族生活节奏、工作节奏都很快，整天都很忙碌，那就更要精打细算，安排每一刻时间去汲取新知识，利用各种渠道去学习。如：不断从自身的生涯中去总结学习；当自己遇到逆境或挫折时，学会如何去迎接挑战；在组织中通过团队来学习；访问长辈，请教生涯经验。孔子云："三人行，必有吾师焉"，在人际关系中学习，要在复杂的社会人际关系中磨炼意志；参加相关训练，做到一专多能；参加专业系统学习；自省学习，做到"吾日三省吾身"。

（六）记住择业"五忌"

择业是大多数毕业生踏入社会要走的第一步。怎样走好这第一步，选择一份既切合自身实际，又称心如意的职业，具有十分重要的意义。因此建议大学生在择业时，一定要记住五种忌讳。

一忌仓促上阵。一定要有精神和物质方面的充分准备。思想上要有自信心；物质上，必需的证件和资料要准备好，应聘被录取后的路费、生活费要提前准备。

二忌眼高手低。要客观估价自己的能力，把握机会，不要这山望着那山高；不要过分强调专业对口，要先就业后择业；先求生存，后求发展；先蓝领，后白领。

三忌互相攀比。当同学或同乡找的单位或待遇比自己好时，如果因攀比而放弃现在的机会，那么这个人就会一事无成。

四忌轻信受骗。有的同学由于自身原因，对学校推荐就业的单位不满意，就到不正规的人才市场或职介所去求职，"病急乱投医"，往往受骗上当。

五忌要价过高。如果选中了自己中意的单位，那么在工资待遇上不要提出过高的要求，要有长远的眼光。

（七）走好人生路，跌倒了，爬起来继续前行

"路漫漫其修远兮，吾将上下而求索"。人生的道路总是漫长而曲折崎岖，只有那些不畏艰险而努力攀登的勇士方能到达诱人的巅峰。毛泽东有一首七绝诗"暮色苍茫看劲松，乱云飞渡仍从容。天生一个仙人洞，无限风光在险峰。"成功永远属于不畏艰难险阻的斗士。我们要像劲松一样，不畏乱云飞渡，勇攀险峰去领略人生的无限风光，走好人生路，跌倒了，爬起来继续前行。

项目3 就业政策与就业制度

【案例导入】

刘某的工作选择

刘某是某高职院校服装专业的一名学生,毕业时家里花钱托关系为她联系了家乡一个坐办公室的工作,稳定、清闲但收入不高。她认为没有发展前途,毅然选择了一家服装公司做设计工作。她不怕苦和累,潜心学习,钻研技术,很快成为公司的业务骨干,并在一次全省的技能大赛中一举夺冠,许多公司争着高薪聘请,公司为了留住刘某,还给了她股份。刘某毕业时放弃了父母为自己找的一份工作,根据自己的专业特长选择了专业对口而自己又非常喜欢的工作,最终成功。这在10多年前,是不可能的事情。这是因为我国的就业政策与就业制度发生了变化。

一、毕业生就业制度改革

大学毕业生是一种高素质、高智力结构的人力资源。在经济增长愈来愈依赖于科学技术和市场竞争日趋激烈的今天,一个国家、一个地区、一个部门大学毕业生的拥有量、质量、结构已成为经济增长和发展的重要条件。对大学毕业生的就业采取何种方式,关系着社会中高素质人力资源在国民经济各部门、地区间的合理配置,关系着毕业生和用人单位积极性、创造性、主动性的发挥,从而关系着人力资源的利用率和社会经济效益,关系着社会主义市场经济体制的建立和现代化的实现。在国家就业方针、政策指导下,高校毕业生就业从过去的统包统配和包当干部的就业制度,改革为自主择业,用人单位择优录用的双向选择制度。这样的改革有利于加强学校与社会的联系,努力提高教育质量,充分发挥教育投资的效益,使学校切实按照社会需要培养合格的"四有"人才;有利于调动学生学习的积极性,全面提高学生自身的素质,激发他们努力进取与奋发有为的精神,促进他们努力掌握社会所需要的知识和能力,使他们更好地为社会主义现代化建设事业服务;有利于促使用人单位关心和支持教育,尊重知识,珍惜人才,努力做到学以致用,人尽其才,为充分发挥毕业生的作用创造良好的社会环境。

随着高校扩招,大学生就业已成为一个重大问题。面对严峻的就业形势,国家出台了一系列重要举措,以促进高校毕业生就业工作的开展。

目前毕业政策有如下几个特点:

(1) 毕业离校时未落实工作单位的高校毕业生,可根据本人意愿,将档案转到家庭所在地或就读学校所在地的经政府人事部门授权的人才交流机构,或县级以上政府授权的公共职业介绍机构,这些服务机构对未就业的毕业生免收服务费;也可将户口转至入学前户籍所在地或两年内继续保留在原就读的高等学校,待落实工作单位后,将户口迁至工作单位所在地。超过两年仍未落实工作单位的高校毕业生,学校和档案管理机构将其在校户口及档案迁回其入学前户籍所在地。

(2) 人才合理流动政策更加灵活。省会及省会以下城市放开对吸收高校毕业生落户的限制。省会以上城市也要根据需要,积极放宽高校毕业生就业落户规定,简化手续。

（3）"小企业解决大就业""引导并吸纳高校毕业生到基层和中小企业就业"。对于到非公有制单位就业的高校毕业生，档案可转到聘任单位所在地经政府人事部门授权的人才交流机构或县级以上政府授权的公共职业介绍机构。从事个体经营和自由职业的毕业生，可将档案存放在其常住地经人事部门授权的人才交流机构或县级以上政府授权的公共职业介绍机构，并按当地政府的规定，到社会保险经办机构办理社会保险登记，缴纳社会保险费。为鼓励和支持高校毕业生自主创业，工商和税收部门简化审批手续，积极给予支持。

（4）基层将为毕业生就业创造更好的条件。鼓励和支持高校毕业生到农村基层支教、支农、支医、扶贫等，经过两三年锻炼，根据工作需要从中选拔优秀人员到县、乡（镇）机关、学校或企事业单位担任领导，或充实到基层金融、工商、税务、审计、公安、司法、质检等执法部门。

（5）鼓励毕业生到西部地区工作。根据本人意愿，户口可迁到工作地区，也可迁回原籍，由政府主管部门所属的人才交流机构提供人事代理服务；到西部边远地区工作的毕业生，可提前定级，并根据实际情况适当高定工资标准。

（6）我国将加强对高等学校专科层次学生的职业技能培训，鼓励他们取得相应的职业资格证书。

二、大学生现行的就业政策

大学毕业生目前实行的是"双向选择、自主择业"的市场就业模式。在人才层次普遍高移的就业市场中，大学毕业生的就业工作面临很大的挑战。高校扩招之后，就业竞争更加激烈，就业难度明显加大。另外，有些大学生没有树立正确的择业观，缺乏对自身优势的合理定位，在择业和就业方面期望值或者过高或者期望的方向出现错位，与现实社会的认可情况存在较大差距。然而，事物还有它的另一面，虽然大学毕业生的就业竞争明显加剧，但随着我国国民经济的持续强劲增长、第三产业的快速发展以及非国有经济的迅速崛起，也为大学毕业生提供了广阔的就业空间。据测算，GDP 每增加一个百分点，将会创造80～100 万个就业职位，而近年我国的 GDP 增长一直都保持在 7％以上，这意味着每年提供的就业职位高达 500～700 万个。因此，我们看到大学毕业生在面临就业挑战的同时，也应看到大学毕业生有着千载难逢的就业机遇。

大学生要加强世界观、人生观、价值观和择业观的改造，学习优秀大学毕业生艰苦奋斗、自主创业、扎根基层的成才之路和成功经验，激发起到基层干事业的热情，牢固树立自主择业、勤奋创业、终身学习的观念；树立根据社会需要就业，到基层建功立业、到祖国需要的地方干一番事业的观念；树立自强自立、自主创业、灵活就业、勇于到市场经济的大潮中拼搏奋斗的观念。

大学毕业生应结合个人实际，准确定位，努力提高自身的职业能力和综合素质，保持良好的就业心态，要结合社会发展和自身发展实际，准确定位自己。对大学毕业生来说，求职定位关系到一个人今后一生的发展，因此一定要讲求前瞻性与务实性相结合。对自己的就业发展方向有明确的目标，珍惜每一个就业机会，先就业，再创业，为达成自己的事业目标不断积累个人阅历。要结合自身的实际情况和社会发展实际来确定自己的求职定位，冷静分析当前的就业形势。要学会充分利用现有的教育资源，战胜生理惰性和人性弱点，努力提高自身的职业能力、综合素质，增强就业竞争力。要转变就业观念，树立创业意识，端正就业心理。在求职竞争时，必须清醒地意识到在新的就业形势下，"职业"自身的内涵也在不断发展变化，就业观念也应与时俱进，不断更新与发展。

现代职场最欢迎"灰领"。所谓"灰领"，是介于"白领"和"蓝领"之间的职业人员，被称为"灰领"或者"高级蓝领"。他们既能动脑又能动手，下能到基层，上能搞管理，是具有良好理论素养又善做实际工作的复合型、实用型人才。

三、就业准入制度

就业准入制度是指根据《劳动法》和《职业教育法》的有关规定，对从事技术复杂、通用性广，涉及国家财产、人民生命安全和消费者利益的职业的劳动者，必须经过培训，并取得相应的职业资格证书后，方可就业上岗的制度。职业资格证书制度是指按照国家制定的职业技能标准或任职资格条件，由政府认定的考试机构，对劳动者的技能水平或职业资格进行客观公正、科学规范的评价和鉴定，对合格者授予相应的国家职业资格证书的制度。与学历文凭不同，职业资格证书与某一职业能力的具体要求密切结合，反映特定职业的实际工作标准和规范以及劳动者从事这种职业所达到的实际水平。

实行就业准入控制，推行职业资格证书制度，一是可以规范劳动力市场建设，为劳动者就业创造平等竞争的就业环境；二是可以实现劳动力资源合理开发和配置，并使其纳入良性发展的轨道；三是可以促进劳动者主动提高自身的技术业务素质，使我国的就业从安置型就业转为依靠素质就业，达到使劳动者尽快就业和稳定就业的目的。

职业资格是对从事某一职业所必备的学识、技术和能力的基本要求。职业资格包括从业资格和执业资格。从业资格是指从事某一专业（职业）学识、技术和能力的起点标准。执业资格是指政府对某些责任较大、社会通用性强、关系公共利益的专业（职业）实行准入控制，是依法独立开业或从事某一特定专业（职业）学识、技术和能力的必备标准。职业资格证书是表明劳动者具有从事某一职业所必备的学识和技能的证明，它是劳动者求职、任职、开业的资格凭证，是用人单位招聘、录用劳动者的主要依据，也是境外就业、对外劳务合作人员办理技能水平公证的有效证件；而学历文凭主要反映学生学习的经历，是文化理论知识水平的证明。职业资格与职业劳动的具体要求密切结合，更直接更准确地反映了特定职业的实际工作标准和操作规范，以及劳动者从事该职业所达到的实际工作能力水平。

《劳动法》第六十九条规定"由经过政府批准的考核鉴定机构负责对劳动者实施职业技能考核鉴定"，合格的即可获得职业资格证书。职业技能鉴定是一项基于职业技能水平的考核活动，属于标准参照考试，由考试考核机构对劳动者从事某种职业所应掌握的技术理论知识和实际操作能力做出客观的测量和评价，全国统一鉴定，采取笔试方式进行。职业技能鉴定是国家职业资格证书制度的重要组成部分。自实行职业资格证书制度以来，全国共有 3500 多万人取得了职业资格证书。

【小思考】

考证热，叫我如何对待你？

"一张文凭，多张证书"已经成为当今大学生努力追求的目标。大学生考证，能让其在专业知识与社会实践间找到有效平衡点。当前的大学教育专业设置和课程安排与社会需求之间存在着某种脱节。单纯的高校基础知识存在许多不足，无法培养出符合社会需要的应用型人才。因此，大学生才通过"考证"来弥补教育本身的不足。

考证热有其积极意义，但是各种证书并非大学生求职的绿卡，它只是一种参考依据。

用人单位看重的仍然是学生的实际水平和发展潜能。因此，大学生考证要有针对性，要专而不乱，不能本末倒置，耽误正常的学习。同时，要通过考证过程当中的学习和培训，达到提升自我的目的，唯有这样，才能使证书与自己的专业技能形成相辅相成的效果，让考证热不为"证"而热。

项目4 就业的程序

【案例导入】

近40%的毕业生不清楚就业的程序

据不完全统计，有接近40%的大学毕业生不清楚就业的程序，不知道在某个阶段该做哪些事情，甚至有的毕业生不知道到哪个部门去领就业推荐表。大学生就业的程序究竟是如何的呢？

一、就业主管部门的工作程序

目前，高校毕业生的就业管理机构主要由教育部、国务院有关部委，各省、各自治区、直辖市有关部门以及高等院校和用人单位组成。这些管理机构可划分为三个层次。

第一层次是教育部主管全国高校毕业生的就业工作。

第二层次是各省、自治区、直辖市和中央各部委的有关部门管理本地区、本部门的高校毕业生就业工作。

第三层次是各高等学校和用人单位分别负责本校毕业生就业的具体事宜和接受安置毕业生事宜。

高校就业主管部门的工作程序如下：

（1）毕业生生源信息收集、整理、发布、上报。

（2）优秀毕业生评选、毕业生推荐。

（3）接待或邀请用人单位，收集和发布毕业生需求信息，举办小型专场招聘会或信息发布会。

（4）协议书的签订、就业咨询和指导工作。

（5）组织召开毕业生供需洽谈会。

（6）制订、上报毕业生就业建议计划。

（7）制订就业方案。

（8）办理毕业生离校手续。

（9）总结本届毕业生就业工作。

（10）组织力量到一些重点地区开拓市场和毕业生追踪调查活动。

（11）处理各种遗留问题。

二、招聘单位的录用工作程序

招聘单位的录用工作程序通常包括确定用人需求、制订招聘方案、发布招聘信息、收集求职简历、筛选候选人、签约、毕业生进入用人单位工作等一系列环节。

（一）确定用人需求

一般是具体的业务部门根据部门工作量和事业发展情况制订人员预算，把缺少的人数及岗位情况报给人力资源管理部门，由人力资源管理部门会同业务部门根据实际情况决定是否招聘。

（二）制订招聘方案

在招聘需求获批以后，人力资源管理部门确定招聘方案。招聘方案一般有两种：一是从单位内部调动，二是面向社会公开招聘。

（三）发布招聘信息

用人单位发布信息的渠道包括：单位自己的网站，高校就业网站，人才网站，教委毕业生就业网站，电视、报纸、杂志等媒体，招聘会。也有的大公司有针对性地在部分高校进行校园招聘宣讲。

（四）收集求职简历

用人单位在发布招聘信息的同时，会告知毕业生在限定的时间内以规定的方式提交个人简历。现在为了工作方便，大多数单位要求发送电子简历，但在招聘会等特定情况下也收取纸质简历。

（五）筛选候选人

人力资源管理部门对申请人的基本情况进行初步筛选，然后根据报名与需求情况确定下一步筛选流程，一般都采用面试或笔试的方式，很多单位二者都用，甚至反复好几次。

（六）签约与毕业生接收

用人单位经过各项考核后，与决定录用的毕业生签订就业协议。在毕业生报到后办理毕业生的人事档案关系转递，完成正式接收。

三、毕业生就业程序及人事档案、户口迁移

（一）毕业生就业程序

一个完整的择业过程指从大学生准备找工作，到去单位正式报到并转递完档案人事关系为止的整个活动过程。具体而言，毕业生就业程序包括收集就业信息，确定就业目标，准备求职材料，参加招聘，签订就业协议，去单位报到等步骤。

1. 收集就业信息，确定就业目标

求职的第一步就是要收集就业信息。通过网络、报纸杂志、导师、就业工作老师、已经毕业的师兄师姐以及亲朋好友等社会关系都可以获得这些信息。还要了解国家、省市和本校的毕业生就业政策，以及就业相关的法律法规。然后根据收集到的就业信息，确定就业目标。

2. 准备求职材料

确定了就业目标后就可以有针对性地撰写求职简历、求职信，并把各种证明自己能力和获得成绩的证书进行分类整理。将制作好的求职材料与同学、老师、家长进行交流，根据他们的建议进行修改和完善。

准备求职材料的同时，应关注学校就业信息网、本地区高校毕业生就业网，参加学校

举办的招聘会，利用各种社会关系搜集目标招聘信息。有合适的单位就及时投递求职材料，主动与用人单位联系，争取获得面试或笔试的机会。

3. 参加招聘

这个阶段是求职的核心阶段。毕业生要充分调动自身能力，展现自己的特长和优势，来参加用人单位可能设计的各种面试、综合知识测试、心理测试、技能测试，等等。毕业生要事先对用人单位的背景、内部运行机制、将来发展规划、企业文化、用人理念等有一个全方位的了解，做到知己知彼，方能从容应对。

4. 签订就业协议

通过用人单位的种种考核，被通知正式录用后，就可以把已经办理好的毕业生推荐表交给用人单位，再把用人单位返回的回执交给学校，领取三方就业协议书。

5. 去单位报到

毕业生拿到签发的就业报到证后，要在规定时间内去用人单位报到。外地生源的毕业生需要拿着报到证去学校户籍部门办理户籍迁移卡，然后凭户籍迁移卡、就业报到证、毕业证到用人单位所在地落户。

（二）毕业生就业报到及人事档案、户口迁移

毕业生到就业单位报到需出具报到证、户口迁移证，党员需向接收单位的党组织上交党员组织关系转移介绍信，团员需向接收单位团组织出具团员证。另外，有的单位在毕业生报到时，需鉴证毕业证书、学位证书，用人单位及其主管部门出具单位接收相关函件（如上海市要求毕业生出具该单位要签订就业协议时发给毕业生的批复第一联）等。

毕业生档案材料的主要内容包括：毕业录取读大学前的有关材料，如中学生登记表、中学德育考核表、招生报考登记表等；大学生综合测评手册；普通高等学校毕业生登记表；入党、入团志愿书及思想汇报；大学体格检查表；大学期间校系以上奖惩材料；大学学习期间学籍表；高校毕业生派遣报到证存根；定向生合同书（非定向生无）等；其他要求进档的材料。

毕业生要注意档案的寄交时间及毕业生跟踪自己档案的方法。毕业生离校后，校学生工作处将于7月上旬，按毕业生报到证的单位地址或就业协议书的档案交寄地址，集中整理交寄毕业生档案。档案通过校办保密室和省机要通信局交寄。交寄时间一般延续至9月底。毕业生在报到后3个月至半年内，应向接收单位人事主管了解本人档案是否已交寄到单位。若单位未收到毕业生档案，毕业生可凭单位人事部门证明到学校查询，或由接收单位人事部门向学校毕业生就业指导服务中心进行电话查询。

拓 展 阅 读

国家支持和鼓励大学生就业的政策

近几年，国家出台了一系列支持和鼓励大学生就业的政策，现总结如下：

一、鼓励和引导毕业生到城乡基层就业的政策措施

第一，基层社会管理和公共服务岗位就业补贴政策。

第二，学费和助学贷款代偿政策。

第三，选聘招录优惠政策。

第四，继续实施和完善面向基层就业的专门项目，扩大项目范围。

二、鼓励毕业生到中小企业、非公有制企业就业的政策

第一，清理影响就业的制度性障碍和限制。

第二，取消落户限制。

第三，落实就业扶持政策。

三、鼓励骨干企业和科研项目单位积极吸纳和稳定高校毕业生就业的政策

第一，鼓励企业更多吸纳高校毕业生。

第二，鼓励困难企业更多保留高校毕业生。

第三，鼓励科研项目聘用高校毕业生。

四、鼓励和支持高校毕业生自主创业的政策措施

四项政策鼓励自主创业，包括免收行政事业性收费；提供小额担保贷款；享受职业培训补贴；享受更多公共服务。

五、对困难毕业生的就业援助措施

一是对困难家庭毕业生，高校可根据情况给予适当的求职补贴，公务员考录、事业单位招聘时免收报名费和体检费。

二是对离校后未就业回到原籍的毕业生，各地要摸清底数，免费提供政策咨询、职业指导、职业介绍和人事档案托管等服务，并组织其参加就业见习、职业技能培训等促进就业活动。

三是对登记失业的高校毕业生，各地要纳入当地失业人员扶持政策体系，抓好政策落实。

模 块 小 结

该模块对我国当前的就业市场、就业形势、就业政策与就业制度作了解读。

目前我国就业市场充分就业与弹性就业、阶段性就业、非正规就业和不充分就业并存。史宪文教授认为托亲靠友型、盲目应聘型、沿街碰运型的传统就业方式慢慢不再适用于现代大学生，自然而然式的、绿色的、自主的、直接面向老板的无挫折感的现代就业正在兴起，而大学则为学生提供从思想就业、技术就业向职业就业的过渡。

随着社会经济的发展，我国的就业结构正在发生相应的调整。第三产业成为增加就业的主要部门，非公有制经济成为吸纳就业的重要渠道，城镇职工大幅下降，个体私营企业人员快速增长，劳动力逐渐向资本、技术密集型行业聚集。根据《劳动法》和《职业教育法》的有关规定，对从事技术复杂、通用性广、涉及国家财产、人民生命安全和消费者利益的职业的劳动者，实行就业准入控制，推行职业资格证书制度。

为了顺应社会发展，我国提出了一系列政策，为大学毕业生提供更好的就业保障。针对就业的大学毕业生提出了档案户口的落实政策，为鼓励人才合理流动提出了有利于高校毕业生的落户政策，鼓励中小企业吸纳高校毕业生到基层就业，鼓励基层为毕业生就业创造更好的条件，鼓励毕业生到西部地区工作，加强对高等学校专科层次学生的职业技能培训，鼓励其考取相应的职业资格证书。

作为大学生，需要认清严峻的就业形势，正确估价自己，明确学习目的，锻造职业技

能。就业前做好调查工作，全面了解招聘单位的录用程序，以及毕业后人事档案、户口迁移的政策和步骤。珍惜就业机会，切忌草率放弃或轻易跳槽，坚持终身学习，相信每一位学子都可以走好人生之路。

教 学 检 测

1. 怎样界定就业市场？
2. 分析我国的就业变化趋势。
3. 如何理解当前的就业政策和就业制度？
4. 招聘单位的录用工作程序是怎样的？

实 训 活 动

1. 接触了解各种就业市场，分析比较它们的特点，找出你认为较为适合的就业市场，深入探讨其成功之道。

2. 请选择你们学校所在地区或某个你熟悉的地区，对当地大学生就业的社会形势进行调查和分析。

地区名：　　　　　调查时间：　　　　　调查人姓名：　　　　　经济水平：

政治环境：　　　　文化环境：　　　　　价值观念：

人才需求状况：　　人才竞争状况：　　　相关就业政策：

模块七　做好就业准备

> **知识目标**

(1) 熟悉择业心理准备的重要意义及正确的调试方法。

(2) 掌握就业知识技能准备的相关内容。

(3) 掌握就业信息准备的相关内容。

(4) 掌握求职材料准备的相关内容。

> **技能目标**

结合自己的专业制作一份求职材料。

面对日益严峻的就业形势，大学生要想顺利就业，就必须充分了解自己、正确评价自己，找准求职方向和切入点，并做好充分的就业准备，才能有效地推荐自己，成功就业。

项目1　择业心理的准备及调适

【案例导入】

面试焦虑症

怎么还没有消息呢？E-mail 没有，短信也没有，微信也没有……当参加完一次面试或者笔试之后，小敏都会不断去查看短信、邮箱，看看是不是有新的消息，每天都寝食难安，陷入焦虑、彷徨状态，像热锅上的蚂蚁。

就业是关系到毕业生个人前途和全社会稳定发展的大事，是其人生的一次重大抉择，也是对其综合素质尤其是心理素质的一次检验。随着大学生就业制度的改革，一方面用人单位对毕业生的挑选更为严格；另一方面，毕业生对职业的选择也更为谨慎。目前，就业形势日趋严峻，就业竞争日益激烈，因此大学生的就业心理也日益复杂，而大学毕业生在就业的过程中处于劣势，其就业心理更是面临着诸多的问题。

一、就业中常见的心理问题

（一）就业焦虑心理

就业焦虑是指毕业生在落实工作单位之前表现出来的焦虑不安。个体对多种生活环境的担忧或对现实危险性的错误认识直接导致了焦虑。美国心理学家贝克的研究表明：焦虑水平与对伤害的不现实期望和幻想有关，所期望和幻想的伤害越严重，焦虑水平就越高。大学毕业生若个人自我定位不当，面对就业时就会遭受挫折感，精神就会处于一种焦虑状态；有的大学毕业生认为社会是复杂多变的，进入社会后无论从事何种职业都必须面对复杂的人际关系，而这些人际关系是他们在大学生活中少有接触的，他们认为大学校园是一块净土，踏出这块净土，失去了它的荫护，他们没有勇气去面对所谓深不可测、复杂多变的社会。大学毕业生的这种过度或持久的焦虑体验，形成就业焦虑心理，严重影响了其正常的生活和就业。

（二）自卑、保守型心理

自卑是一个人对自己的不满、鄙视等否定的情感，是对个体的得失、荣辱过于强烈的一种心理体验。具体表现为不喜欢自己、讨厌自己的缺点、常常抱怨和责备自己，希望自己变成另外一种人。当这种自卑心理严重时就可能发展为自暴自弃，甚至失去生活乐趣。高职学生刚进大学时大都比较自信，然而在日后的比较中发现自己无论在能力、成绩以及特长、素质等方面都很一般，甚至不少方面远远落后于本科学生时，强烈的自卑感就会严重地困扰着他们。在就业时他们受当前就业环境中不良因素的影响，面对用人单位提出的各种苛刻条件和问题，不是以积极的态度去争取，而是悲观地认为自不如人，以消极的态度面对，在求职择业过程中缺少必要的主动性，往往与许多机会失之交臂。久而久之就形成自卑保守型心理，不敢正面对待就业问题，在激烈的竞争面前不战而败。

（三）抑郁、压抑型心理

抑郁是指在长期持续的精神刺激因素作用下产生的一种以情绪低沉、忧郁、沮丧、自责、压抑为主要表现的精神状态。由于学历偏低、就业困难、理想与现实的差距较大等因素的长期困扰而产生抑郁、压抑心理，同时由于抑郁的心理又阻碍了其正常的就业，由此产生的挫败感又将加深抑郁，如此长期持续的恶性循环就会产生反应性抑郁症。这类大学毕业生频频向其向往的单位投递求职材料，但往往很少接到回音，在漫长的等待中，在希望与失落之间，他们的情绪很低落，心情紧张而压抑，有的甚至对求职失去了信心。此类心理问题更增加了他们就业的难度。

（四）浮躁、盲目型心理

浮躁、盲目型心理的大学毕业生面对社会上各种各样的人才招聘会和求职择业过程中千头万绪的事情，心情浮躁不安。是升本科还是就业？是暂时找个单位上班，以后再调整，还是找不到合适的单位就不就业？是选择专业对口的单位还是挑选单位的地理位置？各种问题使他们难以应对，这类毕业生没有主见、盲目从众、心态浮躁，最终难以顺利升学或就业。

二、心理调适策略

就业本身就是毕业生认识和适应社会的一个过程，在求职过程中遇到困难，甚至经过几次挫折才最后成功是正常的。在就业中遇到许多心理冲突、困惑，产生一些不良情绪也是正常的。大学毕业生在遇到就业问题时要及时调整心态，从容、冷静地面对就业这一人生重大课题，并做出正确、理智的选择。

心理调适是指改变或扩大原有认知结构，以适应新情境的历程。高职大学生的心理调适主要是指自我心理调适，即根据自身发展及环境的需要对自己的心理进行控制调节，从而最大限度地发挥个人的潜力、维护心理平衡、消除心理困扰。学会自我心理调适，能够进行自我调节与控制，排除困扰、改善心境、顺利就业，是高职大学生解决求职心理问题的根本对策。

高职大学生要充分认识心理调适的积极作用，掌握一些心理调适的策略，可以试着从以下几个方面来进行自我心理调适。

（一）适当调整就业期望值

就业市场化、自主择业给大学生带来了机遇与实惠，但一部分大学毕业生对就业市场残酷的一面认识不足，对就业市场的客观实际了解不够。经过对就业市场、就业形势的客观了解与深刻体验后，大学毕业生必须面对现实、接受现实，不能怨天尤人。同时大学毕业生要适当调整就业期望值，有一种说法是"求上得中、求中得下"，意思是说对事情的期望值不要太高，因为事情的结果往往和所预想的有一定差距，要有从最坏处着想，向最好处努力的思想准备。在职业生涯规划和职业发展观念上确定自己正确的人生轨迹，要树立长远的职业发展观念，放弃过去那种择业就是"一次到位"，要求绝对安稳的观念。在择业时要看得长远一些，学会规划自己整个人生的职业生涯。在当前大学毕业生学历、素质还有待于提高的前提下，获得一个十分理想职业的时机还不成熟，应采取"先就业，后择业，再创业"的办法。先选择一个职业，在工作中不断提高自己的社会生存能力、增加实际经验，然后再凭借自己的努力，通过正当的职业流动，来逐步实现自我价值。许多大学毕业生不愿意去经济落后的地区工作，可是随着国家政策的倾斜和贫困地区的发展以及西部大开发的进行，这些地区将成为经济发展的热点，也将给大学生们提供更多的发展机会，因此抢先到这样的地区去工作可能会更有利于自己的职业发展，取得事业的成功。

（二）建立合理的职业价值观

对于当代大学生来说，职业对个体的意义已经远不是仅仅满足生存的需要，职业的价值是丰富的，我们要充分认识到职业对个体发展、社会进步所起到的重要作用。大学毕业生在择业时也不能只考虑工作的经济收入、工作条件、地点等因素，更要考虑职业对毕业生一生发展的影响与作用，应看重职业能否帮助实现自我价值。因此，要在考察社会需要的基础上，树立自我职业发展、才能发挥、事业成功的职业价值观。对于那些虽然现在工作条件较差，但发展空间大，能充分发挥作用的单位要优先考虑；对于那些现在经济发展水平不太高，但发展潜力大，创业机会多的工作地点也要重视。大学毕业生要建立适合自己发展需要的、合理的职业价值观，实现正确择业。

（三）正确认识自我，正确认识社会，主动寻找机遇

1. 理智评自己

首先要对自己的气质、性格、能力等有正确评价。

（1）从气质上来讲，要清楚自己属于什么类型气质。不同气质类型，适宜不同职业范围。一般来说，胆汁质型适于应急性强、困难度大、竞争激烈、冒险性大和风险性高的职业；多血质型适合从事多变的社会性工作；黏液质型适宜持久细致工作（如科研、医务、财会等）；抑郁质型适合某一较深领域（如哲学、古籍等）的研究工作。

（2）从性格上来讲，要考虑属于内倾型或外倾型。前者心理活动倾向于内部，适合深入细致的工作，如图书管理、情报翻译、理论研究、计算机操作等；后者心理活动倾向于外部，适合自我表现性、自我强调性、适应性和敏捷性、灵活性的工作，如记者、律师、公关、外交等。

（3）从能力上来讲，应分析能力类型。"思维型"能力者适宜选择概括性、抽象性较强的工作；"艺术型"能力者适宜选择形象性、具体性较强的工作。

2. 客观看社会

目前，我国尚处于社会主义初级阶段，社会生产力水平总体较低，物质和文化生活还不丰富，社会提供就业岗位十分有限，人才供求矛盾相当突出，市场经济体制尚在建立与健全之中。

3. 多参加招聘会，主动寻找机遇，并根据已定的择业标准进行选择

机遇并不是对任何人都适用的。一个工作的好与不好是相对的，对别人合适的，对自己不一定合适，因此一定不能盲从，要时时记住，只有适合自己的才是最好的。还要注意机遇的时效性，在发现就业机会时要主动出击，及时把握，不能犹豫，也不要害怕失败，应有敢试敢闯的精神。

（四）坦然面对就业挫折，提高心理承受能力

大学毕业生在求职中遇到挫折时，应该用冷静和坦然的态度待之，客观地分析自己失败的原因，进行正确的归因。

首先，在就业市场化、需求形势不佳、就业竞争激烈的条件下，出现求职失败是在所难免的，不能期望自己每次求职都能成功，要对可能出现的求职挫折有充分的心理准备。同时，应把就业过程看做是一个很好的认识社会、认识职业生活、适应社会的机会，通过求职活动来了解自己、认识自己、发展自己，促进自我成熟。

其次，求职失败并不一定就是因为自己的能力不行，大学毕业生有自身的优势，出现求职失败有许多原因，可能是因为选择求职单位的方向不对，也可能是因为自身的价值观与单位的企业文化不符合，还有可能是其他一些偶然的因素。

总之，要正确分析自己失败的原因，调整自己的求职策略，学会安慰自己，以便在下次的求职中获得成功。

（五）积极调整心态，促进人格完善

在求职择业过程中，大学毕业生应当自觉提高自我心理调适的主动性，当自身心理平衡难以维持，即将产生或已经产生心理障碍时，应当根据自己心态的实际情况，选择各种诸如自我转化法、适度宣泄法等方法来调节自身心态，重新建立心理平衡。

首先，可以进行积极的自我心理暗示，鼓励自己、相信自己，帮助自己渡过难关。其次，可以向朋友、老师倾诉，寻求他们的安慰与支持。最后，还可以通过体育锻炼、听音乐、郊游等方式转移自己的注意力，排解心中的烦闷，放松自己的心情。

通过对自己在就业时出现的种种不良心态的分析，可以发现自己平时不容易察觉的一些人格缺陷。应该说这些人格缺陷是产生就业心理问题的根本原因，如果现在没有很好地完善自己的人格，那么这些问题还会给今后的工作、生活带来困扰。因此，要正确面对就业过程中自身暴露出来的问题，不必为自己所存在的人格缺陷而懊恼，关键是要在发现自己问题的基础上，积极改变自己、发展自己，使自己的人格更加成熟，顺利就业。

三、心理调适方法

在求职过程中，高职大学生除了要有适当的心理调适策略外，掌握一定的心理调适的方法和技巧也是非常必要的。下面介绍几种常用的心理调适的方法，供高职大学生在求职过程中，根据自己的实际情况有选择地加以使用。

（一）自我安慰法

自我安慰法又称自我慰藉法，关键是自我忍耐。高职大学生在求职中经常会遇到各种各样意想不到的挫折，当经过自己的主观努力仍然无法改变时，可适当地进行自我安慰，以缓解内心的矛盾冲突，解除焦虑、抑郁、烦恼和失望情绪，这样有助于保持心理稳定。

在因挫折而产生情绪困扰时，学会换个角度看问题，心情也会不一样。现实生活中，几乎所有事情都存在积极的一面和消极的一面，当你遇到不顺心的事情时，如果只看到消极的一面，心情自然会低落、郁闷。这时，你不妨换个角度，从积极的一面看待它，例如用"塞翁失马，焉知非福"的想法来做自我安慰，说不定就能走出心情的低谷，解脱烦恼。其实有时一时的失意并不见得就是坏事，它可以让我们更加冷静地分析主客观原因，寻找更好的出路。

（二）自我激励法

自我激励法主要指用生活中的哲理、榜样的事迹或明智的思想观念来激励自己，同各种不良情绪进行斗争，坚信未来是美好的，因为失败、挫折已经成为过去，要勇敢地面对下一次，尽可能地把不可预料的事当成预料之中的，即使遇到意外事件或求职受挫，也要鼓励自己不要惊慌失措、冲动、急躁，而是开动脑筋、冷静思考、寻找对策。毕竟过去的已经一去不复返了，再怎么悔恨也是无济于事，重要的是总结经验、继往开来；未来的还是"可望而不可即"，再怎么忧虑也只是空悲伤，重要的是预防风险、提前准备；今天才是实实在在要好好把握的，只有重视今天，自我激励的力量才能汩汩不绝。

古往今来，大多成功者都是历经磨难，可见成功非一蹴而就，而是一个循序渐进的过程。大学生在求职过程中，要相信自己的实力，通过自我激励，增强自信心，消除自卑感，保持良好的情绪和心态。

（三）积极暗示法

"心理暗示"是指通过语言动作，以一种含蓄、间接的方式，对他人（或自己）的认知、情感、意志等心理以及行为产生影响的心理活动过程。暗示分为积极暗示和消极暗示，积极暗示对增强自信心，克服焦虑、自卑心理等起到很好的作用。在就业时暗示自己，失败、成功都是自己的事，无须担心他人的议论；在应聘中暗示自己，如果此次面试不行，还会有下一个机会，这个单位不录用，还有其他的单位在等着自己；在面试场上要暗示自己，面试无非是一场谈话，尽量使自己放松。

（四）松弛练习法

松弛练习法是一种通过练习学会在心理和躯体上放松的方法，常用的有肌肉松弛训练、意念放松训练等。松弛练习可以帮助人们减轻和消除各种不良身心反应，如焦虑、恐惧、紧张、失眠等症状。高职大学生在求职中遇到心理问题，可在专业人员的指导下通过放松练习来解决。利用深呼吸、打哈欠、伸懒腰、听音乐、想好事、按摩、催眠等方法，或在大脑中想象出蓝天白云、森林草原、海浪沙滩、小桥流水等美好景色或宁静的田园风光，让自己体验轻松的感觉。

（五）适度宣泄法

适度宣泄法是指因遭受挫折而产生焦虑、紧张等不良心境时，通过适当的宣泄进行自我调适的方法。面对就业的压力难免会产生各种各样的消极情绪，适度的宣泄对身心的健康都是有益的。因此，高职大学生千万不要把不良情绪闷在心里，要及时地宣泄出来。合理宣泄情感的方式很多，如向老师、亲友倾诉自己的忧愁和苦闷，以求得理解、劝导和帮助；也可以通过无破坏性的、大运动量的活动，寻找畅快淋漓的感觉去宣泄情绪；甚至可以痛哭一场或跑到无人的地方大声喊出来，以此来调整心态。

项目 2　就业的知识技能准备

【案例导入】

小张实习心得

　　小张是系学生会的干部，她性格开朗有些外向，毕业于人力资源管理专业。她一直想在毕业后做一个公司的人力资源总监，理由是：(1)符合自己的专业；(2)是自己的兴趣所在；(3)在校期间一直做学生干部，对管理有一定的经验。于是在实习的时候，到一个公司的人事部门做助理。结果到达公司后，小张发现一些看似简单的问题，自己却很难解决，在学校所学的与自己所接触的现实情况有很大差别。于是，小张仔细地对自己进行分析，如果未来真正去求职应如何提高自己的能力。

　　决定大学毕业生择业成功与否的因素有很多，但其中最重要的因素是大学毕业生的知识与能力。近几年来，用人单位在挑选人才时，对大学毕业生的要求越来越高。走出校门的大学毕业生，虽然有一定的知识积累，但并不等于有了各类岗位所需要的应用能力。知识不能和适应能力完全画等号，所以大学毕业生在完成学习任务的情况下，应争取更多地培养一些适应社会需要的实际应用能力。从某种意义上讲，这些能力比知识更重要，大学毕业生只有将合理的知识结构和适应社会需要的各种能力统一起来，才能在求职择业中立于不败之地。

一、建立合理的知识结构

　　知识结构是指大学生在校学习期间，学到的所有知识体系的构成和组成方式，它是一个由许多知识方面构成的有序列、有层次的整体知识架构体系。它与专业知识水平共同构成了大学生的文化素质。

　　作为大学毕业生，除对自己的专业知识水平有一个合理的认识外，还应当对自己在三年里积累的其他知识有一个较为系统的整合。通过对专业知识的梳理和对其他知识的整合，使大学毕业生明确自己具有一个怎样的知识结构体系。

　　人才成长离不开教育，教育是成材的基础，也是建立现代知识结构的重要途径。合理的知识结构是担任现代社会职业岗位的必要条件，是人才成长的基础。现代社会的职业岗位，所需要的是知识结构合理、能根据当今社会发展和职业的具体要求，将自己所学到的各类知识科学地组合起来的、适应社会要求的人才。因此，大学生应充分认识知识结构在求职择业中的作用，根据现代社会的发展需要，塑造自己，发展自己，建立合理的知识结构，使之适应现代社会就业的要求。要想具备某种才能，必须要有相应的某种知识结构，要取得某一事业目标的成功，不一定要掌握所有的知识，应根据目标的需要，有所取舍，有所侧重，不能为学习而学习、为读书而读书、为知识而不加选择地吸纳知识。

完善的知识要素包括广博的社会、自然科学知识，扎实的专业知识，科学领导和管理知识，计算机、网络技术知识，时代语言知识，人力资源方面知识等。作为大学生，更要建立一个合理的知识结构，才能在就业的浪潮中有立足之地。那么，怎样建立合理的知识结构呢？

要建立适合自己发展的最佳的知识结构并不是一件容易的事。因此，在确立自己的知识结构和学习新知识之前，应该掌握一些建立合理的知识结构的原则。这些原则不是一般意义上对学习者的要求，而是必须遵循的准则，离开这些原则的支撑和指导，要建立任何具有实际意义的知识结构都是不可能的。

（一）整体性原则

整体性原则体现的是知识内在的逻辑联系和必然性。在建立自己合理的知识结构时，必须从总体上来考虑知识的功能和效应，片面零散的或支离破碎的知识都不可能提高认识和解决问题的能力。知识的内在结构和体系，由浅入深、由表及里、由个别到一般，这些原理都是符合学习知识的过程。而好高骛远、脱离实际地追求博大精深只能是一种幻想。

用整体性原则指导自己建立合理的知识结构，就是从自己的实际出发，结合自己的整体目标，先从宏观上把握对自己发展起决定作用的知识，然后再从知识的内部融会贯通，完整掌握，而不能满足于浅尝辄止和一知半解。一种职业、一个岗位总是对从事它的人提出特定的知识要求，这些知识的本身就是一个个有机的整体，有其自身的规律和价值，越能从整体上把握，它的价值就越大。

（二）相关性原则

相关性原则体现的是知识的相互依赖、相互牵连的内在本质特点。所有的知识都不是孤立和分散的，一个学科、一门知识总是与相邻的学科和知识有着或多或少、或深或浅的联系，从而构成了知识相互影响、相互促进的互动态势。比如语言学和文学之间、物理学和数学之间、气象学和生物学之间等。建立自己合理的知识结构，必须按照知识互相影响、互相依赖、互相促进的特征去组合与建设，按照自己的人生目标和工作性质的相关要求去学习并掌握知识，而不是按照个人的喜好片面单纯地追求某一方面的知识。

（三）迁移渗透性原则

迁移渗透性原则体现的是知识的相互交叉、相互派生的特征。知识不是孤立分散的，相近、相关的知识不仅可以互相促进，而且在一定情况下也可以相互转化和派生。尤其是随着新的科学方法和思维观念的出现，知识之间的相互渗透、相互迁移日益增多，交叉学科、边缘学科大量涌现，马克思预言的自然科学奔向社会科学的洪流已经成为现实，比如数学已经越来越多地渗透到多个学科领域。大学生在掌握现有的相关知识的同时，还要善于将已有知识相互渗透，将知识学活，用知识创新知识，使自己的知识结构变为一个不断向外扩张的体系。

（四）动态性原则

动态性原则体现的是知识的发展规律，不能期望建立一个一劳永逸的知识结构。所谓"活到老，学到老"就是对知识动态性原则最通俗的注释。在信息时代，知识的更新更加频繁，一个人昨天建立的知识结构，如果今天不充实更新，它的价值就会降低。只有用动态性原则要求自己，不断在旧有的知识结构中叠加新的内容，才能把握更多稍纵即逝的机会。

建立合理知识结构的这四个原则，在具体的运用过程中并不是孤立的，是相互联系、相互作用的，是揭示一个合理知识结构的必不可少的四个方面。因此，只有将这四个原则结合起来，才能真正起到指导作用。

二、提升基本的就业技能

（一）择业基本技能的准备

1. 行业岗位中需要具备的能力

在现代社会中，各类职业岗位对从事本行业岗位的工作人员，除要求具有合理的知识结构以外，还应具备以下几种主要能力。

（1）创造能力。创造力是人们在改造自然和改造社会中应具有的能力。只有那些思维敏锐、能在自然和社会发展中的新问题面前充分地发挥其创造才能，以新颖的创造去解决问题的人，才称得上创造性人才。

（2）社交能力。社交能力是指与他人传递思想感情与信息的能力。在现代社会中，培训良好的社交能力是一个人事业成功的重要条件。通过交往可以使自己的设想和创造得到实践的检验和认可。积极参加社会活动是提高社交能力的基本途径。

（3）实际操作能力。实际操作能力是专业工作者必须具备的一种实践能力。在一切社会活动中，尤其是教学、科研、生产第一线，没有熟练的操作能力是很难胜任的。大学毕业生为了提高自己的操作能力，应该多看、多想、多练。看得多，接触得多，才能提高自己动手操作的技巧和能力。

（4）组织管理能力。组织管理能力是指成功地运用管理者的知识和能力影响机构的活动，并达到最佳的工作目标的能力。现代科学技术已经综合化、社会化，科研规模日益扩大，协作趋势日益加强，这就有一个组织协调的问题。组织管理水平的高低，是影响一个单位工作效率的重要因素。

2. 增强适应变化的自我发展能力

适应能力就是善于根据客观情况的变化及时反馈、随机应变地进行调节的能力。现在社会复杂多变，要适应这种情况，保证自己从学校到社会的顺利过渡，大学毕业生应提高自己的社会适应能力。大学毕业生在走上具体工作岗位以后会发现有些知识用不上、有些知识不够用，这就需要大学生根据工作的要求去调整自己的知识结构、能力结构以及行为方式，尽快地培养自己适应社会的应变能力。

3. 做好特殊技能的准备

随着社会主义经济体制和政治体制改革的全面展开，毕业生的就业制度正在发生着深刻的变化。用人单位在对毕业生的挑选上也和以往有了明显的不同，对有一技之长的毕业生格外青睐。许多大学生在一入学时就着重加强了这些方面素质的培养，比如很多大学毕业生在毕业时都已取得了国家外语考试等级证书。这对毕业生择业起着积极的作用，同时也受到用人单位的欢迎。拥有这些相关专业技术资格，也成为当今毕业生求职择业的有利条件之一。

求职择业的过程是对大学毕业生综合素质的检验。大学毕业生只有全面提高自己的综合素质，拥有真才实学，才能获得理想的职业，在激烈的竞争中取得成功。

（二）大学毕业生应具有综合素质

"素质"在如今这个社会可以用一个词来形容，那就是"铺天盖地"。"应试教育"、"素质教育"、"企业需要有素质的大学生人才"、"国民素质有待提高"……凡此种种有关素质的话题不断被这个进步的、躁动的社会所讨论着，所热衷着。

素质一词的含义太宽泛，它几乎反映了一个人的方方面面。你所受教育的程度，你的经历背景，你的品质思想，你的……总之你的素质是从你生活的一点一滴中体现出来的。

大学毕业生要有竞争和创新意识。企业要生存发展，必须更新观念，改进生产工艺，提高产品质量和效率，这些都需要有创新意识的工作人员来完成。固守成规、一成不变只能停滞不前。所以，综合运用各种知识和技能，大胆改革和创新是大学毕业生适应职业需要所必备的素质。

在针对用人单位招聘大学毕业生人才标准的某次调查中，数据显示用人单位对各种素质要求均偏向"重视"，对所有因素回答"非常重视"与"比较重视"合计超过了60%，可见用人单位对大学毕业生的要求越来越高，表现出一种重视综合素质，而非仅考虑某种素质的趋势，如表7-1所示。

表7-1　用人单位招聘大学毕业生时对素质能力的重视程度分析表

项　目	非常重视/(%)	比较重视/(%)	一般/(%)	不太重视/(%)	不重视/(%)
专业基础知识	51.3	41.8	6.3	0.6	0
综合测评名次	28.8	50.0	18.6	1.9	0.7
学习成绩	13.9	67.7	17.7	0.7	0
思想道德修养	59.7	36.5	3.8	0	0
应变能力	51.9	45.6	2.5	0	0
创新能力	59.5	35.4	5.1	0	0
外语水平	26.4	57.2	16.4	0	0
责任意识	77.8	21.5	0.7	0	0
团队合作能力	69.4	30.0	0.6	0	0
问题解决能力	60.0	36.3	3.7	0	0
人际沟通能力	45.0	50.6	4.4	0	0
学习能力	56.3	40.5	3.2	0	0
口头表达能力	31.6	55.5	12.9	0	0
领导能力	16.3	45.1	35.3	3.3	0
写作能力	16.3	52.9	28.8	2.0	0
适应能力	44.4	52.5	3.1	0	0
主动性	63.8	33.8	2.4	0	0
分析能力	48.1	46.1	5.8	0	0
计算机能力	22.0	60.4	17.0	0.6	0

项　目	非常重视/(%)	比较重视/(%)	一般/(%)	不太重视/(%)	不重视/(%)
实践经验	22.1	48.1	26.0	2.6	1.2
敬业精神	71.3	28.1	0.6		
学校品牌	13.4	49.0	31.8	4.5	1.3
学历层次	15.1	48.7	32.2	2.6	1.4
专业对口	35.9	41.8	19.6	2.0	0.7

用人单位非常重视的因素包括专业基础知识、思想道德修养、应变能力、创新能力、责任意识、团队合作能力、问题解决能力、学习能力、主动性和敬业精神，超过50%的用人单位对这些因素表示"非常重视"，而责任意识、敬业精神和团队合作能力更是成为用人单位最看重的因素，分别达到了77.8%、71.3%和69.4%。对于毕业学校品牌和学历层次项目，在"非常重视"栏中分列倒数第一位(13.4%)和倒数第三位(15.1%)，而在"不重视"与"不太重视"栏之和中列第一位(5.8%)和第二位(4.0%)，这说明用人单位的招聘标准正趋于理性化，日益转移到对大学毕业生个人综合素质的重视上。

作为一个大学毕业生，要想理想地就业，首先要从提高自身素质入手。用一个词来概括即"内外兼修"，应该多重"内"，因为重内才能修外。

三、发展适应岗位的专业特长

专业知识的掌握能力历来为人们所重视，也是用人单位选人的最重要的依据。只有具有扎实的专业知识，在实际工作中才能驾轻就熟、得心应手，才能运用所学知识开拓创新。

现代企业要求有一支高效精干、一专多能的高素质职工队伍，这就要求专业技术人员不仅要懂本专业领域的知识，还要尽可能掌握相关学科领域的知识；不仅要有技术改革创新的能力，还要懂得经营管理。因此大学毕业生在校期间，多辅修一两个专业或取得相关资格证书，将会在就业竞争中取得主动权。

将所学专业知识尽快运用到实际工作中，为企业创造效益是企业所期盼的，也是用人单位选择毕业生的重要依据，专业知识的取得固然重要，但它只是形成能力的基础，更重要的是如何运用这些知识，通过个人的思考与理解分析来解决实际问题。

无论大学毕业生当初在学校多么出色，也无论大学毕业生拥有多高的理论知识，只要你走进企业，那么，你就得学技术、练操作。

如今，随着社会发展和时代进步，知识更新的速度越来越快。如果人们的学习速度跟不上，那么，不出几年，每个人所拥有的知识和技能就会变得陈旧过时。美国职业专家指出，现在的职业半衰期越来越短，所有掌握高薪者和获得高等知识教育者若不学习，无需5年就会变成低薪，感到黔驴技穷。因此，不断学习才是百战百胜的利器。

计算机与外语水平的高低也成为用人单位选择大学毕业生的一个重要条件。随着改革的逐步深入，企业对外交往逐年扩大，生产技术、办公自动化逐渐提高，计算机和外语已成为各种人才必备的工具。用人单位也需要适应能力强的大学毕业生尽快投入到生产实践中去。

工作是每一位员工的第一课堂，作为快要走进企业的大学毕业生来说也不例外。即使掌握了相当丰富的理论知识，但要想在当今激烈的商业竞争环境中发展自我，仍必须善于从工作中学习，把课堂上所学的理论知识跟实际操作技能紧密结合，反复印证、探索，从而更大限度地掌握有助于自我提升技能的信息，这才是明智之举。不然，不能用于实际的知识，掌握再多有何用？

大学生在从业过程中，其专业能力需要不断提升、组合，并与刺激学习的能力相配合。对于刚刚走出校门的大学生们来说，技能是职场就业中无法绕过的一道"坎"。只有善于结合自己的职业目标来确定、选择与自己专业接近的学习内容，才能帮助自己实现提升自我价值。虽然人们常说知识就是力量，但知识必须作用于实践，转化为现实生产力才能显现出力量所在，否则就是空谈学习，陷入"死读书、读死书"的恶性循环中。

项目3　就业的信息准备

【案例导入】

就业信息的筛选

在某大学毕业生宿舍中，小陈在计算机前不停查找着各种 HR 网站的信息，智联招聘、前程无忧……她根据自己的专业和兴趣选择着就业岗位。虽然现在是冬末春初，仍有大滴大滴的汗从她额头滚落。从国企到民企、从省内到省外，她查找到很多信息，但究竟哪些符合自己的兴趣和能力？哪些是真实的信息？她在犹豫不决。

一、认识就业信息

就业信息是经过加工处理、能被择业者接受并具有一定价值的有关就业的资料和情报。现代社会是一个信息社会，信息就是资源，信息就是渠道。谁能够以最快捷的方式占有最广泛、最准确和最有效的信息，谁就掌握了成功的机遇。大学毕业生的求职择业也是如此。积极获取信息、正确处理信息，是大学生成功策划求职方案的秘诀。

（一）就业信息的作用

求职信息的价值具有会用则有、不会用则无的特性。因此，求职者要深入思考，善于发现并利用求职信息的价值。求职信息是一种重要的资源，一个人拥有的求职信息量的多寡，往往成为决定其能否成功就业的关键。

1. 对当前的形势、政策做到心中有数

掌握有关国家就业政策是求职择业非常关键的一步。求职择业时不熟悉有关就业政策，就如同不懂比赛规则而上场的运动员，盲目地选择职业就很可能事与愿违，甚至碰壁。大学毕业生的就业政策是国家为完成一定历史时期的任务，适应经济建设和社会发展的需要而制定的有关就业的行动准则，它将根据国家政治、经济形势的变化而不断调整。各地区、各部门及各高校也根据国家当年颁布的有关政策并结合实际制定本地区、本部门和本学校的一些就业政策。因此，毕业生在面向社会求职择业时，了解所在学校、学校所在地区和国家的就业政策及就业管理机构的工作程序，适时把握，不失时机地利用每次机会求职择业，将有助于自己求职择业目标的实现。同时，这也可以避免在择业过程中不走弯路

或少走弯路。

2. 根据求职信息及时补充知识，提高能力

可以根据自己掌握的求职信息，针对社会用人单位对本专业人才的要求，及时补充知识，提高能力，增强个人的竞争优势。这样就会在面对众多就业机遇时，不会因个人的知识和能力的欠缺影响择业，造成遗憾。同时可根据掌握的求职信息，及时调整择业目标，正确评价自我，使个人需求和社会需求相一致，避免脱离社会实际。

3. 给自己带来就业机遇

对于毕业生来说，一条有用的求职信息就是一个就业机遇；而一个好的就业机遇就可能是一个好的职业。随着劳动力市场化程度的提高，职业信息就显得越来越重要。求职者获得的信息越广泛，信息质量越高，求职择业的把握性就越大，成功率也就越高。正如有的毕业生所说："择业期间，谁了解的信息多，谁就可能找到更好的工作。"

4. 有利于毕业生未来的发展

求职信息有利于毕业生本人以后自主创业、自我发展及职业生涯设计的实现。对于许多延迟就业或就业后感到不满意的毕业生来说，拥有一定的求职信息可以做到了解社会、了解用人单位、了解自己，便于自身今后的发展。

纵观历年来的毕业生就业情况，凡是求职择业比较顺利，对就业单位感到比较满意的毕业生，绝大多数都拥有一定数量的求职信息。反之，就业态度不积极、未掌握必要求职信息的毕业生，求职择业确实是"难于上青天"。所以，毕业生在求职择业过程中，一定要高度重视求职信息的作用

（二）就业信息的内容

求职信息概括起来可以分为宏观职业信息和微观职业信息两大类。

1. 宏观职业信息

宏观职业信息包括毕业生就业的总体趋势、就业形势、就业政策、就业活动等信息。这类信息为人们制订求职策略、确定求职目标、判断就业形势等提供重要参值。许多高职毕业生容易忽视这类信息。宏观职业信息主要包括国家或地区经济与社会发展信息；国家或地区社会经济的方针、政策、规定；国家或地区经济改革与各项产业政策；国家各项促进就业的方针、政策；国家关于就业的各种法律法规。

2. 微观职业信息

微观职业信息指某些具体的求职信息，如用人单位性质、岗位空缺情况、需求专业、任职条件、工资待遇、发展前景等。这些信息是大学生所必须搜集的具体材料，分为以下两部分：

第一，具体的就业政策和相关规定。包括地方就业方针、原则和政策，相关的就业法律法规，地方的用人政策和学校有关就业的规定。

第二，招聘信息。包括用人单位的各项具体信息，行业发展状况及岗位需求情况，当年毕业生总的供求形势，本专业培养目标、发展方向、适用范围、对口单位的情况。

二、收集就业信息的途径

伴随着就业市场的形成与完善、就业制度改革的全面推进以及就业信息传播渠道不断涌

现，大学生获取求职信息的途径也日趋多元化。目前，大学生选择的主要途径有以下几种。

（一）人才招聘会

各地方、学校或用人单位举办的规模不等、形式多样、定期与不定期的"双向"活动或招聘会，往往具有时间集中、信息量大、针对性强、双方面对面接触的特点，是毕业生了解信息、成功择业的难得机会，在那里不仅可以了解到许多不同的单位和职位，而且还为你提供了一次极好的锻炼面试技能和增加面试中自信心的机会。

（二）各级毕业生就业管理机构

毕业生就业管理机构包括以下两类：

第一，县级以上各级政府成立的毕业生就业指导机构。为了适应毕业生就业制度改革的需要，县级以上各级政府多数都成立了毕业生就业指导机构，这些机构的主要职责就是制定所辖区的毕业生就业政策，交流毕业生和用人单位的供求信息，为毕业生提供各种咨询和服务。他们每年都要通过各种形式为毕业生提供各种可靠的就业信息。

第二，各高校专门设立的专职从事毕业生就业工作的机构。当前，就业形势日趋严峻，各高校都专门设立了专职从事毕业生就业工作的机构，这些机构是为广大毕业生提供就业指导、信息收集与发布的重要职能部门。包括毕业生就业指导中心和各院、系负责学生工作的有关部门。就目前状况来看，毕业生从学校得到的就业信息需求数量大、可信度高，其针对性、准确性均较强，是毕业生就业的主渠道。

（三）网络资源

网上求职的特点是信息流量大、更新快，用人单位和求职者交流便捷迅速。无论国外还是国内，越来越多的公司开始依靠因特网招聘，并获得了成功。

据不完全统计，目前全国各类人才信息网近 2500 个，许多大中城市已基本实现网上求职、网上招聘。除了学校自建的就业指导网站提供的大量高质量的信息外，利用网络搜集求职信息主要有四种方法。

（1）从专业的求职网站上查找信息。例如南方人才网、求职无忧网、中华英才网等，毕业生注册登录后，即可根据自己的需求，使用职位搜索引擎或订阅免费招聘信息，填写个人资料后就可以直接外发简历。

（2）从各大搜索引擎上查找求职信息。使用百度、谷歌、雅虎等搜索引擎，搜索查询比较简便，仅需输入关键词并按一下回车键，即可获得相关信息。此外，利用搜索引擎几乎可以查阅到所有就业指导网站。

（3）门户网站招聘专区或用人单位网页招聘通告。例如搜狐、21 世纪、新浪网的招聘频道，阿里巴巴网也常提供招聘信息。许多世界 500 强企业或国有大企业（如 IBM、通用、微软、松下、宝洁、移动、联通等），也是直接在公司网站发布招聘信息，要求求职者必须登录注册填写中英文简历，这本来就是对求职者的一大考验。通过这种方式，求职者也可以进一步了解企业的文化和内部管理。

（4）各类求职 QQ 群、MSN、泡泡等聊天软件和论坛。这些一般都是求职者群体建立起来的，其目的在于信息共享。求职者可以适当挑选加入，不仅可以获得大量求职信息，也可以获得成功就业人士传授的就业经验、面试经验、考试经验等。这种方式的最大优点在于求职信息资源的共享，值得推荐。

网络是当前大学生搜集求职信息的首选渠道，网上求职正以其开放、全面、快捷、节约的特点初具规模。不足之处是网上常夹杂着虚假或过时的垃圾信息。

（四）有关新闻媒体

当今社会已经进入了"信息时代"，电视、电信业得到了快速发展，广播、电视、报纸、杂志等媒体因其具有速度快、涉及面广、信息及时等特点，逐步成为大学生获取就业信息的重要渠道。目前，许多用人单位也希望通过新闻媒体发布招聘信息。这类信息经常公布在日报、晚报、广播电视报及各类相关行业的专业性报纸杂志上，注意定期收集，并向他们查询有关资料。也有的同学自己在有关新闻媒体上做广告，介绍自己的简历，希望感兴趣的单位与之联系。

（五）社会关系

利用各种社会关系获得求职信息是一个非常有效的渠道。每个人都可以通过自己身边的家庭成员、亲友、师长、校友等社会关系，建立一个广泛的求职信息关系网络。毕业生手中的资源有限，社会经验也较肤浅，家长或长辈则社会阅历比较丰富，社会交往广泛，拥有较多的社会资源，获取信息的渠道也很多，容易提供适合毕业生要求的信息，并且在帮助了解就业信息或推荐就业时积极主动、不遗余力，因此毕业生要学会灵活运用。多数教师都拥有良好的社会背景和人脉资源，不少还与校外的研究机构、企业、公司等合作开发科研项目，他们提供的就业信息价值较高，也比较对口，可以说这是一条获取就业信息的捷径。校友会也是获取就业信息的重要渠道之一。许多高校会定期邀请校友举办交流会、讲座等，这些校友多数是比较有成就的人士，毕业生可以向他们咨询就业的相关信息，自我推荐，他们通常都会提供用人单位信息。另外也可以通过组织策划活动，邀请校友参加，一方面加强联系，另一方面可以让他们进一步认识你，了解你的才干。当然，这些都需要靠平时人际关系的不断积累。大学期间要学会做人与处事，处理好与师长、同学、校友之间的关系，真诚待人，善于表现自己，让更多人了解你的才华、性格、特长、爱好等，一旦有适合你的工作，就会主动推荐。通过社会关系搜集到的就业信息一般都比较可靠、及时，针对性强，价值相对也比较高。

（六）社会实践、实习活动

走出校门，融入社会，锻炼与体验人生是大学生自我教育的有效形式之一。同时，也是大学生收集就业信息，推销自我的机会。目前，按照学校的要求几乎每一个在校学生都有利用寒暑假期进行社会实践的任务。大学生应充分利用业余时间在校外兼职，到各单位挂职锻炼，利用为公司宣传、推销产品的机会，了解单位对大学毕业生的需求情况。同时了解其现有的职位、职业竞争机会和其内部管理情况，以便于日后的择业竞争。

另外一个很重要的实践环节是毕业实习。毕业实习是大学生踏入社会的前奏曲，是参加工作的预演，所以，每个人必须充分重视这一难得的经历。通过实习，一方面使用人单位对你有所认识、了解，另一方面使学生对社会工作有更感性的认识。如果你向单位证明你是一个有价值的职员，在实习过程中体现出你的才华、能力与敬业精神，为你加盟该公司将奠定良好的基础。

（七）人才中介代理机构

人才中介代理机构提供的求职信息多数是面向有经验的工作者，但仍不失为毕业生搜集求职信息的补充渠道。目前，国内省、市、区相继建立了劳务市场或人才交流中心，主要业务是办理人才交流登记、户籍档案挂靠，为用人单位招聘人才，为求职者做好中介服务，从而赚取服务费。人才中介机构的就业信息量大、复杂多样，委托中介机构帮忙就业，提供求职信息，虽然很便捷，但是求职成本较高、投诉较多、成功率相当低。因此，选择人才中介机构搜集求职信息一定要谨慎，要选择实力好、声誉好、效率高、专业性强，得到有关部门许可从事中介服务的机构。当前，有不少中介公司为了赚钱，常不择手段、坑蒙拐骗，设置陷阱坑害毕业生，需要引起高度警惕，病急乱投医是不可取的。现在网上经常公布黑中介和骗子公司的名单，求职者可通过搜索引擎输入关键词进入查询，即可了解情况，对把握不准的公司要加强警惕。

三、筛选和运用就业信息

求职信息的筛选过程实际是一个求职决策过程，这是择业的关键所在。求职者在广泛搜集求职信息的基础上，要结合自己的实际情况，依据国家、地区的政策和法规，对获取的原始信息进行有目的、有针对性地归纳、整理、分析和选择。

（一）筛选就业信息

1. 鉴别获取的信息

由于所获取的信息不一定都全面、准确，因此要对信息进行细致的鉴别和判断，并加以澄清和剔除，使之更好地为自己的求职择业服务。鉴别信息首先要确定信息的可靠程度，对于不可靠和心里不踏实的信息要通过各种信息渠道和知情人士去打听；其次，要鉴别信息的内容是否齐全，特别是发现自己想要知道的细节没有或者不清楚时，要抓紧时间进行一番实际考察，旁敲侧击地询问一些情况，或通过其他渠道了解，还可以在应聘时向主聘人提出。总之，要等信息基本准确之后再做决定。

2. 按照自我标准，将信息排序

在信息加工之前，先给自己草拟一个职业选择提纲，确定择业标准；再按照标准进行初选，即去粗取精，去伪存真；然后进行细选，把较符合自己的信息选出来；最后进行精选，决定两个以上的信息作为有用信息，对有用信息也要排序，有主次之分。

3. 反馈信息

将已排序的信息按照从高到低的顺序反馈给用人单位，表达自己愿意去该单位的诚意。反馈信息可以确定一个，也可以是两个以上（在时间紧迫时这样做，但同时接到两个以上单位接收意见时，对打算不去的单位必须及时反馈意见，并表示歉意）。信息一旦反馈后，应多与用人单位联系，随时听候答复。

（二）筛选就业信息的注意事项

1. 从众行为

从众行为是指毕业生缺乏主见，人云亦云，别人说哪里好就往哪里跑，别人往哪里走，自己就往哪里凑。

2. 急于求成

急于求成是指有的毕业生由于缺乏社会经验，真正到了人才市场，容易心慌意乱；有

的自感择业条件不如人，怕找不到单位，因而一旦抓住信息，不经深思熟虑，就匆忙做决定；有的不够慎重，在没有广泛收集信息时便做决定，而获取新的信息后，却要推翻已做的决定。

3. 轻信行为

轻信行为是指毕业生一味盲从，认为亲友告知的信息就一定可靠，报刊上的信息就百分之百的准确，因而未做筛选就进行选择。

4. 模棱两可，举棋不定

模棱两可，举棋不定是指毕业生陷入大量信息的漩涡中不能自拔，在眼花缭乱的信息面前，左思右想，犹犹豫豫，拿不定主意，其结果便是落个竹篮打水一场空。

（三）运用就业信息

就业信息的运用是获取、分析、筛选、验证、整理分类信息的目的所在。求职信息的运用包括自己运用和交流给别人运用两个方面。

1. 自己运用信息

对信息筛选的主要依据是适合自己，无论信息的准确性、及时性、有效性多么高，只要不适合自己，那么它对自己来说就失去价值。作为大学毕业生来讲，在择业时要将自己的情况与求职信息进行认真的对比衡量，达到职位与个人合理匹配，而不能好高骛远、人云亦云、迷失自我，更不能图虚荣、爱面子，而要量力而行。

第一，一旦自己决定运用这条求职信息，就应该对照信息要求，及时地调整自己的知识结构，尽量弥补自己的不足，以适应所选岗位的要求。这样在面对众多的就业机遇时才不会因为个人知识能力而影响就业。

第二，及时反馈。在当今变化万千、节奏加快的时代，求职信息有很强的时效性和易逝性，正所谓"花开堪折直须折，莫待无花空折枝。"毕业生得到的信息仅仅代表着一种可能的机会，而且充满着竞争。因此，当发现有适合自己的信息时，一定要尽快分析处理，并向信息发布者反馈信息，以免错失良机。

2. 相互交流信息

有些信息对自己不一定有用，但对他人可能十分有用，遇到这种情况，千万不要抓住不放、封锁信息，而应主动将这些信息提供给对其有用的人，这对他人不仅是种帮助，同时也增加了别人对自己的尊重，也许，从这种真诚与他人交流信息的机会中，你会从别人手中获得对自己有益的信息，增加自己获取信息的渠道。

项目4 求职材料的准备

【案例导入】

蒋某薄薄的简历

某院校应届毕业生蒋某，参加学校组织的毕业生供需见面会。带上一张简单的个人简历，迈进了招聘现场。结果面试主考官看了一眼简历，没给他表现的机会，就直接请他回去等候消息。久等无果，最后他打电话去询问该公司，招聘负责人对他说："你对自己的简历都不认真对待，难道会认真对待我们给你的工作吗？"

蒋某再三考虑过后，继续拿着那张薄薄的简历去应聘其他的公司，他相信世上总有"伯乐"。但是直到他毕业，面试了无数的公司，都没有很好的结果。

写求职信、准备求职材料是求职全过程的第一个环节，也是求职者以书面形式与用人单位所做的第一次接触。它事关求职的成败，因此不能掉以轻心、马虎从事，务必认真、慎重，全面展示自己的情况，争取在众多求职者中领先一步。

一、求职材料的内容及要求

对于每一位即将毕业的大学生来说，求职材料（又称自荐材料）的重要性是不言而喻的。大学毕业生获得用人单位面试机会的最主要渠道就是要靠求职材料去"推销"自己，如何从众多的应聘者中脱颖而出，获得用人单位的青睐，求职材料是极其关键的。

（一）求职材料的内容

一套较为完整的求职材料应包含以下七个部分：

① 求职信。

② 个人简历。

③《毕业生就业推荐表》。

④ 学习成绩单。

⑤ 各种证书。

⑥ 实践环节的相关材料。

⑦ 有关科研成果证明及在学术期刊发表的论文。

在上述七个部分中，又可以分为"核心材料"（或客观性材料）和"辅助材料"（或偏主观性材料(有客观成分))两部分。

③～⑦部分的材料应为"核心材料"（或客观性材料）。一般来讲，用人单位首要关注的应是④、⑤、⑥、⑦部分，这是一个大学毕业生的核心竞争力，是衡量一个大学毕业生两年或三年综合表现和综合素质的最重要指标。这部分材料基本上都是"凭证"式的材料，是客观存在、无法增添的。第③部分《毕业生就业推荐表》是政府就业主管部门统一印制的，结构固定，格式统一，主要反映学生的自然情况、奖惩情况、学校评语及推荐意见，这部分是用人单位了解考察大学毕业生情况最权威、最真实的材料。但从不少用人单位反映的情况看，由于不少学生随意地添油加醋、学校评语的千篇一律、学校公章的随意性加盖而导致用人单位对这份材料的信心不足，一定程度上只起到证明求职者毕业生身份的作用。

（二）求职材料的要求

大学毕业生在整理准备第③～⑦部分的材料（核心材料）时，应注意以下几点。

（1）只提供复印件。由于各种证书、证明，包括《毕业生就业推荐表》只有一份，且遗失后无法弥补，不管投递什么单位，均使用复印件。如想让对方相信你的各种证书、证明没有虚假，不妨将你的原件、复印件材料让院系有关老师审核后在复印件上再加盖院系的公章。如果在你对是否确定愿意去某家用人单位犹豫不决时，《毕业生就业推荐表》原件一定不要交出，因为一旦《毕业生就业推荐表》原件交给对方而你又想改变主意时，主动权已不属于你。

（2）学习成绩证明材料重点应放在开设的课程上。应将两年或三年专业背景较强的主干课程、基础课程、专业选修课等列出。

（3）奖惩情况和大学期间社会工作情况应重点突出地反映在《毕业生就业推荐表》上。

（4）不要弄虚作假。不少大学毕业生为了增加材料的"含金量"，把别人的获奖证书、资格证书改头换面复印成自己的或者直接克隆"真品"，学习成绩自行提高，职务自我突击提拔等造假现象，蒙混过关的可能性极小。

（5）要能随时合理、准确地回答用人单位就材料中有关内容的询问。有的用人单位会对你的材料中的某点感兴趣或有疑问，会在面试或电话交流时询问你，如果你事先毫无准备，回答时不知所措或回答得有漏洞，可能会让你丧失机会。

（6）联系方式明了准确。最好是能直接联系到本人的，尽可能不要让人转告。

第③～⑦部分的材料都是"凭证"式的材料，是客观存在，无法更改的，没有什么技术性的问题，剩下需要仔细润饰准备的就是第①部分的求职信和第②部分的个人简历了。

二、个人简历的准备和写作

个人简历记录的是求职者的成长过程和取得的主要成绩，是求职材料的重要组成部分，是求职信的延伸。如果求职信表明了求职意向，那么个人简历就是你能否具备这个能力的佐证之一。但是个人简历的内容也不是越多越好，对于经历比较丰富的人，简历要选择重要的环节和重要的事件来写，力求突出重点、简明扼要；对于经历比较简单的人，也要有选择地组织材料，如果你的成长过程中没有获得什么奖励也没有参与过重大的较有意义的活动，那么写几点有创意的想法，或者表现一下你不同于常人的特别之处，以表明你是一个有思想、有发展潜力的人。个人简历没有固定的格式，这就要求大学毕业生们精心设计，充分发挥你的电脑技术和手段，把你性格和素质中最优秀、最特别、最具魅力的部分以最合理的方式展示给阅读者就可以了。

（一）个人简历包含的内容

对于即将迈出校门的大学毕业生来说，面对的将是新的课题与挑战。校园招聘大战在每年的10月初就已经露出端倪，许多企业都开始陆续走进校园召开宣讲会，进一步扩大了招聘的宣传攻势。众多的应届大学毕业生们也在精心准备着迎接即将到来的企业招聘高潮。对他们来说，如何准备一份令企业满意的简历成了就业前的一个重要课题。

一般来说，简历包括个人基本情况、教育经历、毕业学校、所学专业、外语水平、计算机水平、社会实践经验、奖惩情况、个性特征、兴趣爱好、联络方式等这些基本内容。除了这些，大学毕业生给企业准备的简历中还应该包括以下内容：教育背景（包括所有相关的专业技能培训等）、与应聘的职位及业务相关的经验、曾经获得过的荣誉及奖励、自我评价（优点阐述）、对如何开展工作的想法（没有把握的话建议不要写）。

（二）个人简历具体写作

1. 写出一份好的简历应把握的四个原则

（1）提纲挈领。写简历不要事无巨细地罗列自己所有的经历和经验，而要选择主要的内容作自我介绍。

（2）充分表露自己的特长。注意你的特长是与你应聘的职位相关的。

（3）说明自己过去的成就。过去的成就是表现能力的有力证据，注意找出你所证明的能力与你所应聘的工作的关系，以此向别人证明你完全能胜任此项工作。

（4）要让人看出你很有能力，并具有创造性。

2. 写简历的七忌

（1）不要像写论文那样准备厚厚的一本。企业看一份简历的时间一般不会超过 5 分钟，没有哪个企业领导会有耐心读你的"专著"，要善于抓住要点，建议长度不要超过两页 A4 纸。

（2）不要把那些跟职位和工作无关的兴趣爱好都一股脑儿地写进去，比如旅游、看小说、唱歌、钢琴九级等，这些兴趣爱好通常不会给你加分。

（3）不要把在学校的各科成绩单都附上，你是去企业应聘，不是申请出国留学。当然，如果你的学习成绩特别优秀，那你就写上曾经连续几年拿过一等奖学金或者成绩全年级第几名等，这就足够了。

（4）简历不要设计得过于华丽，这会让用人单位觉得你太会包装自己，把工夫都用在了外表上，甚至认为你的简历是请专门的美术人员"装潢"出来的。

（5）与应聘职位无关的工作经验最好不要写。根据用人单位的性质、对职位的要求，提供出足以向用人单位证明自己能力的背景资料就可以了。

（6）简历中不要面面俱到地展示你的所有才能，这样用人单位会抓不住重点。

（7）建议不要在简历中写明最低薪水要求及职位要求，否则你可能失去面谈的机会，也不要自己给自己设定过高的门槛。

3. 个人简历的基本格式（文本简历）

（1）个人概况。个人概况包括求职意向、姓名、性别、出生日期、健康状况、毕业院校、专业、电子邮件、联系电话、通信地址、邮编。

（2）教育背景。教育背景包括大学和专业（根据个人情况酌情增减）。

（3）主修课程。列出专业背景较强的主干课程，并附注："如需要详细成绩单，请联系我"。

（4）论文情况。列出所写论文并注明是否已发表。

（5）英语水平。注明基本技能（听、说、读、写能力）和通过的标准测试（国家四、六级，TOEFL，GRE……）。

（6）计算机水平。注明掌握了计算机的编程、操作应用系统、网络、数据库……（根据个人情况酌情增减）。

（7）获奖情况。

（8）实践与实习。列出×年×月—×年×月在××公司实习，根据个人情况酌情增减。

（9）工作经历。列出×年×月—×年×月在××公司工作，根据个人情况酌情增减。

（10）个性特点。描述自己的个性、工作态度、自我评价等。

（11）如果还有什么要写上去的，填写在这里，如"相信您的信任与我的实力将为我们带来共同的成功！"或"希望我能为贵公司贡献自己的力量！"。

4. 英文简历的写作指导

英文简历的格式结构包括页眉、教育背景、工作经历和个人资料四部分。对于刚毕业的学生，没有多少教育培训背景和工作经验，应该尽量拉长句子。每个句子都可加入一些词拉长一些。同时自然的多换行，多写点句。

（1）页眉。

① 名字。名字有很多种写法。例如"李扬"：Yang LI、YANG LI、Yang Li、Li Yang、LI Yang。

② 地址。

③ 电话。

（2）教育背景。

① 相关课程。千万不要为了拼凑篇幅，把所有的课程都写上，这样不是很有效，别人也没耐心看。

② 学校名。学校名要大写并加粗，这样便于招聘者迅速识别你的学历。

③ 地名。地名右对齐，全部大写并加粗。地名后一定写中国。

④ 学历。可以把学历名称放在最前面。

⑤ 社会工作。担任班干部的只写职务就可以了。

⑥ 奖学金。许多学生每年都有奖学金，一项一行，也可写出三四行，甚至更多。

⑦ 成绩。如果不是前五名，建议不要写。

（3）个人资料。

① 名称。名称有四种写法：Personal、Personal Information、Other Information、Additional Information。

② 语言。语言有几个层次：从严谨的角度讲，"Fluent in"显得更流利；"English as working language"显得不是非常流利，但可信度更高；"Some knowledge of"会一些，没有把握的千万别写。

③ 计算机，如果会几个软件，有的熟练，有的熟悉，建议只写软件名。

④ 资格证书。

⑤ 兴趣爱好。要写也只写两到三个强项。不具体的爱好不写。举几个用词：如 travel，如果你喜欢旅行，而有些工作需要经常出差，那么你写上 travel 是非常有利的；有些女性写上 cooking，是很实事求是的，也给人以踏实的感觉，对于像秘书这样的职位，总是有好处的。

三、求职信的书写

求职信是一个文字的自我推荐，它集自我介绍、自我推介和自我展示于一体，是个人求职意向、成长背景和个人理想的集中表现。一份好的求职信能体现大学毕业生清晰的思路、优美的语言文字、富有个性的创意思路和各方面所具备的能力和才华。

（一）求职信的基本结构及内容要求

求职信又叫自荐信或自我推荐书，其结构一般分为标题、称呼、正文、结语和落款五部分。

（1）标题。用较大字体在上方标注"求职信"（或"自荐信"）三个字即可。

（2）称呼。它是大学毕业生与招聘方的第一关联，要礼貌，又不能生硬，同时也要明确收阅人。你可以称"尊敬的先生/女士"或"尊敬的领导"。如用人单位明确，可直接写上单位名称，后冠以收件人职务；如单位不明确，则用统称"尊敬的贵单位（公司或学校）领导"领起。

（3）正文。正文是求职信的核心，一般分两大部分。

第一部分：写明你要申请的职位和你是如何得知该职位的招聘信息的。

第二部分：说明并简明阐述你如何满足公司的要求。写出你自己关键的经历、最好的成绩、最重要的特长，以及自己的心情和信心等。表明你所特有的教育、技能和个性特征将会为公司做出贡献。

开语应表示向对方的问候致意。主体部分重点在于"荐"，在构思上一定要围绕"为何荐""凭何荐""怎么荐"的思路安排。

（4）结语。结语是感谢他们阅读并考虑你的应聘，并表明你希望迅速得到回音，加上"敬上"之类的谦语或祝语。

（5）落款。落款处要写"自荐人×××"的字样，并标注规范的公元纪年和月日。随文处可说明回函的联系方式、邮政编码、地址、邮箱、电话号码等。

（二）写求职信的注意事项

求职信通常应容纳在一页纸上，动笔之前必须先弄清楚下面两个问题：

第一，了解意向单位需要什么样的人才，你期望得到的职位需要什么样的技能，你是否具备这样的技能。

第二，自己的求职目标是什么？你能向用人单位提供的"卖点"和优势在什么地方。如果你是针对某个具体的职位而写求职信，那么所列的优点应该就是用人单位所希望胜任的工作。所以求职信的撰写一定具有针对性，避免向不同的单位投同样内容的求职信。如果需要或有可能，应同时以最优美的语言、最时尚的表达方式写一份外文求职信，在这份求职信中，用人单位将会获知你的写作水平和外语书面表达能力，对于业内主考官来说，这份材料就基本上能决定能否给你面试机会或就业机会。

写求职信时要注意以下几点：

（1）不宜太长。哈佛人力资源研究所在 2002 年就有一份经典的测试报告，一封求职信如果内容超过 400 个单词，则其有效度只有 25%，即阅读者只会留下对 1/4 内容的印象，因此写得简洁是十分重要的。

（2）直截了当。每一句话均能给对方传达他所需要关注的信息，避免冗长累赘，空洞无物。如果文笔好，则可适当以情动人。

（3）实事求是。把自己的情况如实介绍给对方，不弄虚作假，不夸大其词。

（4）投其所好。充分调查研究了解所求职位的具体情况，尽可能根据职位的要求介绍自己，有选择地突出自己的专长，做到有的放矢。

（5）书写工整。自荐信毕竟是有求于人，须给对方留下美好的第一印象。同时也不宜有文字上的错误，切忌有错字、别字、病句及文理欠通顺的现象发生。写完之后要通读几遍，精雕细琢。

（6）不宜"翻版"简历。许多大学毕业生写出来的求职信就是把简历用另外一种形式表述，求职信和简历的功能是不同的，简单地说，求职信是你个人意愿的表达，简历则是你经历的客观描述。

（7）特殊专业个性化的封面设计。有些专业（如美术、广告、建筑、计算机等），个性化的封面设计就是你的专业素质的展示，与众不同的封面设计也许会被欣赏，给大学毕业生带来意想不到的收获。

四、求职材料的投递

常见的求职材料投递方式有直接投递、邮寄投递、网络投递三种。其中，直接投递是在用人单位现场招聘的时候完成；邮寄投递是根据搜集到的就业信息通过邮寄的方式投递个人简历；网络投递则是通过 E-mail 等网络渠道将个人资料以附件形式发给用人单位，是当下十分实用的一种投递方式。

（一）网络投递注意事项

精心设计纯文本格式的简历，一些小技巧可供参考：

第一，注意设定页边距，使文本的宽度在 16 厘米左右，这样你的简历在多数情况下都不会换行；

第二，招聘人员阅览大量电子简历，字体字号的选择要让他们感到舒适；

第三，可以用一些特殊符号等分隔简历内容，排版更加清晰。

在电子简历中一般不要附有发表的作品或论文，因为借由电子邮件附件传播病毒的可能性是一直存在的。另外，用人单位一般不会仔细阅读附带的作品。

在申请同一用人单位的不同职位时，应该发两封不同的电子简历，首先是强调针对性，也因为有些求职网站的数据库软件能自动过滤掉第二封信件。在你发送电子简历时要错过高峰期，上网高峰一般在中午至午夜，这段时间传递速度非常慢，而且还会出现错误信息。发送简历后，要与用人单位保持联络，求职不可能都是很顺利的，即使不被录用，最好也发个电子邮件表示感谢，以便今后的联络。

（二）加强保密意识

随着就业竞争压力的增大，毕业生采取的求职方式也日趋多样化，同时也就产生了不法分子通过窃取毕业生个人资料进行违法犯罪活动的现象。因此，毕业生必须注意加强保密意识，不要让违法犯罪分子有空可钻。求职材料中无特殊需要，不要轻易留下身份证号码和家庭、父母、亲朋好友的电话等重要信息。

求职者在现场求职填写"求职信息登记表"时，最好在招聘会现场专设的填表区域填写。在现场填表时，要注意周围有没有人长时间观看。如果填表错误，不要不做任何处理就随意丢弃。

网上求职时多留心眼，不要随意公开重要信息。在接到陌生单位打来的电话时，要详细了解对方的情况（如对方名称、经营范围等）并进行核实，然后再作判断。求职如果被骗，要及时与公安机关或相关机构联系。

拓 展 阅 读

求职信范文

尊敬的领导：

您好！

很荣幸您能在百忙之中翻阅我的求职信，谢谢！

我是一名即将毕业的计算机系大学生。大学四年，奠定了扎实的专业理论基础，良好的组织能力，团队协作精神，务实的工作作风。

★理论学习上

认真学习专业知识理论，阅读了大量计算机书籍。同时对于法律、文学等方面的非专业知识我也有浓厚的兴趣。在校期间，在专业考试中屡次获得单科第一。获得一等奖学金一次，三等奖学金三次。获第三届大学生科学技术创作竞赛二等奖。获学院 2007 届优秀毕业设计。

★专业知识上

精通 Visual Basic、SQL Server、ASP。熟练使用 Linux、Windows9x/Me/NT/2000/XP 等操作系统。熟练使用 Office、WPS 办公自动化软件。自学 HTML、Frontpage、Dreamweaver、Fireworks、Flash 等网页制作相关软件。对于常用软件都能熟练使用。

★工作上

曾担任院学生会成员、班长等职，现任计算机系团总支组织部部长。多次组织系部、班级联欢会、春游等活动，受到老师、同学们的一致好评。

★思想修养上

品质优秀，思想进步，笃守诚、信、礼、智的做人原则。在校期间，光荣加入中国共产党。

★社会实践上

四年的大学生活，我对自己严格要求，注重能力的培养，尤其是实践动手能力更是我的强项。

曾在某公司、某公司实习。在电信科学技术研究院参加工程项目。在校期间多次深入企业实习，进一步增强了社会实践能力。

手捧菲薄求职之书，心怀自信诚挚之念，我期待着能为成为贵公司的一员！

此致

敬礼！

求职者：×××

××××年××月××日

模 块 小 结

该模块从求职心理准备与调适、就业知识技能准备、就业信息储备、求职材料准备四个方面阐述了如何做好就业准备。

就业关系到毕业生的个人前途，由于存在理想自我与现实自我的不匹配、自我意识价值与自我把握能力的不对等、渴求参与竞争与不善参与竞争等心理冲突，毕业前夕大学生大多存在就业焦虑、自卑、保守、抑郁、压抑、浮躁、盲目的心理问题。这可以当作是大学生在完全进入社会竞争之前的一些自我历练，可以通过适度的心理调整进行过渡，如自我安慰、自我激励、积极暗示、松弛练习、适度宣泄，调整就业期望值，建立合理的职业价值观，正确认识自我，正确认识社会，主动寻找机遇。

遵循整体性、相关性、迁移渗透性、动态性原则，建立合理的知识结构，提升行业岗位中需要具备的能力，如创造能力、社交能力、实际操作能力等，增强适应变化的自我发展能力，做好特殊技能的准备，以便提升基本的就业技能与综合素质。

通过人才招聘会、各级毕业生就业管理机构、网络、新闻媒体、社会关系等，收集宏观和微观就业信息，按照自我标准，将信息排序，进行鉴别。制作个人简历或求职信，按照顺序依次向就业单位表达诚意，收集反馈信息，以便于更好地调整自我，适应就业市场的需求。

教 学 检 测

1. 列举大学生就业前心理调适方法。
2. 如何收集就业信息？
3. 一套完整的求职材料包含哪几部分？
4. 写求职信的注意事项有哪些？
5. 个人求职简历的主要内容包含哪些？

实 训 活 动

1. 分组讨论下列问题，并整理成报告。
（1）毕业生就业前需要收集和分析的就业信息有哪些？
（2）毕业生应如何处理就业过程中常见的心理问题？
（3）毕业生在就业前应做好哪些准备？
2. 尝试书写求职信、个人简历并制作一套适合自己的求职材料。

模块八　掌握求职技巧与权益保护

> ➤ **知识目标**

（1）掌握自荐的方法和技巧。

（2）熟悉就业面试的种类和准备工作。

（3）掌握就业的基本权益。

> ➤ **技能目标**

掌握求职面试的技巧，提升就业竞争力。

项目1　笔 试 与 技 能

【案例导入】

知名企业笔试题型

部分知名企业在校园招聘中采用过的智商和心理笔试题型：

美国花旗银行：卡特尔16种人格因素测试（Numerical Test，Attitude Test）。

强生公司：言语推理、数字推理、图形推理。如：

（1）有9个正方形，边长分别为1、4、7、8、9、10、14、15、18，将它们拼成一个长方形，请问最长的宽为多少？

（2）有一个梯形，边长为1、2、3、4，请问面积为多少？

（3）有两个骰子，每次都扔出总和为5倍的几率是多少？

（4）100元每次都换成有10、5、1元的换法有几种？

（5）某公司做了一次调研，a为12.5％，b为50％，c为25％，d为12.5％，e为0％，f为12.5％。请问这家公司至少对多少人做了调研？

（6）365天，丈夫工作5天、休息2天，妻子工作3天、休息1天。丈夫工作的第一天正好是妻子休息的第一天，请问两人一年内共同休息天数为多少？

宝洁公司：数学题、推理题（语言推理）、图形题。

笔试是让应试者笔答事先拟好的试题，然后根据解答的正确程度评定应试者成绩的一种考试方法，是招聘过程中很重要的一个环节。一名员工要胜任公司的工作，就必须具有一定的能力和智力，同时不同的岗位有着不同的特点，所以，公司对应聘者进行笔试，可以快速甄别其基本能力和专业技术水平。笔试主要适用于应聘人数较多、需要考核的知识面较广或需要重点考核文字能力的情况。大企业、大单位大量招人，国家机关选聘公务员，往往采用这种考核方法。

一、常见的笔试种类和题型

大学毕业生对笔试并不陌生，但应该注意择业过程中的笔试和学校考试的不同之处。

有针对性地做好笔试准备，掌握笔试的答题技巧，是笔试成功必不可少的条件。

（一）常见的笔试种类

1. 专业考试

专业考试主要是检验应聘者担任某一职务时，是否能达到所要求的专业知识水平和相关的实际能力。对一个合格的大学生，用人单位只要看成绩单就可大致了解其知识能力情况，一般都免去笔试。但也有一些特殊用人单位，需要通过笔试的方式对求职的大学毕业生进行专业知识的再考核。例如，外资企业、外贸企业对应聘者要考外语；科研机构招聘人员要考动手能力；国家机关招聘公务员要考行政管理和法律知识。

为检验毕业生实际工作能力或专业技术能力，通常还要进行专业技术能力考试。这种考试往往在特意设置的工作环境中进行。如：阅读一篇文章，写读后感；自编一份请求报告或会议通知；听取个人的发言，写一份评价报告；给一个科研题目，写出科研论文的详细大纲。从答卷中可以看出求职者的文字表达能力以及分析问题和逻辑思维能力等。

2. 智商和职业心理测试

智商测试主要为一些著名跨国公司所采用，他们对毕业生所学专业一般没有特殊要求，但对毕业生的素质要求较高。在他们看来，专业能力可以通过公司的培训获得，因此有没有专业训练背景无关紧要，但毕业生是否具有不断接受新知识的能力是至关重要的。这类测试是会计师、审计师等职业所要求的。

职业心理测试是要求被试者完成事先编制好的标准化量表或问卷，根据完成的数量和质量来判定其心理水平或个性差异的方法。一些特殊的用人单位常常以此来测试求职者的态度、兴趣、动机、智力、个性等心理素质，然后根据对人才的要求，决定取舍。通过职业心理测试选聘工作人员的直接原因在于它可以降低特殊行业员工的淘汰率和训练成本，便于用人单位量才录用员工，量才配置人员，从而达到人尽其才、人司其职和提高工作效率的目的。

3. 综合能力测试

综合能力测试兼有智商测试的要求，但程度更高。比如，应试者要在规定的时间内对一组数据、一组资料进行分析，找出其合理的地方和存在的问题，并设计出解决问题的方案。这是对学生的阅读理解能力，发现、分析和解决问题的能力，知识面等素质的全方位测试，甚至有时候问答都用英语进行，相对来说难度更大一些。

4. 国家公务员考试

国家机关录用公务员，一律实行考试录用。近年来，国家公务员录用考试的笔试科目为《综合知识》《行政职业能力倾向测验》《申论》。其中，《综合知识》是测试应试人员作为机关工作人员应掌握的知识，如时事、历史、自然科技、行政机构常识等；《行政职业能力倾向测验》主要测试应试者的知觉速度与准确性、语言理解及运用、数量关系、判断推理、资料分析等方面的能力；《申论》则是测试应试者的综合分析及文字表达方面的能力。

（二）常见的笔试题型

笔试的题型较多，但常见的有以下三种。

1. 测试题。

常见的测试题型有以下几种。

（1）填空题：主要是往缺少词语的句子里填充词语。

（2）是非题：也称订正题或正误判断题，是要求判断内容正误的题型。

（3）选择题：即对某一词句或问题提出若干容易混淆的解释，要求选择其中一种或几种正确的解释作为答案。单项选择题是先提出一个问题或写出一句不完整的话，接着给出这个问题的几个答案或这句话的几种补充说法，供考生选择一个最佳答案。多项选择题比单项选择题的难度大得多。前者侧重于考查识记能力，后者注重于分析能力。

（4）问答题：要求求职者对提出的问题做出回答，一般是要求用简单的词语来回答问题。

2. 论文测验题

论文测验题是一种开放性考试或表达性考试的题型，它可以让求职者给出自己的答案。如让求职者对某种现象做出分析或写出感想；对某种具体问题做出评价；对某种事故进行分析。对公司或对人物、事件的评价，读后感等均属于论文测试的范畴。

3. 作文笔试题

常见的作文测试方式包括命题式作文、半命题式作文、话题式作文、看图写作等。

二、笔试的应对技巧

（一）复习知识，心里踏实

对大学专业知识进行必要复习是笔试准备的重要方式。一般来说，笔试都有大体的范围，可围绕这个范围翻阅有关图书资料，回忆巩固所学过的课程内容，温故知新，做到心中有底。笔试怯场，大多是缺乏信心所致。要客观冷静地对自己进行正确评估，克服自卑心理，增强信心。临考前，一要适当减轻思想负担，二要保证充足的睡眠，三要适当参加一些文体活动，从而使高度紧张的大脑得到放松休息，以充沛的精神去参加考试。提前熟悉考场环境，有利于消除应试时的紧张心理。还应仔细看看考场注意事项，尽量按要求做好。除携带必备的证件外，一些考试必备的文具（钢笔、橡皮等）也要准备齐全。

（二）科学答卷，心中有数

拿到试卷后，首先应通览一遍，了解题目的多少和难易的程度，以便掌握答题的速度；然后根据先易后难的原则排出答题的顺序，先攻相对简单的题，后攻难题，这样就不会因为攻难题而浪费太多时间，而没有时间做会答的题；遇到较大的综合题或论述题，则应先列出提纲，再逐条论述。在答完试卷后，要进行一次全面复查，特别注意不要漏题、跑题。要纠正错别字、语法不通、词不达意等错误。

（三）卷面整洁、字迹清楚

答卷必须做到字迹端正、卷面整洁。因为求职笔试不同于其他专业考试，招聘单位往往从卷面上联想应聘者的思想、品质、作风，字迹潦草、卷面不整的人，招聘单位先不看求职者答的内容，单从卷面就会认为这个求职者不可靠；而那些字迹端正、答题一丝不苟的人，招聘单位会认为这个求职者态度认真、作风细致，对其更加青睐。

(四）综合运用，展示才华

了解笔试目的，运用综合能力答题。对求职者进行笔试，不仅仅要考察其文化、专业知识，往往还考核心理素质、办事效率、工作态度、思维方法、修辞水平等。在回答一些客观问题时应保证其正确性和严谨性，而对主观问题应适当地展开和发挥，以充分展示自己的个性和创造性。

三、技能考核

大学生在择业时，许多企业、公司对毕业生除了理论知识和专业知识的考核外，很重要的一项就是技能考核，而且对技能考核的要求越来越高。如果求职者有一个或几个能证明技能的职业资格证书，那么他的就业机会就会增加。

技能考试分为基础知识考试和操作技能考核两部分。基础知识考试一般采用笔试，操作技能考核一般采用现场，如加工典型工件、生产作业项目、模拟操作等。因此，现在的毕业生不仅要具有毕业文凭相对应的基础理论知识和专业知识，而且还要学好基本的技能，打下坚实的专业基础。而这种能力只有在校期间通过相关的职业技能培训，获得相应的职业资格证书才能体现出来。

可以这样说，在未来的就业中，只有既获得了毕业文凭又获得了相应的职业资格证书的毕业生，才是一名合格的毕业生，才能在激烈的人才市场中增强自己的就业竞争力。"双证书制度"不仅有利于鼓励和调动人们学习专业知识的积极性，而且有利于学生积极适应多种专业岗位的要求。在新的就业机制中，"双证书制度"将发挥越来越大的作用。

项目 2　面试的种类与技巧

【案例导入】

小吴的面试技巧

小吴毕业那一年，恰逢机构改革，各单位人事关系冻结，要找到一份满意的工作更是艰难。在敲了一家又一家单位的门都被拒绝后，终于有一家省报的领导答应见她。见面时，她展示了自己在大学期间发表的作品，以及各种获奖证书。可以看得出，报社领导对她有兴趣，但还下不了决心接受她。这时她想：一直都是你面试我，能否让我也提些问题。于是她就对报社领导说："我想您不仅对传统文化很精通，对现代知识想必也会很有研究。"果然，这句话击中了这位领导的兴奋点，他表示赞同地说："对呀，比如我对系统论等'新三论'就很感兴趣。"正好小吴在大学里对系统论下过比较多的工夫。这话又给了她一个很好的自我发挥的机会，他们谈得越来越投机，仅用十多分钟便促使报社领导决定录用她。

这个例子说明了面试的关键，有时并不在于如何展示面试者的才能，而是充分掌握对象的心理，打动人心首重"揣摩"。"揣"是摸底，"摩"是磨合。大多数人的错误，在于主要着眼于"摩"，而忽略了只有"揣"得准，"摩"才有基础。

请记住：为就业而推销自己时，成功的关键，不仅是要把自己最重要的方面推销好，而且更要摸清对方到底对什么感兴趣，然后将他最感兴趣的方面推销足。把握住这一点，打开就业之门，便事半功倍了。

一、面试的类型和流程

面试的目的是求职者向面试官证明自己能胜任这份工作；了解该组织（公司）及职位的条件、要求等，判断自己是否真想在那里工作。面试是一个双向选择的过程。虽然应聘者不能控制面试，但可以控制会谈的内容。

（一）面试的常见类型

1. 问卷式面试

很多用人单位在面试前就拟好了面试问卷式提纲，主试人不能任意发挥，要按照提纲逐一发问。这种方式有利于全面、深入地考核应聘者的知识结构、应变能力和语言表达能力。

问题举例：

你为什么想来我们单位工作？

关于我们单位，你了解多少？

你认为自己的优点和弱点是什么？

2. 案例式面试

案例式面试是由主试人设定一个情景，对应聘者提出一个问题或者给应聘者一个计划，请应聘者拿出解决问题的方案或办法。其目的在于考察应聘者在特定条件下分析问题、解决问题的能力。

问题举例：

你用什么标准来评价你为之效力的公司？

你的长期职业目标是什么？

你计划怎样实现你的职业目标？

3. 压力式面试

压力式面试是主试人有意识地对应聘者施加压力，针对某一问题作一连串的发问，不仅详细，而且追根究底，甚至让应聘者无法回答。其主要目的是考察应聘者面对挑战时的反应，并以此来判断应聘者的机智程度和应变能力。

问题举例：

你为什么到现在还没有谋到职业？

难道你不觉得找错地方了吗？

你为什么迟到？（其实你是准时到达面试地点的，待你回答后，考官可能会歉意地说："我的手表快了。"）

4. 漫谈式面试

漫谈式面试是一种毫无主题的面试方式，没有一个中心话题，应聘者的家庭情况、大学经历、人生价值、对社会上某个事件的看法等都可能成为面试的主题。虽然表面上看似说者"无意"，但是主试人在这种看似闲聊中会观察应聘者的知识储备、能力、谈吐及风度，因此，听者要"有心"。应聘者回答问题时要流畅、自然、真实，要围绕能力这个主题来进行，千万不要漫无边际地乱侃。

问题举例：

主试人："你这样棒的身体，一定很爱好体育运动吧！"

应聘者："是的，我喜欢踢足球。"

主试人："你踢什么位置？"

应聘者："我一直踢中锋。"

主试人："假如由于某种原因要你改踢后卫，你该怎么办？"

应聘者："我想，一定是有人比我更适合踢中锋。我个子高，速度快，既然我善于组织全场，我想，我也能迅速应变踢后卫。"

5. 综合式面试

综合式面试是主试人通过多种方式考察应聘者能力的面试方式。主试人在考察应聘者的外语水平时，可能会当场让他（她）翻译一段外文资料，以验证应聘者所说的外语水平；在谈到应聘者的计算机水平时，可能会当场让他（她）上机操作等。

某一应聘者在一次激烈的公开招聘中就遇到了如下问题：9 名考官半小时内问了他 12 个问题，每个问题只有 2 分多钟的回答时间，几乎没有思考的余地。一上场，考官就递来两张漫画。第一张画的是一个古代的老者把一个地球递给一中年人，中年人微笑地接过地球。第二张画的则是中年人把一个有残缺的地球递给了一个只有 7 岁的孩子，小孩子见了哇哇大哭。考官要求就漫画谈感想。开始，他一下呆了，先从经济学角度来回答，后来发现不对，马上改变思路。与此同时，考官还问了他许多问题，譬如"你在主持召开职工大会，突然一个职工站起来指责你的许多毛病，你将采取什么措施？"等。

（二）面试的基本流程

1. 见面

一般情况下，面试开场的口头语是至关重要的。所谓"前三分钟定终身"，即应聘者给主试人的第一印象，从言谈举止到穿着打扮将在很大程度上影响其被录用的概率。寒暄、问候的主要话题有天气、一路的交通、时事以及近日的热门话题等。

2. 相互介绍

招聘人员会简单地介绍一下公司的情况。这时候，应聘者要认真听，即便可能对他所说的内容已经非常清楚了。随后，招聘人员或许会把面谈的整体程序做介绍，以消除应聘者的紧张情绪，请注意，这时已开始进入正题。

3. 谈论简历

招聘人员与应聘者谈论简历的目的：第一，确认简历内容，招聘人员个个都是"火眼金睛"，所以千万不要在简历里做假或夸大其词，否则很容易被当场戳穿；第二，摘录重点，澄清他们想要知道的信息，或者是他们最感兴趣的内容，甚至简历上让他们存在疑惑的地方。

4. 深入交流

一般开始的提问内容都围绕一些比较敏感、重要或很棘手的问题。这些问题通常业务性很强，回答的好与坏可以充分反映出应聘者的专业水平以及综合素质，如应聘者的敏感度、逻辑思维能力、分析问题的能力以及语言的组织能力。同时，还有一些轻松话题，比如聊一聊应聘者的兴趣爱好、外语水平、将来的打算或校园生活等。这些问题可以从侧面了解到应聘者的性格特征及处理人际关系的能力。

最后，招聘人员通常会留出时间让应聘者提问。出于礼貌，应聘者应该问一个问题。此时应聘者若没有问题，会给对方造成两种不好的印象：第一，应聘者对该企业没多大兴趣；第二，应聘者没有能力提出好问题。这样，招聘人员会认为应聘者反应较慢，不会应酬。所以，在面试前就要事先想好问题。

此外，当主试人让应聘者提问时，也代表着此次面试已经告一段落，可以适时起身告辞了。

二、面试前的准备

随着大学毕业生就业制度改革的不断深化，所有大学毕业生以后都将面临市场经济的选择。虽然学识与经验是大学生求职的关键，但面对人才市场的激烈竞争，仅靠这点已远远不够，用人单位还需通过面试，观察和了解应聘者的全面情况，而面试的结果往往一锤定音。但如果说面试是求职成功的必经之路的话，面试前的准备便是照亮这条道路的明灯。

（一）注意语言表达能力的锻炼

对应聘者来说，流利自如、文雅幽默的谈吐是面试成功的必备条件。大学生在平时就要有意识地加强语言表达能力的训练，逐渐养成与陌生人自如交谈的习惯。多参加集体活动、课堂讨论大胆发言，也有助于讲话能力的训练。

（二）要尽可能多地了解对方

主试人提问的出发点，往往与招考单位有关。因此，面试前必须要花时间来研究所应聘职位的种类、公司的基本情况（如历史、企业文化、外部环境、机遇、职业发展等）、行业的特点以及用人单位的面试过程等。另外，了解所求取的工作岗位对知识技能的具体要求也有利于有针对性地展示自己的特长。应聘者对这些要素的理解和掌握程度对面试成功至关重要。

（三）要准备随时回答有关自己的问题

主试人往往以询问应聘者的有关情况作为面试的切入点。这类问题看似简单，其实不是所有的人都能应付自如的。因为要在很短时间内将自己较完整地介绍给陌生人并不是一件容易的事，而且还要简洁得当，谈吐流利。因此，面试前还得将有关自己的情况在已有个人特色简历的基础上加以浓缩提炼，再拟提纲，打腹稿，以免临时手足无措。

（四）注意仪表朴实、大方、端庄

服装和外貌同交谈一样，是主试人了解应聘者的重要凭据。从某种程度说，这绝不亚于面试中的对白语言。应着重对自己的外观进行一番打扮，使自己在面试时有一个良好的外表和精神面貌。修饰仪表应注意一些具体细节。衣着设计、衣服的质料应选择不易皱褶的，裁剪要合身；服装的款式以朴素、简练、精干、不碍眼为出发点。男同学宜穿西装，女同学宜穿裙装，避免紧身衣服或牛仔装。刚开封的衣服不自然，最好穿洗烫过一两次的。在衣服的颜色选择上，男同学宜穿深色的，给人以稳重、可靠、忠诚、干练的印象；女同学宜穿浅色的，给人以亲切、自然、大方、善良的印象。比如，谋求秘书职位的女同学穿黄色的衣服能表现出丰富的幻想力，而穿红色的衣服则能显示个性、主观意识和较强的表现欲望，易被主试人接受，切忌穿粉红色，给人以轻浮、虚荣的印象。在装饰物的佩戴上，男同学应系笔直、清洁的领带；女同学不宜佩戴任何饰物，否则会给主试人花枝招展、虚荣心强的印象。

（五）头型、面容装饰

头发应整齐、干净、有光泽，不要把发型搞得过于新奇而引人注目。男同学面试当天应把胡须刮干净；女同学面颊可化点淡妆，一方面使自己的脸色不显得苍白，又可掩饰一些缺点，但切忌浓妆艳抹。嘴唇是最生动、最吸引人的地方，应使嘴唇显得有润泽感，嘴大、唇厚的男同学可涂一层婴儿油膏；女同学宜用紫色口红，切忌用大红或橙红。眼睛是心灵的窗户，面试前应稍加修饰，比如女同学可描一下眉毛；眼睛小的可在眼睛周围轻轻描上眼线；近视、斜视或眨眼的同学要戴上一副眼镜。面试前洗个澡，会显得更加精神抖擞。在身上适度地喷些香水，可驱走其他气味，香水的味道以清淡型为宜。面试前最好别吃洋葱和大蒜。

（六）面试前最好带一文件夹或公文包

带文件夹或公文包不仅可以增加外表上的职业气质，而且很实用，可以把个人资料如简历、证书以及文具等都放进去。切忌面试时向主试人借用纸张和笔，这样会显得自己没有训练有素的工作习惯。

（七）保持正常心态

心态对于面试来说太重要了。紧张的心态会抑制思维的活力，本该想到的东西也会忘记。如果有一个放松而平静的心态，就会稳定思绪，发挥正常水平，甚至还会创造性地应答意外性的问题。特别对于初试者，由于心中底数差一些，更应保持放松的心态。如何保持面试前的心理放松呢？首先要正确分析自我，根据自身位置，保持积极主动的择业心态，敢于竞争、敢于自荐，增强心理承受能力；其次要有充足的睡眠，保持清醒的头脑，对可能出现的问题预测、回答问题的策略做好通盘考虑，以良好的心态从容应试。

（八）进行模拟面试训练

在做好面试准备以后，最好进行一次模拟训练，这样可能效果更好。如学校组织模拟面试活动，大学生应积极参加，锻炼自己，积累经验。大学生相互之间，也可交换扮演角色进行演练，以适应面试环境气氛。

三、面试的技巧

（一）应聘者的基本礼仪

1. 准时

提前5～10分钟到达面试地点，以表示应聘者的诚意，给对方以信任感，同时也可调整自己的心态，做一些简单的仪表准备，以免仓促上阵，手忙脚乱。为了达到这一点，一定要牢记面试的地点，有条件的同学最好能提前去一趟。这样，一来可观察熟悉环境，二来便于掌握路途往返时间，以免因一时找不到地方或途中延误而迟到。如果迟到了，肯定会给招聘者留下不好的印象，甚至会丧失面试的机会。

2. 进入面试场合不要紧张

如门关着，应先敲门，得到允许后再进去。开关门动作要轻，以从容自然为好。当被叫到名字时，以爽朗的声音应答。走进办公室时，应抬头、挺胸、面带微笑，目光注视考官，不瞻前顾后，不左顾右盼。女生步伐应轻盈、敏捷，给人以轻巧、欢悦、柔和之感。走到考官面前，应亲切地道一声"您好"。若主考官站起与应聘者握手，应聘者应热情地把手伸过去与之相握，然后站着，精神饱满，面带微笑，挺胸收腹，两脚并齐，双臂交叉于体前，两腿靠拢，应显得挺立端庄、秀丽俊美。当主考官示意坐下时，方可落座。就座后，可适当调整坐姿。坐姿对一个人的心理影响很大。若是直背靠椅，那是比较理想的。应轻轻坐下，上身正直，微向前倾，目光注视主考官的眼部和脸部以示尊重，双手放在扶手上或交叉于腹前，双腿自然弯曲并拢，双脚平落地面。若是软绵绵的沙发靠椅，也应尽量控制自己，不要陷下去，要挺腰坐直，全神贯注面对考官。不要弓腰曲背，抓耳挠腮，高跷"二郎腿"，身体各部位都不要抖动，要很稳重地坐在主考官面前，接受他的全方位考察，女生忌双腿分开。需递个人资料时，应起身双手捧上，表现出大方、谦逊和尊敬。面试结束时，应道声"谢谢"，起身走到门前，再转身微笑地道声"再见"，把美好的形象留给考官。

3. 面带微笑，神态自然

面试是面对面的情感交流。面部表情是一个人情感的"晴雨表"，人的内心世界的复杂活动都通过面部表情的不断变化表现出来，而且比语言表达得更丰富、更深刻。狄德罗在《绘画论》中指出："每一个人心灵的每一个活动都表现在他的脸上，刻画得很清晰，很明显。"由于面部表情能反映出人的喜、怒、哀、乐，所以在面试过程中，不仅要把握好自己的面部表情，而且还要善于观察考官的面部表情，洞察他的情绪变化。微笑是一种世界通用语言，它是善意的标志，友好的使者，成功的桥梁，它不仅能沟通情感，融洽气氛，以柔克刚，以静制动，缓解矛盾，消融坚冰，而且能给人以力量，增强人的自信，掩饰和战胜自卑及胆怯。在面试中，面带微笑，不仅能增强自己的自信心，而且可温暖考官的心，引起他的注意和好感。微笑是一种乐观之人特有的表情，它包含着自信、宽容、富有情趣。如果在面试前还不能面带微笑，应调整好自己的情绪，设法改变自己的心情，想想快乐的过去，成功的瞬间，勉强露出笑容，然后再小声吹吹口哨，唱唱歌，装成快乐的样子，不知不觉中，心情也大受影响，真的高兴起来，脸上就会露出轻松、愉快的笑容来。

4. 仔细观察主考官的面部表情，及时调整自己的面试内容

当主考官对应聘者的谈话心不在焉时，应聘者应立即中止谈论，采取提问形式，请他讲解；当主考官对应聘者所谈论的某一话题不感兴趣时，应聘者应转换话题；当主考官对面试有疲劳厌倦情绪时，应聘者应起身告退，再约时间……总之，要善于观察，仔细"阅读"考官的面部表情，洞察他的内心情感，迎合他的情绪变化，顺应他的情感迁移，以免引起他的反感，要给他留下轻松、愉快的印象。对主考官的问题要逐一回答。主考官向应聘者介绍情况时，应聘者要认真聆听。为了表示已听懂并感兴趣，可以在适当的时候点头或适当提问、答话。回答主考官的问题时，口齿要清晰，声音要适度，答话要简练、完整，尽量不要用简称、方言、土语和口头语，以免对方难以听懂。一般情况下，不要打断主考官的问话，不要抢问、抢答，否则会给人急躁、鲁莽、不礼貌的印象。问话完毕，听不懂时可要求重复。当不能回答某一问题时，应如实告诉主考官，含糊其辞和胡吹乱侃会导致面试

失败。对重复的问题也要有耐心，不要表现出不耐烦。

5. 在整个面试过程中，要保持举止文雅大方，谈吐谦虚谨慎，态度积极热情

如果主考官有两位以上时，回答谁的问题，目光就应注视谁，并应适时地环顾其他主考官以表示对他们的尊重。谈话时，眼睛要适时地注意对方，不要东张西望，显得漫不经心，也不要眼皮低垂，显得缺乏自信。激动地与主考官争辩某个问题不是明智的举动，冷静地保持不卑不亢的风度是有益的。有的主考官专门提一些无理的问题试探应聘者的反应，如果应聘者"一触即发"，乱了分寸，面试的效果显然不会理想。面试场上应聘者的语言表达艺术标志着应聘者的成熟程度和综合素质。对应聘者来说，掌握语言表达的技巧无疑是重要的。

6. 口齿清晰，语言流利，文雅大方

交谈时要注意发音准确，吐字清晰，还要注意控制说话的速度，以免磕磕绊绊，影响语言的流畅。为了增添语言的魅力，应注意修辞美妙，忌用口头禅，更不能有不文明语言。

7. 语气平和，语调恰当，音量适中

面试时要注意语言、语调、语气的正确运用。语气是指说话的口气，语调则是指语音的高低轻重。打招呼问候时用上语调，加强语气并带拖音，以引起对方注意。自我介绍时，最好多用平缓的陈述语气，不宜使用感叹语气或祈使句。声音过大令人厌烦，声音过小则难以听清。音量的大小要根据面试现场情况而定。两人面谈且距离较近时声音不宜过大，群体面试而且场地开阔时声音不宜过小，以每个主考官都能听清为原则。

8. 语言要含蓄、机智、幽默

说话时除了表达清晰外，适当的时候可以插进幽默的语言，使谈话增加轻松愉快的气氛，同时也展示了自己的优雅气质和从容风度。尤其是当遇到难以回答的问题时，机智幽默的语言会显示自己的聪明智慧，有助于化险为夷，并给人留下良好的印象。

9. 注意听者的反应

面试不同于演讲，面试更接近于一般的交谈。交谈中，应随时注意听者的反应。比如：听者心不在焉，可能表示他对这段话没有兴趣，应聘者则应设法转移话题；侧耳倾听，可能说明由于应聘者的音量过小使对方难于听清；皱眉、摆头，可能表示应聘者的语言有不当之处。根据对方的这些反应，要适时地调整语言、语调、语气、音量、修辞，包括陈述内容，这样才能取得良好的面试效果。

在日常生活交往中，人们都在自觉或不自觉地运用手势帮助自己表达意愿。那么，在面试中怎样正确地运用手势呢？在与他人交谈时，一定要对对方的谈话表示关注，显示出自己在聚精会神地听。对方在感到谈话被人关注和理解后，才能愉快专心地听应聘者谈话，并对其产生好感。一般表示关注的手势是：把手指搁在耳下或将双手交叉，身体前倾。开放的手势表示愿意与听者接近并建立关系，它使人感到应聘者的热情与自信，并让主考官觉得应聘者对所谈问题已是胸有成竹。这种手势的做法是：手心向上，两手向前伸出，手要与腹部等高。如果想表现出对所述主题的把握，可先将一只手伸向前，掌心向下，然后从左向右做一个大的环绕动作，就好像用手"覆盖"着所要表达的主题。如果想吸引听者的注意力或强调很重要的一点，可把食指和大拇指捏在一起，以示强调。

以上介绍的是面试中常见的手势，但要达到预期的目的，还应注意因时、因地、因人，灵活运用。

（二）应聘者回答问题的技巧

1. 把握重点，简洁明了，条理清楚，有理有据

一般情况下回答问题要结论在先，议论在后，即先将自己的中心意思表达清晰，然后再做叙述和论证，否则，长篇大论，会让人不得要领。面试时间有限，如果应聘者的神经太紧张，多余的话太多，则容易离题，将主题冲淡或漏掉。

2. 讲清原委，避免抽象

主考官提问总是想了解一些应聘者的具体情况，切不可简单地以"是""否"作答。针对所提问题的不同，有的需要解释原因，有的需要说明程度。不讲原委，过于抽象的回答，往往不会给主考官留下具体的印象。

3. 确认提问内容，切忌答非所问

面试中，当对主考官提出的问题一时摸不到边际，以至于不知从何答起或难以理解对方问题的含义时，可将问题复述一遍，并先就自己对这一问题的理解，请教对方以确认内容。对不太明确的问题，一定要搞清楚。这样才会有的放矢，不至于答非所问。

4. 有个人见解，有个人特色

主考官接待应聘者若干名，相同的问题问若干遍，类似的回答也要听若干遍。因此，主考官会有乏味、枯燥之感。只有具体独到的个人见解和有个人特色的回答，才会引起对方的兴趣和注意。

5. 知之为知之，不知为不知

面试遇到自己不知、不懂、不会的问题时，回避闪烁、默不作声、牵强附会、不懂装懂的做法不可取。诚恳坦率地承认自己的不足之处，反倒会赢得主考官的信任和好感。

面试时间一般为30～50分钟。在主考官暗示结束之后，应聘者应主动礼貌告辞，同考官握手表示感谢。

（三）面试可能涉及的问题

交谈一般从应聘者的自我介绍开始，自我介绍是展示自我的重要机会。自我介绍一般很短，两三分钟就够了。但这一炮打哑了，不仅涉及第一印象，而且涉及以后的问答，关系到面试成败。因此，要切实坚定自信心，努力稳定情绪，准确把握自己的特长和优势，并用简短却能给人强烈印象的语言流畅地表达出来。自我介绍主要包括姓名、毕业学校、专业、学习成绩、担任职务、获奖情况、特长、兴趣、爱好等。

交谈可能涉及下列内容，供大家参考。

1. 关于个人情况

"谈谈自己"通常作为第一个问题提出，为应聘者消除紧张心理。例如："你家庭情况怎样？""你恋爱了吗？""你有什么特长爱好？"对这类问题要据实回答，不可无中生有，也不可过分谦虚。

"你有什么优缺点？"这是一个常被问及且较难回答的问题。如实讲述自己的优缺点，客观评价自己，既不自傲，也不自卑，回答问题时的态度比回答的内容更重要。

2. 关于单位情况

"你了解我们单位吗？""你为什么喜欢这种工作？""你找工作首先考虑的因素是什么？""你的理想是什么？""到本单位上岗之前，让你先到基层锻炼两年，你愿意吗？"回答这些问题要求应聘者事先对面试进行准备。应聘者面试前应该对用人单位的情况做一些调查研究。可通过熟人或朋友或有关部门了解该单位的有关情况。对情况了解得越多，招聘单位越认为应聘者有诚意。同时应聘者要站在人生高度上来回答其他问题。

3. 关于专业情况

"你为什么选读此专业？""你学过的科目与我们的工作有什么关系？""你最喜欢或最不喜欢什么课程？为什么？""你对自己的学习成绩是否满意？""如果让你重新考大学，你会报什么专业？"应聘者应根据自己的专业知识和技能水平、个人志趣、特长等正确评价自己，正确定位求职岗位，恰如其分地回答上述问题。

4. 关于工作能力

"你的适应能力如何？""你有什么特长？""你在大学里曾担任过何种职务？成绩怎样？"无可讳言，面试就是要展现自己的优点。事实上，在美国自我推销也被认为是商业能力中相当重要的一环。尤其面试是向主考官展现个人能力的唯一机会，错过不可能重来。可用较为客观的方式表现自我优点，其间可以加入学校或别人曾给自己的正确评价或赞美，使对方充分了解，起到"毛遂自荐"的作用。

5. 关于人际关系

"你喜欢与什么样的人交往？""你喜欢独立工作还是与别人合作？""你喜欢什么样的领导？"良好的人际关系是团结的基础。人际关系状况反映一个单位的精神文明状况。人际关系好，这个单位就团结，同事及上下级之间会齐心协力，工作高效而愉快；反之，人际关系紧张，必然内耗丛生、涣散无力、缺乏生气。所以，到一个单位一定要搞好人际关系。可以从以下七个方面搞好人际关系：尊重他人，不自视清高；平等待人，不厚此薄彼；热心助人，不见利忘义；诚实守信，不贪图虚名；主动随和，不孤芳自赏；宽人律己，心胸开阔；服从领导，遵章守纪。

6. 关于工作态度

"怎样对待面前的困难？""因为某事你受到了批评，该怎么办？""你想怎样取得成功？"竞争进取是成才的驱动力，是创业途中的"开山斧"。顽强的意志是人生航船的铆钉，顽强的拼搏是事业的船桨。只有竞争进取、顽强拼搏的人，才会到达成功的彼岸。为适应社会主义市场经济发展的要求，大学生要树立竞争意识，增强竞争能力，敢于竞争，善于竞争。同时，还要有顽强的意志，顺境中不要只安于现状，不思进取；逆境中不要自暴自弃，而要自强不息。这就是回答上述问题的核心。

面试内容广泛，绝不仅限于上述六个方面。因此，大学生们应广泛涉猎政治、经济、文化及国内外社会各方面的知识，用科学的世界观和人生观武装自己的头脑，来应对考官提出的各种问题。

项目3　自荐的方法与技巧

【案例导入】

刘芸的自我介绍

我叫刘芸，2000 年出生，来自于河北承德，就读于某高职院校护理专业，将于 2018 年 7 月毕业。虽然我在校期间没有担任过学生干部，也没有工作经验，但在寒暑假和实习期间，在医院的妇产科当过护士，成绩优异。

刘芸同学的开场白基本符合自我介绍的一般要求，比较简洁清楚，但校名、系名、专业名称都应用全称，如某某大学。讲述自己的不利条件时，也应当尽可能含蓄一些。一般来讲，自我介绍应当用时短，基本情况表述清楚，突出自己的知识与能力特点，切忌繁琐。

自荐是大学生顺利就业的基础。目前毕业生就业的政策是"自主择业，双向选择"。要达到"双向选择"的目的，双方互相了解、互相认同是前提。对毕业生而言，在了解、认可用人单位的基础上，要让用人单位认识自己、了解自己、选择自己，就必须通过各种途径和方法，正确地宣传自己、展示自己、推销自己，这就是自荐。自荐是毕业生和用人单位之间的第一次接触，自荐的效果决定能否给用人单位留下良好的第一印象，决定能否进入下一步的面试，决定毕业生能否最终顺利就业。因此，每一个毕业生必须高度重视自荐，掌握自荐的方法和技巧。

一、常用的自荐方法

（一）现场自荐

现场自荐就是毕业生到用人单位或在招聘会现场进行自我推荐，这是大部分毕业生进行自我推荐的主要方式。其优点是：能够与招聘者面对面地交流，便于介绍自己的优势和特长，展示自己的风度和才华，容易给用人单位留下较深刻的印象，因此，与其他方式相比较，成功率较高。其缺点是：毕业生不可能在每个单位都进行现场推荐，特别是外地的用人单位，毕业生受财力、时间、精力等方面的限制，只能选择一些重点目标。

（二）电话自荐

毕业生在了解到用人单位的需求信息后，采用电话自荐是最好的方式之一，尤其是向离自己较远的外地单位求职，可以节约财力，是一种很经济的自荐方法。电话自荐要注意一些细节：一是把握时机，要有礼貌；二是掌握打电话的时间——打电话时间一般选在上午 8～10 点或下午 2～4 点，特别是刚上班时，人员都在，好联系；三是注意通话时间，不要主动把时间拖得很长，回答问题要言简意赅，并着力表现自己特长与所求职位密切相关；四是不要主动提出薪水报酬方面的事情；五是注意说话的语音、语速。

（三）学校推荐

大学院校经过多年的探索与实践，已经逐步形成了比较完备的毕业生就业体系，大学高专院校的优势在于无可比拟的人才培养模式，通过"走出去，请进来"等方式，与一些用人单位建立起了密切合作、互相信任的工作关系。由于学校学生就业指导机构在多年的就业指导工作中收集了大量的毕业生信息，针对不同用人单位的需求，向用人单位推荐符合条件的毕业生，因此用人单位对学校的推荐更加信任。学校推荐的优点是可信度高、成功率高。

（四）网络自荐

随着我国高等学校毕业生就业市场的不断发展与完善，网络求职、网上供需见面会正在发挥着越来越大的作用。通过计算机网络提供服务，人才交流正由有形市场向无形市场延伸。网上求职的优势在于操作简便、高效快捷，不受时空限制。其缺点有：一是网上招聘信息的真实程度较招聘会低，求职者将简历发出去后，经常是石沉大海、杳无音信，不甘心的求职者按照公司的电话打过去询问，才知道这些职位在很久之前就招满了；二是信息反馈时间长，回收率低。

（五）实习过程中的推荐

实习是大学生走向工作岗位的重要阶段，是实习学生与用人单位相互了解的过程，也是毕业生谋职最有效的方法之一。毕业生的实习，既可以让用人单位了解毕业生，毕业生也可以较详细地了解用人单位的生产、经营、管理和福利待遇等状况。通过一段时间的相互了解，建立联系，为以后的求职就业打下良好的基础。

（六）他人推荐

他人推荐也是一种间接推荐方式。根据毕业生提供的简历和求职意向，老师、亲朋好友、校友等，有目的地帮助毕业生联系单位。他人推荐的优点是：这些人与毕业生的友情是他们推荐的原动力，他们会利用一些社会资源，积极为毕业生求职助一臂之力。

值得注意的是，以上几种方式不是孤立的，有时是相互交叉进行的。毕业生求职择业要通过各种方式来推荐自己，最终达到顺利就业的目的。

二、自荐的基本技巧

在求职择业过程中，毕业生推销自我一定要讲究方式，掌握基本技巧。

（一）有备而来

毕业生要推销自我，首先要准备好自荐材料——自荐信、简历、获奖证书等。

（二）积极主动

"双向选择，自主择业"的就业体制，对毕业生最基本的要求就是主动出击。毕业生在收集到用人单位的需求信息后，要及时采用合适的自荐方式，积极推销自我。有些单位的信息注明了截止日期，所以必须在规定日期前提供自荐材料，超过期限一般单位不会再接收毕业生资料。寄出书面自荐材料后，估计单位已经收到材料了，就要及时询问用人单位，最好约定详细面谈的时间。通过他人推荐的，要及时询问、了解进展情况。

（三）实事求是

毕业生在自荐时一定要实事求是。优点不羞谈，是一说一，是二说二，尤其是在介绍自己以往学习、技能、工作上取得的成绩时，一定要恰如其分，有根有据。对于自己的缺点也要如实介绍，如果隐瞒了一些情况，一旦用人单位通过其他途径了解后，会给学校、毕业生的信誉带来不良后果。进行自我评价时要客观全面，让招聘者对应聘者有一个全面的分析和把握。

(四) 有的放矢

根据用人单位的具体要求，有针对性地突出自己的知识结构、社会经验、兴趣特长、职业理想，力争让招聘者确信自己就是最理想的应聘者。如果用人单位招聘文秘人员，应聘者就要着重介绍自己认真细致、写作能力强；如果用人单位招聘科研开发人员，应聘者就要介绍自己科研能力强、有创新意识。

总之，自荐前要做好充分的准备；自荐过程中要积极主动，不要消极等待；自荐时要实事求是，如实全面；要增强应聘的针对性，根据用人单位的不同要求突出自己优点的不同侧面。只有综合运用各种技巧，才有助于实现自己的就业目标。

项目4 求职权益保护

【案例导入】

求职经历

小赵应聘到某家新成立的公司，试用两个月，试用期间每月800元。与她一起被录用的还有另外3个人。新员工工作非常努力，可两个月后发工资时却只有300元。经理以她们都是实习名义来的，没签协议，实习生没有工资，只是考虑到她们那么辛苦才发给300元，并要求他们再试用一个月决定是否录用。几个人认为自己被骗了，却不知该怎么办。

小赵由于忽视了对与就业有关的法律、法规及制度的学习和了解，再加上社会经验不足、自我保护意识较差、就业竞争激烈、就业市场不够规范等多种原因，致使在求职择业的道路上遭遇了"陷阱"。因此，毕业生在就业过程中，一定要积极主动了解和掌握国家有关就业方面的法律、法规以及政策、制度，时刻保持清醒的头脑，学会运用法律武器维护自己的合法权益。

一、大学生就业的基本权益

求职权益就是指根据国家法律或法规规定的，在求职过程中应该享受的、不容侵犯的权利。根据目前法律法规的有关规定，高职大学生求职过程中主要享有以下几方面的权益。

(一) 获取信息权

求职信息是毕业生求职成功的前提和关键，只有在充分获取准确、完整、全面的求职信息的基础上，才能结合自身实际情况选择适合自己发展的用人单位。毕业生获取信息权，具有以下三方面含义。

(1) 信息公开。所有用人信息向全体毕业生公开，学校和个人不得隐瞒、截留需求信息。

(2) 信息及时。毕业生所获取的信息必须及时、有效，而不能将过时、无价值的信息传递给毕业生。

(3) 信息全面。毕业生有权获得准确、全面的求职信息。

(二) 接受就业指导权

《中华人民共和国高等教育法》第五十九条规定、"高等学校应当为毕业生、结业生提供就业指导和服务"。各高校应成立专门的就业指导机构，安排专门人员对毕业生进行相应的就业指导，包括向毕业生宣传国家和地方政府的就业、创业政策；进行求职技术指导和咨询服务；引导毕业生根据社会需求和个人实际情况进行求职；鼓励毕业生到边远、艰苦地区工作等，帮助大学生准确定位顺利求职。

（三）被推荐权

高等学校在就业工作中的一个重要职责就是向用人单位推荐合适的毕业生。毕业生享有的被推荐权包含以下三方面内容。

（1）如实推荐。高校在向用人单位推荐时，应实事求是地根据毕业生的实际情况进行介绍、推荐，不能故意贬低或随意抬高毕业生在校的表现。

（2）公正推荐。公正推荐是学校的基本责任，也是毕业生享有的最基本的权益。学校对毕业生进行推荐时应做到公平、公正，给每一位毕业生就业推荐的机会。

（3）择优推荐。学校根据毕业生的在校表现，在公平、公正的基础上，还应择优推荐。用人单位在录用毕业生时也应坚持择优标准，真正体现优生优分，这样才能调动广大毕业生和在校学生学习的积极性。

（四）自主选择权

根据国家有关规定，高校毕业生在国家就业方针、政策指导下有自主求职的权利。只要符合国家的就业方针、政策，毕业生就可以自主地选择用人单位，学校、其他单位和个人均不得干涉。任何组织和个人强令毕业生到某单位的行为，都是侵犯毕业生选择权的行为。

（五）公平录用权

公平录用权是毕业生最需要得到维护的权益。用人单位在录用毕业生的过程中，也应公平、公正，一视同仁。但由于目前各项配套措施滞后，开放、公平的就业市场尚未真正形成，用人单位录用毕业生时还不同程度地存在着不公平、不公正的现象。

（六）违约求偿权

毕业生、用人单位、学校三方签订协议后，任何一方不得擅自毁约。如用人单位无故要求解约，毕业生有权要求对方严格履行就业协议，若用人单位仍坚持解约，毕业生有权要求用人单位进行补偿。

二、常见求职侵权行为

从当前的就业市场情况来看，劳动力供大于求已是不争的事实。个别别有用心之人利用大学生求职心切、获取信息的渠道不畅通、对用人单位的招聘方式不了解等实际情况，而采用不法手段进行骗人、骗财，甚至诱骗大学生进行像传销之类的违法犯罪等活动也屡见不鲜。在求职择业过程中大学生要擦亮慧眼辨别真假，提高警惕，避免上当。下面介绍一些求职过程中常见的侵权行为，希望能引以为戒。

（一）骗取各种名目的费用

《劳动合同法》第九条规定："用人单位招用劳动者，不得扣押劳动者的居民身份证和其他证件，不得要求劳动者提供担保或者以其他名义向劳动者收取财物。"在求职过程中，有些用人单位却巧立名目向应聘者收取各种费用，如信息费、报名费、登记费、资料费、推荐费、注册费、风险押金、保证金、培训费、服装费、建档费等。毕业生们迫于对工作的需要往往只得就范。可是不少企业在收取了费用后便为所欲为，或者怠于履行义务，或者向求职者得寸进尺，提出更过分的要求。有的用人单位甚至不安排面试，只要求求职者支付名目繁多的费用，而当用人单位和中介公司填满了自己的"钱袋"之后，就会找出各种理由将应聘者"辞掉"。因此，毕业生在求职时要区分用人单位哪些做法是合理的，哪些做法是不合理的，对于各种不合法名目的收费要坚决抵制。用人单位违反《劳动合同法》规定，以担保或者其他名义向劳动者收取财物的，劳动行政部门接到举报查实，会责令限期退还劳动者本人，并以每人五百元以上、二千元以下的标准处以罚款；给劳动者造成损害的，应当承担赔偿责任。

（二）赚取廉价劳动力

一些不法企业利用试用期廉价使用毕业生。试用期是指包括在劳动合同期限内，用人单位对劳动者是否合格进行考核，劳动者对用人单位是否符合自己要求进行了解的期限。"试用期"是伴随着劳动法的出台而出现的。规定试用期是正常的招聘行为。然而，由于大学生在就业中处于弱势地位，加上缺乏工作经验和社会阅历，试用期被用人单位滥用的现象大量存在。一方面，试用期的长短及试用期内的报酬由用人单位单方面决定；另一方面，用人单位以实习期、见习期为由规避试用期规定，拒签劳动合同，或者利用试用期随意解除劳动合同。有些企业在试用毕业生时劳动强度高、工资报酬低，在试用期结束后又借口种种理由辞退毕业生。

（三）就业歧视

劳动者享有平等的就业权利和就业机会，但大学生在实际的求职过程中还是会遇到一些歧视现象。

1. 身体歧视

一些用人单位在缺少相关规定的情况下将身体有残疾或疾病的人拒之门外，剥夺了这群人的就业机会；还有一些单位在并无必要的情况下对应聘者的身高、相貌提出要求。

2. 性别歧视

性别歧视是女生们经常遇到的无奈。有的用人单位不顾社会责任，片面追求利益最大化，逃避劳动法赋予用人单位对女职工的特殊义务，在招聘员工时或私下或公开规定"只招男生"或"男生优先"。

3. 户籍歧视

有的用人单位只招收本地户口的毕业生，或者没有本地户口就必须有本地户口居民的担保，抬高了外地户口毕业生就业的门槛。有的地方政府为了保护本地人口就业，制定不合理的人才准入制度，使本地单位无法招收外地户口的毕业生，或者无法使外地户口的劳动者成为正式职工，严重限制了人才的合理流动。

（四）侵犯隐私

毕业生在求职时，会在相关领域（如网络和求职材料上）留下自己的信息资料，比如姓名、年龄、身高、学历、电话、身份证号等，这些信息属于个人隐私的一部分，未经本人同意不得公开、泄漏、出售。但可能因为各种原因,如工作人员的疏漏、网络软件的缺陷、不法分子的圈套等,这些信息被用来侵害当事人或谋求商业利益。因此,毕业生求职时不要随便将个人资料留给不可靠的单位和个人,投放网络时要选择安全防范能力强和可靠性高的网站,同时注意保密设置内容的选项。在面试时,一些用人单位的提问会涉及个人隐私,如果与工作无关或者出于恶意,毕业生有权拒绝回答;如果是出于安排合适岗位的考虑或者考察应变能力,毕业生可以视情况回答。用人单位因此获得毕业生的个人隐私后,负有保密的义务,否则构成侵权。

(五) 剽窃智力成果

个别用人单位通过招聘时要求毕业生提供作品或者完成某项设计工作等方式,无偿占有并盗用他人的程序设计、广告设计、策划方案、文章翻译等智力成果,以此获得求职者的"智力服务"。这些公司招聘是假,骗取创意才是他们的真正目的,尽管他们总是对求职者宣称,将对所有上交作品进行比较,最终确定人选,但往往没有了下文。如某软件公司在报刊上刊登招聘启事,招聘计算机专业研究生,凡应聘者领取考卷一份,实为一项设计项目的一部分,就这样一场虚假招聘使本应耗费大量人力的设计工作轻松完成。所以广大毕业生尤其是设计类、计算机类的毕业生应该提高警惕,增强保护知识产权的意识,采取适当措施降低用人单位使用作品的可能性。例如,面试时不要让用人单位随意复制自己的作品;发送电子邮件时,应对自己的作品进行处理,降低相关图片的分辨率;交付自己的作品时要准备两份,一份提交,一份自己留存,在留存份上要求招聘单位签字确认,以便将来能够证明劳动成果内容;提交成果时,可同时交上一份声明,要求用人单位对自己的劳动成果给予保护,要求招聘单位签收。

三、保护大学生求职权益

(一) 毕业生的自我保护

毕业生自我保护是毕业生权益保护的一个重要方面。毕业生自我保护体现在以下三个方面:

(1) 毕业生应了解目前国家关于毕业生就业的有关方针、政策和规范,以及它们之间的关系,熟悉毕业生在就业过程中的权利和义务,这是毕业生权益自我保护的前提。如果在就业过程中因为所谓的公司规定或部门规定与国家政策法规有抵触,侵犯了自己的权益,则可以依据法规办事,维护自己的合法权益。

(2) 毕业生应自觉遵循有关就业规范,接受其制约,保证自己的就业行为不违反就业规范,不侵犯其他毕业生的合法权益。

(3) 就业协议是明确毕业生、用人单位、学校在毕业生就业工作权利义务的书面文本,一般由国家教育部制定统一格式。毕业生必须认真签订就业协议。而在用人单位与毕业生、学校签订"三方协议"后,还要与毕业生再签订一份比较详尽的正式确立劳动关系的劳动合同。在缔约当中,一定要高度重视合同条款的约定,考虑仔细,讲究诚信,不要违约。

(二) 毕业生就业主管部门的保护

毕业生就业主管部门可通过制定相应的规定来确定毕业生的权益,并对侵犯毕业生权益的行为予以抵制和处理。近年来,我国政府和有关部门制定了一系列的就业政策和法规。与毕业生就业相关的法律、法规主要有《中华人民共和国高等教育法》《中华人民共和国合同法》《中华人民共和国劳动法》《劳动保障监察条例》《中华人民共和国公务员法》等。主要可以分为以下几类：一是教育部及有关部委关于毕业生就业的规范，如《普通高等学校毕业生就业暂行规定》；二是各地方就业主管部门根据本地方实际情况出台的有关毕业生就业的规范性文件，用于规范指导本地方的毕业生就业；三是高等学校结合学校实际，根据国家的就业方针、政策和规定，以及主管部门工作意见制定的本校工作实施办法、实施细则。当毕业生受到相关侵害时，可向相应的部门进行投诉、反映，来维护自身合法权益。

（三）高校的保护

学校对毕业生权益的保护最为直接。学校可通过制订各项措施来规范毕业生就业指导和就业推荐。对于用人单位在录用毕业生过程中的不公平、不公正行为，学校有权予以抵制，以维护毕业生公平受录用权。对于用人单位与毕业生签订不符合有关规定的就业协议，学校有权不予同意。未经学校同意的就业协议不发生法律效力，不能作为编制就业计划的依据。

（四）法律手段的维护

由于高校毕业生就业市场的不够成熟与完善，有关法律、法规和制度尚不健全，毕业生在就业过程中不可避免会出现一些不公平现象，从而侵害毕业生就业权益，毕业生要积极利用法律武器来捍卫自己的合法权益。

（1）毕业生有权向就业主管部门、劳动保障主管部门或者学校进行申诉，并听取他们的处理意见。

（2）毕业生可直接向用人单位的主管部门投诉。若被投诉对象有营业执照，可向劳动保障部门投诉；若是无证照经营，可向工商部门投诉；若情节特别严重，诈骗金额大，可向公安部门报案。

（3）毕业生同时也可将劳动纠纷提交给当地的劳动争议仲裁机构进行调解和仲裁，对仲裁不服，还可向人民法院提起诉讼。尽管就业中发生争议、侵权的事件比例有限，但是具体到某一个地区、某一个毕业生、某一个家庭来说，事关重大，绝无小事。处理不好或者处理不及时，也会带来一定的社会问题。一旦争议不能通过交涉或第三方非司法解决，就只能求助具有强制执行力的仲裁或者司法机关。仲裁和司法保护，即由中立第三方运用法律对毕业生的求职权益予以保护，该保护具有强制性。司法是社会正义的底线，运用司法程序维护自身权益是毕业生权益维护的路径之一。毕业生在就业过程中不可避免地会出现一些不公平现象，对毕业生就业求职的正当权益予以侵害。针对侵犯自身就业权益的行为，毕业生除了有权向用人单位上级主管部门和学校进行申诉并听取他们的处理意见，同时也可提交给当地的劳动争议仲裁机构进行调解和仲裁，或者向人民法院提起诉讼。

拓 展 阅 读

成功面试的十条原则

应聘者面对未来的雇主如何应对作答，在很大程度上决定了面试的成败。如果我们花点时间仔细阅读研究下列十条面试原则，并付诸实施，一定会有意想不到的惊喜。

（1）对公司背景及其经营状况要了如指掌。必须在应聘面试前对公司作深入了解和研究，包括公司的产品、服务、存在的问题、前景以及公司在其领域所处的地位。知己知彼，方能胸有成竹。这种试前准备对应聘成功与否具有不可估量的作用。

（2）采取积极自信的态度。参加面试首要的是要保持胜利者的心态。精心准备加上信心，已取得了一半的成功。即使以前面试有过失败和挫折，也不必气馁，因为我们和主考官之间的关系是建立在相互感兴趣的基础上的。要大胆告诉主考官自己未来的计划，以及该计划如何能充分协调和满足公司的需求。对自己的优点要自始至终抱有充分信心。

（3）松弛肌肉，让微笑贯穿整个面试过程。有人说："不会微笑的人不能经商。"同样道理，一个不会微笑的人是很难取得应聘成功的。事实证明，一种发自内心的微笑，等于向主考官传递了这样一种信息："我很高兴见到你。"尝试一下，我们会创造奇迹。

（4）握手时要坚定有力。应聘者很少有人意识到握手也有文章可做。事实上，有力的握手是一种充满能量、值得信赖的象征。政治家们往往把握手作为一种交朋友和影响他人的手段。当然，握手用力也不能过分，否则，可能会使对方觉得我们支配欲太强。

（5）集中注意力聆听主考官的话。在应聘时，如果不集中注意力，就会遗漏某些要点，更可能答非所问。要做到集中注意力，有以下几种办法：当主考官说话时，应聘者应直视对方双目，同时目光在两目和鼻梁间移动，这样既保持了接触又避免了直盯。直视对方，说明了自己的兴趣，达到最佳的聆听效果；左顾右盼，会给主考官留下缺乏诚意的印象。

（6）必须保持良好的坐姿。僵硬呆板的姿势只能让人视为刻板，斜靠桌子上或懒散伸开四肢则是太随便、不礼貌的表现。聆听时，应显示出一种积极的兴趣，不时在脸部表情上做出反应。应聘者可以不时点头或发表一些评论，如"我完全懂"或回答"是的，先生""是的，小姐"。应聘者的回答应该既能体现尊重，又能体现出自己的能力和个性。不要玩弄眼镜、钢笔、头发或任何会影响自己注意力的东西。

（7）注意仪表。主考官或许不会公开承认，但事实上许多应聘者就是由于不注意自身的仪表而过早地被淘汰。有一项调查表明：三分之一的应聘者被淘汰是由于穿着随便、不得体、不修边幅。要充满热情，如果内心非常渴望得到职位，就不要克制对该工作的热情，向主考官分享自己的热情。没有对工作的热情，一切成就均无从谈起。热情可以在许多方面表现出来：谈话、手势、面部表情等。

（8）谨慎地对待工资问题。面试之前，在工资问题上多了解其他公司同等职位或相关职位工资的行情。询问该公司的雇员，了解与自己心目中的工资行情是否相一致。应聘者的能力越是公司所急需的，在工资商讨方面就越有竞争力。为了能够得到主考官最好的出价，答复时应着重围绕他最感兴趣的内容，例如扩大市场、降低生产成本、提高生产效率、改善和客户的关系、提高利润等。如果在工资方面和主考官不能达成一致，则先不要拒绝这份工作，而应提出一个合理时间重新加以考虑。

（9）不要滔滔不绝，应当言简意赅。主考官往往将面试时间安排为25%给自己，75%给应聘者，这样他就能有充分的时间观察了解应聘者的方方面面，包括专业知识、个人性格、爱好以及那些在简历中难以获得的信息。明智的应聘者应该将这个时间安排倒转过来，即自己的时间为25%，将75%的时间留给主考官，或至少平均分配时间。

应聘者应在充分展示其特殊能力和资格方面，以及这些能力和资格在满足公司需求的重要性方面做文章。

（10）给主考官留下好印象。许多主考官在仔细评估了一个应聘者的资格和能力后，在最后聘用与否时往往是凭一种内心总体感觉来决定。那么如何使主考官对应聘者有一种良好的感觉呢？

首先，要注意所说的话会使主考官充分感到他地位的重要性，因为任何人都有一种需要被他人欣赏和赞扬的本能。如果能在面试之前就对主考官有一定了解，那么面试时应聘者就能处于较有利的地位。比如，可以提及主考官在某些领域所取得的成就，以及其职位在其公司中的重要作用等，注意赞扬应该来自内心，过分吹捧只能适得其反。其次，要认真倾听主考官们的谈话，并以积极自信的态度应答。注意不要轻易打断其谈话，不要对其谈话妄加评论，更不要纠正其错误。

模 块 小 结

该模块主要介绍了笔试与技能、面试的种类与技巧、自荐的方法与技巧及求职权益保护等内容。向用人单位自荐是大学生顺利就业的基础，要准备好自荐材料，如自荐信、简历、获奖证书等。

以积极主动、实事求是的态度向用人单位自荐，常用的方法有招聘现场自荐、电话自荐、学校推荐、网络自荐和实习过程中的推荐。

招聘常见的笔试一般包含专业考试、智商和职业心理测试和综合能力测试。我国公务员考试主要有《综合知识》《行政职业能力倾向测验》《申论》。笔试之前需要复习相应知识，考场上做到卷面整洁、字迹清晰，综合运用知识，合理运用时间，科学答卷。

一般面试安排在笔试之后，求职者可以有针对地做准备，如锻炼语言表达能力，尽可能多地了解对方，预设问题及答案，准备文件夹或公文包，保持平常心，修饰仪表，模拟训练，以朴实、大方、端庄的形象参加面试。

为了保证自身权益在就业过程中不被侵犯，大学生有必要提前了解相关政策与法律法规。大学生就业的基本权益包括获取信息权、接受就业指导权、被推荐权、自主选择权、公平录用权和违约求偿权。针对于常见的求职侵权行为，毕业生要积极利用法律武器来捍卫自己的合法权益。

教 学 检 测

1. 参加面试之前需要做哪些准备工作？
2. 自我推荐的方法有哪些？
3. 如何保护大学生的求职权益？

实 训 活 动

（1）面试时男女着装应注意哪些问题？请为自己设计一套面试的着装。
（2）正确的站姿、坐姿具体有哪些？在寝室或家里训练自己正确的站姿、坐姿。
（3）面试练习检查清单，如表 8-1 所示。

在面试之前，请你的朋友或家人和你一起演练一次面试，然后对照下面的面试练习检查清单，看看你的表现如何，重点找出自己哪些地方做得不好。然后根据朋友和家人给你提出的建议，有针对性地进行强化训练。

表 8 - 1　面试练习检查清单

你的面试表现	非常好	一般	糟糕
你的坐姿怎样？			
你微笑了吗？			
面对压力时，你表现冷静吗？			
你的表达自信吗？			
每个问题的回答时间掌握如何？			
你的回答清晰吗？			
在你的回答中，恰当使用了事例吗？			
你的声音洪亮吗？			
你能与面试官保持目光接触吗？			
你对面试官的情况了解程度如何？			

附录 1　霍兰德职业倾向测验量表

本测验量表将帮助您发现和确定自己的职业兴趣和能力特长，从而更好地做出求职择业的决策。如果您已经考虑好或选择好了自己的职业，本测验将使您的这种考虑或选择具有理论基础，或向您展示其他合适的职业；如果您至今尚未确定职业方向，本测验将帮助您根据自己的情况选择一个恰当的职业目标。

本测验共有七个部分，每部分测验都没有时间限制，但请您尽快按要求完成。

第一部分　您心目中的理想职业

对于未来的职业，您得早有考虑，它可能很抽象、很朦胧，也可能很具体、很清晰。不论是哪种情况，现在都请您把自己最想做的三种工作或最想读的三种专业，按顺序写下来。

1. _____
2. _____
3. _____

第二部分　您所感兴趣的活动

下面列举了若干种活动，请就这些活动判断你的好恶。喜欢的或符合的，请在□里打√，反之则打×。请按顺序回答全部问题。

R：实际型活动，是打√，否打×

1. 装配修理电器或玩具□
2. 修理自行车□
3. 用木头做东西□
4. 开汽车或摩托车□
5. 用机器做东西□
6. 参加木工技术学习班□
7. 参加制图描图学习班□
8. 驾驶卡车或拖拉机□
9. 参加机械和电气学习班□
10. 装配修理机器□

统计"是"一栏得分计_____

I：研究型活动，是打√，否打×

1. 读科技图书和杂志□
2. 在实验室工作□
3. 改良水果品种，培育新的水果□
4. 调查了解土和金属等物质的成分□
5. 研究自己选择的特殊问题□
6. 解算术或玩数学游戏□
7. 物理课□
8. 化学课□

9. 几何课□

10. 生物课□

统计"是"一栏得分计＿＿＿＿＿＿＿

A：艺术型活动，是打√，否打×

1. 素描/制图或绘画□

2. 参加话剧/戏剧□

3. 设计家具/布置室内□

4. 练习乐器/参加乐队□

5. 欣赏音乐或戏剧□

6. 看小说/读剧本□

7. 从事摄影创作□

8. 写诗或吟诗□

9. 进艺术(美术/音乐)培训班□

10. 练习书法□

统计"是"一栏得分计＿＿＿＿＿＿＿

S：社会型活动，是打√，否打×

1. 学校或单位组织的正式活动□

2. 参加某个社会团体或俱乐部活动□

3. 帮助别人解决困难□

4. 照顾儿童□

5. 出席晚会、联欢会、茶话会□

6. 和大家一起出去郊游□

7. 想获得关于心理方面的知识□

8. 参加讲座会或辩论会□

9. 观看或参加体育比赛和运动会□

10. 结交新朋友□

统计"是"一栏得分计＿＿＿＿＿＿＿

E：企业型活动，是打√，否打×

1. 说服鼓动他人□

2. 卖东西□

3. 谈论政治□

4. 制订计划、参加会议□

5. 以自己的意志影响别人的行为□

6. 在社会团体中担任职务□

7. 检查与评价别人的工作□

8. 结交名流□

9. 指导有某种目标的团体□

10. 参与政治活动□

统计"是"一栏得分计＿＿＿＿＿＿＿

C：传统型活动，是打√，否打×

1. 整理好桌面和房间□

2. 抄写文件和信件□

3. 为领导写报告或公务信函□

4. 检查个人收支情况□

5. 打字培训班□

6. 参加算盘、文秘等实务培训□

7. 参加商业会计培训班□

8. 参加情报处理培训班□

9. 整理信件、报告、记录等□

10. 写商业贸易信□

统计"是"一栏得分计＿＿＿＿＿＿＿

第三部分　您所擅长获胜的活动

下面列举了若干种活动，其中你能做或大概能做的事，请在□里打√，反之则打×。请按顺序回答全部问题。

R：实际型能力，是打√，否打×

1. 能使用电锯、电钻和锉刀等□

2. 知道万用表的使用方法□

3. 能够修理自行车或其他机械□

4. 能够使用电钻床、磨床或缝纫机□

5. 能给家具和木制品刷漆□

6. 能看建筑设计图□

7. 能够修理简单的电气用品□

8. 能修理家具□

9. 能修理收录机□

10. 能简单地修理水管□

统计"是"一栏得分计＿＿＿＿＿＿＿＿

I：研究型能力，是打√，否打×

1. 懂得真空管或晶体管的作用□

2. 能够列举三种蛋白质多的食品□

3. 理解铀的裂变□

4. 能用计算尺、计算器、对数表□

5. 会使用显微镜□

6. 能找到三个星座□

7. 能独立进行调查研究□

8. 能解释简单的化学□

9. 理解人造卫星为什么不落地□

10. 经常参加学术的会议□

统计"是"一栏得分计＿＿＿＿＿＿＿＿

A：艺术型能力，是打√，否打×

1. 能演奏乐器□

2. 能参加二部或四部合唱□

3. 独唱或独奏□

4. 扮演剧中角色□

5. 能创作简单的乐曲□

6. 会跳舞□

7. 能绘画、素描或书法□

8. 能雕刻、剪纸或泥塑□

9. 能设计板报、服装或家具□

10. 写得一手好文章□

统计"是"一栏得分计＿＿＿＿＿＿＿＿

S：社会型能力，是打√，否打×

1. 有向各种人说明解释的能力□

2. 常参加社会福利活动□

3. 能和大家一起友好相处地工作□

4. 善于与年长者相处□

5. 会邀请人、招待人□

6. 能简单易懂地教育儿童□

7. 能安排会议等活动顺序□

8. 善于体察人心和帮助他人□

9. 帮助护理病人和伤员□

10. 安排社团组织的各种事务□

统计"是"一栏得分计＿＿＿＿＿＿＿＿

E：企业型能力，是打√，否打×

1. 担任过学生干部并且干得不错□

2. 工作上能指导和监督他人□

3. 做事充满活力和热情□

4. 有效利用自身的做法调动他人□

5. 销售能力强□

6. 曾作为俱乐部或社团的负责人□

7. 向领导提出建议或反映意见□

8. 有开创事业的能力□

9. 知道怎样成为优秀的领导者□

10. 健谈善辩□

统计"是"一栏得分计＿＿＿＿＿＿＿＿

C：传统型能力，是打√，否打×

1. 会熟练的打印中文□

2. 会用外文打字机或复印机□

3. 能快速记笔记和抄写文章□

4. 善于整理保管文件和资料□

5. 善于从事事务性的工作□

6. 会用算盘或计算器□

7. 能在很快分类和处理大量文件□

8. 能使用计算机□

9. 能搜集数据□

10. 善于为自己或集体做财务预算表□

统计"是"一栏得分计＿＿＿＿＿＿＿＿

第四部分　你所喜欢的职业

下面列举了多种职业，请逐一认真地看，如果是你有兴趣的工作，请在□里打√，反之则打×。请按顺序回答全部问题。

R：实际型职业，是打√，否打×

1. 飞机机械师□	2. 野生动物专家□
3. 汽车维修工□	4. 木匠□
5. 测量工程师□	6. 无线电报务员□
7. 园艺师□	8. 长途公共汽车司机□
9. 电工□	10. 火车司机□

统计"是"一栏得分计_____

I：研究型职业，是打√，否打×

1. 气象学或天文学者□	2. 生物学者□
3. 医学实验室的技术人员□	4. 人类学者□
5. 动物学者□	6. 化学者□
7. 数学学者□	8. 科学杂志的编辑或作家□
9，地质学者□	10. 物理学者□

统计"是"一栏得分计_____

A：艺术型职业，是打√，否打×

1. 乐队指挥□	2. 演奏家□
3. 作家□	4. 摄影家□
5. 记者□	6. 画家、书法家□
7. 歌唱家□	8. 作曲家□
9. 电影电视演员□	10. 电视节目主持人□

统计"是"一栏得分计_____

S：社会型职业，是打√，否打×

1. 街道、工会或妇联干部□	2. 小学、中学教师□
3. 精神病医生□	4. 婚姻介绍所工作人员□
5. 体育教练□	6. 福利机构负责人□
7. 心理咨询员□	8. 共青团干部□
9. 导游□	10. 国家机关工作人员□

统计"是"一栏得分计_____

E：企业型职业，是打√，否打×

1. 厂长□	2. 电视片编制人□
3. 公司经理□	4. 销售员□
5. 不动产推销员□	6. 广告部长□
7. 体育活动主办者□	8. 销售部长□

9. 个体工商业者☐　　　　　　　　10. 企业管理咨询人员☐

统计"是"一栏得分计＿＿＿＿＿＿＿

C：传统型职业，是打√，否打×

1. 会计师☐　　　　　　　　　　　2. 银行出纳员☐

3. 税收管理员☐　　　　　　　　　4. 计算机操作员☐

5. 簿记人员☐　　　　　　　　　　6. 成本核算员☐

7. 文书档案管理员☐　　　　　　　8. 打字员☐

9. 法庭书记员☐　　　　　　　　　10. 人口普查登记员☐

统计"是"一栏得分计＿＿＿＿＿＿＿

第五部分　您的能力类型简评

　　下面两张表(附表 1-1 和附表 1-2)是您在 6 个职业能力方面的自我评定表。您可以先与同龄者比较出自己在每一方面的能力，然后经斟酌后对自己的能力作评估。请在表中适当的数字上画圈。数字越大，表示您的能力越强。

　　注意，请勿全部画同样的数字，因为人的每项能力不可能完全一样。

附表 1-1　职业能力自我评定表 A

R 型	I 型	A 型	S 型	E 型	C 型
机械操作能力	科学研究能力	艺术创作能力	解释表达能力	商业洽谈能力	事务执行能力
7	7	7	7	7	7
6	6	6	6	6	6
5	5	5	5	5	5
4	4	4	4	4	4
3	3	3	3	3	3
2	2	2	2	2	2
1	1	1	1	1	1

附表 1-2　职业能力自我评定表 B

R 型	I 型	A 型	S 型	E 型	C 型
体育技能	数学技能	音乐技能	交际技能	领导技能	办公技能
7	7	7	7	7	7
6	6	6	6	6	6
5	5	5	5	5	5
4	4	4	4	4	4
3	3	3	3	3	3
2	2	2	2	2	2
1	1	1	1	1	1

第六部分　统计和确定您的职业倾向

请将第二部分至第五部分的全部测验分数按前面已统计好的 6 种职业倾向（R 型、I 型、A 型、S 型、E 型和 C 型）得分填入附表 1－3，并作纵向累加。

附表 1－3　职业能力自我评定测验分数统计

测试	R 型	I 型	A 型	S 型	E 型	C 型
第二部分						
第三部分						
第四部分						
第五部分 A						
第五部分 B						
总分						

请将附表 1－3 中的 6 种职业倾向按总分大小依次从左到右排列：

_____ 型、_____ 型、_____ 型、_____ 型、_____ 型、_____ 型

最高分_____，您的职业倾向性得分_____，最低分_____

第七部分　您所看重的东西——职业价值观

这一部分测验列出了人们在选择工作时通常会考虑的 9 种因素（见所附工作价值标准）。现在请您在其中选出最重要的两项因素，并将序号填入下边相应空格上。

最重要：_____　　　次重要：_____

最不重要：_____　　次不重要：_____

附：工作价值标准：

1. 工资高、福利好　　　　　　2. 工作环境（物质方面）舒适
3. 人际关系良好　　　　　　　4. 工作稳定有保障
5. 能提供较好的受教育机会　　6. 有较高的社会地位
7. 工作不太紧张、外部压力少　8. 能充分发挥自己的能力特长
9. 社会需要与社会贡献大

以上全部测验完毕。

现在，将你测验得分居第一位的职业类型找出来，对照下表，判断一下自己适合的职业类型。

职业索引——职业兴趣代号与其相应的职业对照表：

R（实际型）：木匠，农民，操作 X 光的技师，工程师，飞机机械师，鱼类和野生动物专家，自动化技师，机械工（车工、钳工等），电工，无线电报务员，火车司机，长途公共汽车司机，机械制图员，修理机器，电器师。

I(调查型)：气象学者，生物学者，天文学家，药剂师，动物学者，化学家，科学报刊编辑，地质学者，植物学者，物理学者，数学家，实验员，科研人员，科技作者。

A(艺术型)：室内装饰专家，图书管理专家，摄影师，音乐教师，作家，演员，记者，诗人，作曲家，编剧，雕刻家，漫画家。

S(社会型)：社会学者，导游，福利机构工作者，咨询人员，社会工作者，社会科学教师，学校领导，精神病工作者，公共保健护士。

E(事业型)：推销员，进货员，商品批发员，旅馆经理，饭店经理，广告宣传员，调度员，律师，政治家，零售商。

C(常规型)：记账员，会计，银行出纳，法庭速记员，成本估算员，税务员，核算员，打字员，办公室职员，统计员，计算机操作员，秘书。

RIA：牙科技术员，陶工，建筑设计员，模型工，细木工，制作链条人员。

RIS：厨师，林务员，跳水员，潜水员，染色员，电器修理，眼镜制作，电工，纺织机器装配工，服务员，装玻璃工人，发电厂工人，焊接工。

RIE：建筑和桥梁工程，环境工程，航空工程，公路工程，电力工程，信号工程，电话工程，一般机械工程，自动工程，矿业工程，海洋工程，交通工程技术人员，制图员，家政经济人员，计量员，农民，农场工人，农业机械操作，清洁工，无线电修理，汽车修理，手表修理，管工，线路装配工，工具仓库管理员。

RIC：船上工作人员，接待员，杂志保管员，牙医助手，制帽工，磨坊工，石匠，机器制造，机车(火车头)制造，农业机器装配，汽车装配工，缝纫机装配工，钟表装配和检验，电动器具装配，鞋匠，锁匠，货物检验员，电梯机修工，托儿所所长，钢琴调音员，装配工，印刷工，建筑钢铁工作，卡车司机。

RAI：手工雕刻，玻璃雕刻，制作模型人员，家具木工，制作皮革品，手工绣花，手工钩针纺织，排字工作，印刷工作，图画雕刻，装订工。

RSE：消防员，交通巡警，警察，门卫，理发师，房间清洁工，屠夫，锻工，开凿工人，管道安装工，出租汽车驾驶员，货物搬运工，送报员，勘探员，娱乐场所的服务员，起卸机操作工，灭害虫者，电梯操作工，厨房助手。

RSI：纺织工，编织工，农业学校教师，某些职业课程教师(诸如艺术、商业、技术、工艺课程)，雨衣上胶工。

REC：抄水表员，保姆，实验室动物饲养员，动物管理员。

REI：轮船船长，航海领航员，大副，试管实验员。

RES：旅馆服务员，家畜饲养员，渔民，渔网修补工，水手长，收割机操作工，搬运行李工人，公园服务员，救生员，登山导游，火车工程技术员，建筑工作，铺轨工人。

RCI：测量员，勘测员，仪表操作者，农业工程技术，化学工程技师，民用工程技师，石油工程技师，资料室管理员，探矿工，煅烧工，烧窑工，矿工，保养工，磨床工，取样工，样品检验员，纺纱工，炮手，漂洗工，电焊工，锯木工，刨床工，制帽工，手工缝纫工，油漆工，染色工，按摩工，木匠，农民建筑工作，电影放映员，勘测员助手。

RCS：公共汽车驾驶员，一等水手，游泳池服务员，裁缝，建筑工作，石匠，烟囱修建工，混凝土工，电话修理工，爆炸手，邮递员，矿工，裱糊工人，纺纱工。

RCE：打井工，吊车驾驶员，农场工人，邮件分类员，铲车司机，拖拉机司机。

IAS：普通经济学家，农场经济学家，财政经济学家，国际贸易经济学家，实验心理学家，工程心理学家，心理学家，哲学家，内科医生，数学家。

IAR：人类学家，天文学家，化学家，物理学家，医学病理，动物标本剥制者，化石修复者，艺术品管理者。

ISE：营养学家，饮食顾问，火灾检查员，邮政服务检查员。

ISC：侦察员，电视播音室修理员，电视修理服务员，验尸室人员，编目录者，医学实验定技师，调查研究者。

ISR：水生生物学者，昆虫学者，微生物学家，配镜师，矫正视力者，细菌学家，牙科医生，骨科医生。

ISA：实验心理学家，普通心理学家，发展心理学家，教育心理学家，社会心理学家，临床心理学家，目标学家，皮肤病学家，精神病学家，妇产科医师，眼科医生，五官科医生，医学实验室技术专家，民航医务人员，护士。

IES：细菌学家，生理学家，化学专家，地质专家，地理物理学专家，纺织技术专家，医院药剂师，工业药剂师，药房营业员。

IEC：档案保管员，保险统计员。

ICR：质量检验技术员，地质学技师，工程师，法官，图书馆技术辅导员，计算机操作员，医院听诊员，家禽检查员。

IRA：地理学家，地质学家，声学物理学家，矿物学家，古生物学家，石油学家，地震学家，声学物理学家，原子和分子物理学家，电学和磁学物理学家，气象学家，设计审核员，人口统计学家，数学统计学家，外科医生，城市规划家，气象员。

IRS：流体物理学家，物理海洋学家，等离子体物理学家，农业科学家，动物学家，食品科学家，园艺学家，植物学家，细菌学家，解剖学家，动物病理学家，作物病理学家，药物学家，生物化学家，生物物理学家，细胞生物学家，临床化学家，遗传学家，分子生物学家，质量控制工程师，地理学家，兽医，放射性治疗技师。

IRE：化验员，化学工程师，纺织工程师，食品技师，渔业技术专家，材料和测试工程师，电气工程师，土木工程师，航空工程师，行政官员，冶金专家，原子核工程师，陶瓷工程师，地质工程师，电力工程量，口腔科医生，牙科医生。

IRC：飞机领航员，飞行员，物理实验室技师，文献检查员，农业技术专家，动植物技术专家，生物技师，油管检查员，工商业规划者，矿藏安全检查员，纺织品检验员，照相机修理者，工程技术员，编程者，工具设计者，仪器维修工。

CRI：簿记员，会计，记时员，铸造机操作工，打字员，按键操作工，复印机操作工。

CRS：仓库保管员，档案管理员，缝纫工，讲述员，收款人。

CRE：标价员，实验室工作者，广告管理员，自动打字机操作员，电动机装配工，缝纫机操作工。

CIS：记账员，顾客服务员，报刊发行员，土地测量员，保险公司职员，会计师，估价员，邮政检查员，外贸检查员。

CIE：打字员，统计员，支票记录员，订货员，校对员，办公室工作人员。

CIR：校对员，工程职员，海底电报员，检修计划员，发扳员。

CSE：接待员，通讯员，电话接线员，卖票员，旅馆服务员，私人职员，商学教师，旅游办事员。

CSR：运货代理商，铁路职员，交通检查员，办公室通信员，簿记员，出纳员，银行财务职员。

CSA：秘书，图书管理员，办公室办事员。

CER：邮递员，数据处理员，办公室办事员。

CEI：推销员，经济分析家。

CES：银行会计，记账员，法人秘书，速记员，法院报告人。

ECI：银行行长，审计员，信用管理员，地产管理员，商业管理员。

ECS：信用办事员，保险人员，各类进货员，海关服务经理，售货员，购买员，会计。

ERI：建筑物管理员，工业工程师，农场管理员，护士长，农业经营管理人员。

ERS：仓库管理员，房屋管理员，货栈监督管理员。

ERC：邮政局长，渔船船长，机械操作领班，木工领班，瓦工领班，驾驶员领班。

EIR：科学，技术和有关周期出版物的管理员。

EIC：专利代理人，鉴定人，运输服务检查员，安全检查员，废品收购人员。

EIS：警官，侦察员，交通检验员，安全咨询员，合同管理者，商人。

EAS：法官，律师，公证人。

EAR：展览室管理员，舞台管理员，播音员，驯兽员。

ESC：理发师，裁判员，政府行政管理员，财政管理员，工程管理员，职业病防治，售货员，商业经理，办公室主任，人事负责人，调度员。

ESR：家具售货员，书店售货员，公共汽车的驾驶员，日用品售货员，护士长，自然科学和工程的行政领导。

ESI：博物馆管理员，图书馆管理员，古迹管理员，饮食业经理，地区安全服务管理员，技术服务咨询者，超级市场管理员，零售商品店店员，批发商，出租汽车服务站调度。

ESA：博物馆馆长，报刊管理员，音乐器材售货员，广告商售画营业员，导游，（轮船或班机上的）事务长，飞机上的服务员，船员，法官，律师。

ASE：戏剧导演，舞蹈教师，广告撰稿人，报刊，专栏作者，记者，演员，英语翻译。

ASI：音乐教师，乐器教师，美术教师，管弦乐指挥，合唱队指挥，歌星，演奏家，哲学家，作家，广告经理，时装模特。

AER：新闻摄影师，电视摄影师，艺术指导，录音指导，丑角演员，魔术师，木偶戏演员，骑士，跳水员。

AEI：音乐指挥，舞台指导，电影导演。

AES：流行歌手，舞蹈演员，电影导演，广播节目主持人，舞蹈教师，口技表演者，喜剧演员，模特。

AIS：画家，剧作家，编辑，评论家，时装艺术大师，新闻摄影师，男演员，文学作者。

AIE：花匠，皮衣设计师，工业产品设计师，剪影艺术家，复制雕刻品大师。

AIR：建筑师，画家，摄影师，绘图员，环境美化工，雕刻家，包装设计师，陶器设计师，绣花工，漫画工。

SEC：社会活动家，退伍军人服务官员，工商会事务代表，教育咨询者，宿舍管理员，旅馆经理，饮食服务管理员。

SER：体育教练，游泳指导。

SEI：大学校长，学院院长，医院行政管理员，历史学家，家政经济学家，职业学校教师，资料员。

SEA：娱乐活动管理员，国外服务办事员，社会服务助理，一般咨询者，宗教教育工作者。

SCE：部长助理，福利机构职员，生产协调人，环境卫生管理人员，戏院经理，餐馆经理，售票员。

SRI：外科医师助手，医院服务员。

SRE：体育教师，职业病治疗者，体育教练，专业运动员，房管员，儿童家庭教师，警察，引座员，传达员，保姆。

SRC：护理员，护理助理，医院勤杂工，理发师，学校儿童服务人员。

SIA：社会学家，心理咨询者，学校心理学家，政治科学家，大学或学院的系主任，大学或学院的教育学教师，大学农业教师，大学工程和建筑课程的教师，大学法律教师，大学数学、医学、物理、社会科学和生命科学的教师，研究生助教，成人教育教师。

SIE：营养学家，饮食学家，海关检查员，安全检查员，税务稽查员，校长。

SIC：描图员，兽医助手，诊所助理，体检检查员，监督缓刑犯的工作者，娱乐指导者，咨询人员，社会科学教师。

SIR：理疗员，救护队工作人员，手足病医生，职业病治疗助手。

附录 2　MBTI 职业性格测试题

MBTI 测试前须知:

(1) 参加测试的人员请务必诚实、独立地回答问题,只有如此,才能得到有效的结果。

(2)《性格分析报告》展示的是你的性格倾向,而不是你的知识、技能、经验。

(3) MBTI 提供的性格类型描述仅供测试者确定自己的性格类型之用,性格类型没有好坏,只有不同。每一种性格特征都有其价值和优点,也有缺点和需要注意的地方。清楚地了解自己的性格优劣势,有利于更好地发挥自己的特长,而尽可能的在为人处世中避免自己性格中的劣势,更好地和他人相处,更好地作重要的决策。

(4) 本测试分为四部分,共 93 题,需时约 18 分钟。所有题目没有对错之分,请根据自己的实际情况选择。将你选择的 A 或 B 所在的○涂黑,例如"●"。

只要你是认真、真实地填写了测试问卷,那么通常情况下你都能得到一个确实和你的性格相匹配的类型。希望你能从中或多或少地获得一些有益的信息。

一、哪一个答案最能贴切的描绘你一般的感受或行为(附表 2-1)?

附表 2-1　MBTI 职业性格测试

序号	问 题 描 述	选项	E	I	S	N	T	F	J	P
1	当你要外出一整天,你会: A. 计划你要做什么和在什么时候做; B. 说去就去	A							○	
		B								○
2	你认为自己是一个: A. 较为随兴所至的人;B. 较为有条理的人	A								○
		B							○	
3	假如你是一位老师,你会选教: A. 以事实为主的课程;B. 涉及理论的课程	A			○					
		B				○				
4	你通常: A. 与人容易混熟;B. 比较沉静或矜持	A	○							
		B		○						
5	一般来说,你和哪些人比较合得来? A. 富于想象力的人;B. 现实的人	A				○				
		B			○					
6	你是否经常让: A. 你的情感支配你的理智;B. 你的理智主宰你的情感	A						○		
		B					○			
7	处理许多事情上,你会喜欢: A. 凭兴所至行事;B. 按照计划行事	A								○
		B							○	

序号	问题描述	选项	E	I	S	N	T	F	J	P
8	你是否： A. 容易让人了解；B. 难于让人了解	A	○							
		B		○						
9	按照程序表做事： A. 合你心意；B. 令你感到束缚	A							○	
		B								○
10	当你有一份特别的任务，你会喜欢： A. 开始前小心组织计划；B. 边做边找需做什么	A							○	
		B								○
11	在大多数情况下，你会选择： A. 顺其自然；B. 按程序表做事	A								○
		B							○	
12	大多数人会说你是一个： A. 重视自我隐私的人；B. 非常坦率开放的人	A		○						
		B	○							
13	你宁愿被人认为是一个： A. 实事求是的人；B. 机灵的人	A			○					
		B				○				
14	在一大群人当中，通常是： A. 你介绍大家认识；B. 别人介绍你	A	○							
		B		○						
15	你会跟哪些人做朋友？ A. 常提出新主意的；B. 脚踏实地的	A				○				
		B			○					
16	你倾向： A. 重视感情多于逻辑；B. 重视逻辑多于感情	A						○		
		B					○			
17	你比较喜欢： A. 坐观事情发展才作计划；B. 很早就作计划	A								○
		B							○	
18	你喜欢花很多的时间： A. 一个人独处；B. 和别人在一起	A		○						
		B	○							
19	与很多人一起会 A. 令你活力倍增；B. 常常令你心力交瘁	A	○							
		B		○						
20	你比较喜欢： A. 很早便把约会、社交聚集等事情安排妥当；B. 无拘无束，看当时有什么好玩就做什么	A							○	
		B								○
21	计划一个旅程时，你较喜欢： A. 大部分的时间都是跟当天的感觉行事；B. 事先知道大部分的日子会做什么	A								○
		B							○	

续表二

序号	问 题 描 述	选项	E	I	S	N	T	F	J	P
22	在社交聚会中,你: A. 有时感到郁闷;B. 常常乐在其中	A		○						
		B	○							
23	你通常: A. 和别人容易混熟;B. 趋向自处一隅	A	○							
		B		○						
24	哪些人会更吸引你? A. 一个思维敏捷及非常聪颖的人;B. 实事求是,具有丰富常识的人	A				○				
		B			○					
25	在日常工作中,你会: A. 颇为喜欢处理迫使你分秒必争的突发工作;B. 通常预先计划,以免要在压力下工作	A								○
		B							○	
26	你认为别人一般: A. 要花很长时间才认识你;B. 用很短的时间便认识你	A		○						
		B	○							

　　二、在下列每一对词语中,哪一个词语更合你心意(附表 2 - 2)?请仔细想想这些词语的意义,而不要理会它们的字形或读音。

附表 2 - 2　MBTI 职业性格测试

序号	问 题 描 述	选项	E	I	S	N	T	F	J	P
27	A. 注重隐私　　B. 坦率开放	A		○						
		B	○							
28	A. 预先安排的　　B. 无计划的	A							○	
		B								○
29	A. 抽象　　B. 具体	A				○				
		B			○					
30	A. 温柔　　B. 坚定	A						○		
		B					○			
31	A. 思考　　B. 感受	A					○			
		B						○		
32	A. 事实　　B. 意念	A			○					
		B				○				
33	A. 冲动　　B. 决定	A								○
		B							○	
34	A. 热衷　　B. 文静	A	○							
		B		○						

序号	问题描述	选项	E	I	S	N	T	F	J	P
35	A. 文静　　B. 外向	A		○						
		B	○							
36	A. 有系统　　B. 随意	A							○	
		B								○
37	A. 理论　　B. 肯定	A				○				
		B			○					
38	A. 敏感　　B. 公正	A						○		
		B					○			
39	A. 令人信服　　B. 感人的	A				○				
		B						○		
40	A. 声明　　B. 概念	A			○					
		B				○				
41	A. 不受约束　　B. 预先安排	A								○
		B							○	
42	A. 矜持　　B. 健谈	A		○						
		B	○							
43	A. 有条不紊　　B. 不拘小节	A							○	
		B								○
44	A. 意念　　B. 实况	A				○				
		B			○					
45	A. 同情怜悯　　B. 远见	A						○		
		B				○				
46	A. 利益　　B. 祝福	A				○				
		B						○		
47	A. 务实的　　B. 理论的	A			○					
		B				○				
48	A. 朋友不多　　B. 朋友众多	A		○						
		B	○							
49	A. 有系统　　B. 即兴	A							○	
		B								○
50	A. 富想象的　　B. 以事论事	A				○				
		B			○					
51	A. 亲切的　　B. 客观的	A						○		
		B					○			

续表二

序号	问 题 描 述	选项	E	I	S	N	T	F	J	P
52	A. 客观的　　B. 热情的	A					○			
		B						○		
53	A. 建造　　B. 发明	A			○					
		B				○				
54	A. 文静　　B. 合群	A		○						
		B	○							
55	A. 理论　　B. 事实	A				○				
		B			○					
56	A. 富同情　　B. 合逻辑	A						○		
		B					○			
57	A. 具分析力　　B. 多愁善感	A					○			
		B						○		
58	A. 合情合理　　B. 令人着迷	A			○					
		B				○				

三、哪一个答案最能贴切地描绘你一般的感受或行为(附表 2 - 3)。

附表 2 - 3　MBTI 职业性格测试

序号	问 题 描 述	选项	E	I	S	N	T	F	J	P
59	当你要在一周内完成一个大项目,你在开始的时候会: A. 把要做的不同工作依次列出;B. 马上动工	A							○	
		B								○
60	在社交场合中,你经常会感到: A. 与某些人很难打开话匣儿和保持对话;B. 与多数人都能从容地长谈	A		○						
		B	○							
61	要做许多人也做的事,你比较喜欢: A. 按照一般认可的方法去做;B. 构想一个自己的想法	A			○					
		B				○				
62	你刚认识的朋友能否说出你的兴趣: A. 马上可以;B. 要待他们真正了解你之后才可以	A	○							
		B		○						
63	你通常较喜欢的科目是: A. 讲授概念和原则的;B. 讲授事实和数据的	A				○				
		B			○					
64	哪个是较高的赞誉,或称许为: A. 一贯感性的人;B. 一贯理性的人	A						○		
		B					○			

序号	问题描述	选项	E	I	S	N	T	F	J	P
65	你认为按照程序表做事： A. 有时是需要的，但一般来说你不大喜欢这样做；B. 大多数情况下是有帮助而且是你喜欢做的	A								○
		B							○	
66	和一群人在一起，你通常会选： A. 跟你很熟悉的个别人谈话；B. 参与大伙的谈话	A		○						
		B	○							
67	在社交聚会上，你会： A. 是说话很多的一个；B. 让别人多说话	A	○							
		B		○						
68	把周末期间要完成的事列成清单，这个主意会： A. 合你意；B. 使你提不起劲	A							○	
		B								○
69	哪个是较高的赞誉，或称许为： A. 能干的；B. 富有同情心	A					○			
		B						○		
70	你通常喜欢： A. 事先安排你的社交约会；B. 随兴之所至做事	A							○	
		B								○
71	总的说来，要做一个大型作业时，你会选： A. 边做边想该做什么；B. 首先把工作按步细分	A								○
		B							○	
72	你能否滔滔不绝地与人聊天： A. 只限于跟你有共同兴趣的人；B. 几乎跟任何人都可以	A		○						
		B	○							
73	你会： A. 跟随一些证明有效的方；B. 分析还有什么毛病，及针对尚未解决的难题	A			○					
		B				○				
74	为乐趣而阅读时，你会： A. 喜欢奇特或创新的表达方式；B. 喜欢作者直话直说	A				○				
		B			○					
75	你宁愿替哪一类上司(或者老师)工作： A. 天性淳良，但常常前后不一的；B. 言词尖锐但永远合乎逻辑的	A					○			
		B				○				
76	你做事多数是： A. 按当天心情去做；B. 照拟好的程序表去做	A								○
		B							○	

续表二

序号	问 题 描 述	选项	E	I	S	N	T	F	J	P
77	你是否： 　A. 可以和任何人按需求从容地交谈； B. 只是对某些人或在某种情况下才可以畅所欲言	A	○							
		B		○						
78	要作决定时，你认为比较重要的是： 　A. 据事实衡量；B. 考虑他人的感受和意见	A					○			
		B						○		

四、在下列每一对词语中，哪一个词语更合你心意（附表 2－4）？

附表 2－4　MBTI 职业性格测试

序号	问 题 描 述	选项	E	I	S	N	T	F	J	P
79	A. 想象的　　B. 真实的	A				○				
		B			○					
80	A. 仁慈慷慨的　　B. 意志坚定的	A						○		
		B					○			
81	A. 公正的　　B. 有关怀心	A					○			
		B						○		
82	A. 制作　　B. 设计	A			○					
		B				○				
83	A. 可能性　　B. 必然性	A				○				
		B			○					
84	A. 温柔　　B. 力量	A						○		
		B					○			
85	A. 实际　　B. 多愁善感	A					○			
		B						○		
86	A. 制造　　B. 创造	A			○					
		B				○				
87	A. 新颖的　　B. 已知的	A				○				
		B			○					
88	A. 同情　　B. 分析	A						○		
		B					○			
89	A. 坚持己见　　B. 温柔有爱心	A					○			
		B						○		
90	A. 具体的　　B. 抽象的	A			○					
		B				○				

续表

序号	问 题 描 述	选项	E	I	S	N	T	F	J	P
91	A. 全心投入　　B. 有决心的	A						○		
		B					○			
92	A. 能干　　B. 仁慈	A					○			
		B						○		
93	A. 实际　　B. 创新	A			○					
		B				○				
	每项总分									
			E	I	S	N	T	F	J	P

姓名：　　　　　性别：　　　　　年龄：　　　　　职位：

五、评分规则

(1) 当你将●涂好后，把 E、I、S、N、T、F、J、P 等 8 项分别加起来，并将总和填在每项最下方的方格内。

(2) 请复查你的计算是否准确，然后将各项总分填在附表 2－5 对应的方格内。

附表 2－5　复查计算统计表

每项总分					
外向	E		I	内向	
实感	S		N	直觉	
思考	T		F	情感	
判断	J		P	认知	

六、确定类型的规则

(1) MBTI 以"E-I""S-N""T-F"和"J-P"四个组别来评估你的性格类型倾向。请你比较四个组别的得分，每个组别中，获得较高分数的那个类型，就是你的性格类型倾向。例如：你的得分是"E(外向)12 分，I(内向)9 分"，那你的类型倾向便是 E(外向)了。

(2) 将代表获得较高分数类型的英文字母填在附表 2－6 的方格内。如果在一个组别中，两个类型获同分，则依据下面表格中的规则来决定你的类型倾向。

附表 2-6　MBTI 职业性格测试

评估类型

同分处理规则　　假如　E＝I　　请填上 I

　　　　　　　　　假如　S＝N　　请填上 N

　　　　　　　　　假如　T＝F　　请填上 F

　　　　　　　　　假如　J＝P　　请填上 P

（3）性格解析。"性格"是一种个体内部的行为倾向，它具有整体性、结构性、持久稳定性等特点，是每个人特有的，可以对个人外显的行为、态度提供统一的、内在的解释。

MBTI 把性格分为四个维度，每个维度上包含相互对立的两种偏好，如附表 2-7、附表 2-8 所示。

附表 2-7　性格解析表 A

Ⓔ 外向	or	Ⓘ 内向
Ⓢ 感觉	or	Ⓝ 直觉
Ⓣ 思考	or	Ⓕ 情感
Ⓙ 判断	or	Ⓟ 感知

其中，"外向 E—内向 I"代表着各人不同的精力（Energy）来源；"感觉 S—直觉 N""思考 T—情感 F"分别表示人们在进行感知（Perception）和判断（Judgement）时不同的用脑偏好；"判断 J—感知 P"针对人们的生活方式（LifeStyle）而言，它表明我们如何适应外部环境——在我们适应外部环境的活动中，究竟是感知还是判断发挥了主导作用。

附表 2-8　性格解析表 B

ISTJ	ISFJ	INFJ	INTJ
ISTP	ISFP	INFP	INTP
ESTP	ESFP	ENFP	ENTP
ESTJ	ESFJ	ENFJ	ENTJ

注：根据 1978-MBTI-K 量表，以上每种类型中又分 625 个小类型

每一种性格类型都具有独特的行为表现和价值取向，了解性格类型是寻求个人发展、探索人际关系的重要开端。

七、MBTI 十六种人格类型

ISTJ

1. 严肃、安静，借由集中心志与全力投入及可被信赖获得成功。

2. 行事务实、有序、实际、逻辑、真实及可信赖。

3. 十分留意且乐于做任何事（工作、居家、生活均有良好组织及有序）。

4. 负责任。

5. 照设定成效来作出决策且不畏阻挠与闲言会坚定为之。

6. 重视传统与忠诚。

7. 传统性的思考者或经理。

ISFJ

1. 安静、和善、负责任且有良心。

2. 行事尽责投入。

3. 安定性高，常居项目工作或团体之安定力量。

4. 愿投入、吃苦及力求精确。

5. 兴趣通常不在于科技方面，对细节事务有耐心。

6. 忠诚、考虑周到、知性且会关切他人感受。

7. 致力于创构有序及和谐的工作与家庭环境。

INFJ

1. 因为坚忍、创意及必须达成的意图而能成功。

2. 会在工作中投注最大的努力。

3. 默默强力的、诚挚的及用心的关切他人。

4. 因坚守原则而受敬重。

5. 提出造福大众利益的明确远景而为人所尊敬及追随。

6. 追求创见、关系及物质财物的意义及关联。

7. 想了解什么能激励别人，对他人具有洞察力。

8. 光明、正大且坚信其价值观。

9. 有组织且果断地履行其愿景。

INTJ

1. 具有强大动力与本意来达成目的与创意——固执顽固者。

2. 有宏大的愿景且能快速在众多外界事件中找出有意义的模范。

3. 对所承负职务具有良好能力，策划工作并完成。

4. 具有怀疑心、挑剔性、独立性、果决，对专业水准及绩效要求高。

ISTP

1. 冷静旁观者——安静、预留余地、弹性及会以无偏见的好奇心与未预期原始的幽默观察与分析。

2. 有兴趣于探索原因及效果，技术事件是为何及如何运作且使用逻辑的原理组构事实、重视效能。

3. 擅长于掌握问题核心及找出解决方式。

4. 分析成事的缘由且能实时由大量资料中找出实际问题的核心。

ISFP

1. 羞怯的、安宁和善地、敏感的、亲切的，且行事谦虚。

2. 喜于避开争论，不对他人强加己见或价值观。

3. 无意于领导却常是忠诚的追随者。

4. 办事不急躁，安于现状，无意于以过度的急切或努力破坏现况，且非成果导向。

5. 喜欢有自由的空间及按照既定日程办事。

INFP

1. 安静的观察者，具有理想性，对其价值观及重要之人具有忠诚心。

2. 希望外在生活形态与内在价值观相吻合。

3. 具有好奇心且很快能看出机会所在，常担负开发创意的触媒者。

4. 除非价值观受侵犯，行事会具弹性，适应力高且承受力强。

5. 具有想了解及发展他人潜能的企图，想做太多事且全神贯注。

6. 对所处境遇及拥有不太在意。

7. 具有适应力、有弹性，除非价值观受到威胁。

INTP

1. 安静、自持、弹性及具有适应力。

2. 特别喜爱追求理论与科学事理。

3. 习惯于以逻辑及分析来解决问题——问题解决者。

4. 最有兴趣于创意事务及特定工作，对聚会与闲聊无大兴趣。

5. 追求可发挥个人强烈兴趣的生涯。

6. 追求发展对有兴趣事务之逻辑解释。

ESTP

1. 擅长现场实时解决问题——解决问题者。

2. 喜欢办事并乐于其中及过程。

3. 倾向于喜好技术事务及运动，交结同好友人。

4. 具有适应性、容忍度、务实性，投注心力于会很快具成效的工作。

5. 不喜欢冗长概念的解释及理论。

6. 最专精于可操作、处理、分解或组合的真实事务。

ESFP

1. 外向、和善、乐于分享。

2. 喜欢与他人一起行动且促成事件发生，在学习时亦然。

3. 知晓事件未来的发展并会热烈参与。

4. 最擅长于人际相处能力及具备完备常识，很有弹性，能立即适应他人与环境。

5. 对生命、人、物质享受的热爱者。

ENFP

1. 充满热忱，活力充沛，聪明的、富想象力的，视生命充满机会但期望能得到他人肯定与支持。

2. 几乎能达成所有有兴趣的事。

3. 对难题很快就有对策并能对有困难的人施予援手。

4. 依赖能改善的能力而无须预作规划准备。

5. 为达目的常能找出强制自己为之的理由。

6. 即兴执行者。

ENTP

1. 反应快、聪明，长于多样事务。

2. 具有激励伙伴、敏捷及直言不讳的专长。

3. 会因为有趣而对问题的两面加予争辩。

4. 对解决新及有挑战性的问题富有策略，但会轻忽或厌烦经常的任务与细节。

5. 兴趣多元，易倾向于转移至新生的兴趣。

6. 对所想要的会有技巧地找出逻辑的理由。

7. 长于看清础他人，有智能去解决新或有挑战性的问题。

ESTJ

1. 务实、真实、事实倾向，具有技术天分。

2. 不喜欢抽象理论，最喜欢学习可立即运用事理。

3. 喜好组织与管理活动，且专注以最有效率方式行事以达致成效。

4. 具有决断力、关注细节，且很快作出决策——优秀行政者。

5. 会忽略他人感受。

6. 喜作领导者或企业主管。

ESFJ

1. 诚挚、爱说话、合作性高、受欢迎、光明正大，天生的合作者及活跃的组织成员。

2. 重和谐且长于创造和谐。

3. 常作对他人有益事务。

4. 给予鼓励及称许会有更佳工作成效。

5. 最有兴趣于会直接及有形影响人们生活的事务。

6. 喜欢与他人共事去精确且准时地完成工作。

ENFJ

1. 热忱、易感应、负责任且能鼓励他人的领导风格。

2. 对别人所想或希求会表达真正关切且切实用心去处理。

3. 能怡然且技巧性地带领团体讨论或演示文稿提案。

4. 爱交际、受欢迎及富同情心。

5. 对称许及批评很在意。

6. 喜欢带引别人且能使别人或团体发挥潜能。

ENTJ

1. 坦诚，具有决策力的活动领导者。

2. 长于发展与实施广泛的系统以解决组织的问题。

3. 专精于具有内涵与智能的谈话，如对公众演讲。

4. 乐于经常吸收新知且能广开信息管道。

5. 易生过度自信，会强于表达自己创见。

6. 喜于长程策划及目标设定。

附录 3　大学生职业生涯规划样表

附表 3-1　测评内容

技术测评			（请选择大学生职业生涯设计测评系统进行自我测评，并概述测试结果）			
自我测评		价值观状况	职业价值观：A)地位/权利；B)金钱/工资福利；C)个人发展；D)工作环境；E)休闲娱乐/体验生活（①选出最重要的三项并排序；②或填写一二项价值取向）			
		抱负状况	（是否具有远大的理想或强烈的成就动机(为人或为社会)）			
		情绪情感状况	（遇到困难挫折时的情绪状态；能有效控制情绪、调节情感的心理能力与技巧）			
		意志力状况	（具备锲而不舍、不达目的誓不罢休的坚强意志的程度）			
		人际活动能力状况	（对参与人际活动的态度、主动性；交往的目的性、技巧性；当前的朋友数量与质量状况(自我满意度)）			
		现学专业及主要课程				
		现有外语、计算机水平及其他专长性能力	（前二者是工具性技能；后者是发展性能力(观察发现与挖掘，实施专长性发展战略)）			
他人测评	他人对你的看法与期望	称谓	姓名	当前职业与职务	近期对你的评价与期望	
		父亲			（品德、个性、能力与潜力、为人处世等方面的优缺点分析；品德、个性、知识、能力、身心健康、财富、荣誉、地位等方面的期望）	
		母亲			（同上）	
		中学老师			（同上）	
		重要亲戚			（同上）	
		要好同学			（同上）	
		要好朋友			（同上）	

附表 3 - 2　认识环境 A

认识校园环境	学校情况	学校特色与资源	
		老师对资源利用的建议	
	学院或系部	系(学院)特色资源	
		系主任对资源利用的建议	
	专业概况	专业情况简析	
		班主任对学好专业的建议	
	班级情况	好/差班级对学生发展的影响	(学生班级是学生学习、生活的主体单位,班级风气的好坏直接影响着每个大学生的全面发展。一个学风好的班级有利于学生增强学习的积极性,一个有凝聚力的班级也有利于为学生的发展提供一个和谐的氛围和良好的人际交往环境)
		你对本班级的分析	(学风、生活作风、同学整体素质、人际关系、任课老师等方面)
	寝室情况	好/差宿舍对学生发展的影响	(宿舍是影响学生发展的重要因素,大学生活有一半或更多的时间是在宿舍里度过的。宿舍成员间在社会知识与行为规范方面无形中起着交流和促进作用,宿舍氛围的好坏在无形中会引导宿舍成员的追求目标和实践方式。宿舍内的人际关系更可能对宿舍成员的心理健康状况产生影响)
		你对本宿舍的分析	(舍友家庭情况、品德个性、爱好与特长、主要优缺点;如何与大家和谐相处、共同发展;等等)
认识人际环境	人际关系影响	人际关系的影响	(大学生的人际关系包括师生关系、同学关系、恋爱关系和其他人际关系。健康的、和谐的人际关系环境能为个人的成长创造良好的人际氛围和有利的环境)
		对本人人际关系的分析和改进方案	(泛泛的广交还是少数的深交?应该交什么样的朋友?如何建立、维持、增进与老师、同学、朋友的关系?如何构建使自己全面发展的人际关系?如何认识与对待恋爱关系?)

附表 3 - 3　认识环境 B

在入学教育后对本专业的职业状况的认识	京津冀、河北省等人才供需状况与就业形势分析	(供需：层次、区域、企业、部门与岗位、数量…… 形势：余缺、薪福、工作时间与劳动强度、竞争力状况……)
	对人才综合素质要求	(品德、学历与能力、知识与经验……)
	对人格特质要求	(个性/性格：创新、协作、务实……)
	对知识要求及学校中哪些课程对从事该职业有帮助	
	对能力的要求	(人际能力与组织管理能力)
	对技能训练要求	(专业操作技能与其他通用或特殊技能)
	对资格证书要求	(针对相关技能与能力要求的证书)
	其他要求	
社会实践后对本专业的职业状况的认识	该岗位工作的主要职责、物质环境、人际环境和感受	
	该岗位收入状况	
	该行业人士对所从事工作有何满意及不满意之处	
	该职业发展前景	
	建议学校增设哪些课程	
	其他	

附表 3 - 4　初步确立职业目标与职业目标的环境分析（大一、大二）

初步职业理想描述		职业类型	政府/事业/企业/经商	职业名称		具体岗位	
		职业地域		工作环境		工作时间	
		工作性质		工作待遇		工作伙伴	
	职业发展目标	长期目标(6~10年)及奋斗理念	（成为企业家，如小公司老板等）				
		中期目标(3~5年)及计划措施(简)	（① 积累行业经验、管理技能——打工学习与业余学习…… ② 结识相关人士——参与有关社会交际活动…… ③ 寻找/构思资金来源——积累资金/合作/贷款……）				
		短期目标(1~2年)及计划措施(详)	（广泛搜集信息(工作中/交往中/学习阅览中……)；选择并论证将进入的"缝隙"市场；学习专业知识、提高操作技能）				
实现职业目标的个人环境分析	实现目标的优势和机会	（优势(内部)：个性、兴趣、知识、能力、特长、毅力、身体、家庭及亲朋等的支持条件……(结合测评报告与现实情况))；机会(外部)：政治经济形势、政策法规、市场需求……）					
	实现目标的劣势和障碍	（分析角度同上）					
班主任建议							班主任签名：

附表 3-5　职业生涯规划(第一学期、第二学期)

<table>
<tr><td rowspan="5">学期初自我规划</td><td>目标名称</td><td>目标具体分解</td><td>实施途径与措施</td><td>完成时限
（要求）</td></tr>
<tr><td>大学总体
目标</td><td>（知识、技能、个性修养、人际
关系、政治追求……）</td><td></td><td></td></tr>
<tr><td>第一学期
目标</td><td>（熟悉环境、认识自我,学好基础
理论知识、培养专业学习兴趣）</td><td></td><td></td></tr>
<tr><td>第二学期目标</td><td></td><td></td><td></td></tr>
<tr><td>寒假目标</td><td></td><td></td><td></td></tr>
<tr><td rowspan="5">学期末自我规划实施评价</td><td>自我规划实
现情况检核</td><td colspan="4">（哪些计划目标完成了，哪些没有完成？完成了哪些计划之外的目标？简单
分析原因，并将未完成目标调整或改变，归入下期目标）</td></tr>
<tr><td rowspan="4">学校
测评
情况</td><td>学习成绩排名</td><td></td><td>修学分情况</td><td></td></tr>
<tr><td>素质拓展总分</td><td></td><td>资格考证情况</td><td></td></tr>
<tr><td>身体素质状况</td><td></td><td>课外培训情况</td><td></td></tr>
<tr><td>发展性素质测评</td><td></td><td></td><td></td></tr>
<tr><td>所获奖励情况</td><td colspan="4">（来自校内外的各种奖励）</td></tr>
<tr><td rowspan="5">学期末自我规划反馈</td><td>经验与教训
（自我总结）</td><td colspan="4">（正反两面（成功与失败））</td></tr>
<tr><td>班主任
指导建议</td><td colspan="4">班主任签名：</td></tr>
<tr><td>成才外因
重新评估</td><td colspan="4">（外部大环境变化了吗？发生了哪些主要变化？自我发展的资源条件（以家庭
为主）变了吗？）</td></tr>
<tr><td>大学目标修正
（关键修正点）</td><td colspan="4">（如大学致力于学习、考证、升学历转变为以学习、考证为主（升学历于工作
后），以培养组织管理能力为辅）</td></tr>
<tr><td>实现修正目标
之关键措施</td><td colspan="4">（科学筹划时间、利用少部分时间参与学生工作、社会工作或其他培养能力的
活动）</td></tr>
</table>

附表 3-6　职业生涯规划（第三学期、第四学期）

	目标名称	目标具体分解	实施途径与措施	完成时限（要求）
学期初自我规划	大学总体目标			
	第三学期目标			
	第四学期目标			
	暑假目标			
学期末自我规划实施评价	自我规划实现情况检核			
	学校测评情况	学习成绩排名 / 素质拓展总分 / 身体素质状况 / 发展性素质测评	修学分情况 / 资格考证情况 / 课外培训情况	
	所获奖励情况			
学期末自我规划反馈	经验与教训（自我总结）			
	班主任指导建议		班主任签名：	
	成才外因重新评估			
	大学目标修正（关键修正点）			
	实现修正目标之关键措施			

附表 3－7　职业目标的调整与新职业目标的环境分析(大三)

职业理想的调整性描述	职业类型		职业名称		具体岗位		
	职业地域		工作环境		工作时间		
	工作性质		工作待遇		工作伙伴		
	职业发展目标	短期目标(1～2 年)及计划措施(详)					
		中期目标(3～5 年)及计划措施(简)					
		长期目标(6～10 年)及奋斗理念					
实现新职业目标的环境分析	实现目标的优势和机会						
	实现目标的弱点和障碍						
班主任建议							

班主任签名：

附表 3-8 职业生涯规划(第五学期)

学期初自我规划	目标名称	目标具体分解	实施途径与措施	完成时限（要求）
	大学总体目标			
	第五学期目标			
	寒假目标			

学期末自我规划实施评价	自我规划实现情况检核				
	学校测评情况	学习成绩排名		修学分情况	
		素质拓展总分		资格考证情况	
		身体素质状况		课外培训情况	
		发展性素质测评			
	所获奖励情况				

学期末自我规划反馈	经验与教训（自我总结）	
	班主任指导建议	班主任签名：
	成才外因重新评估	
	大学目标修正（关键修正点）	
	实现修正目标之关键措施	

附表 3-9 职业生涯规划(第六学期)

		目标名称	目标具体分解	实施途径与措施	完成时限(要求)
学期初自我规划		第六学期目标			
		自我规划实现情况检核			
		暑假目标			
学期末自我规划实施评价		自我规划实现情况检核			
	学校测评情况	学习成绩排名		修学分情况	
		素质拓展总分		资格考证情况	
		身体素质状况		课外培训情况	
		发展性素质测评			
		所获奖励情况			
学期末自我规划反馈		经验与教训(自我总结)			
		班主任指导建议		班主任签名:	
		成才外因重新评估			
		大学目标修正(关键修正点)			
		实现修正目标之关键措施			

附录 4　河北女子职业技术学院部分优秀毕业生简介

序号	姓名	性别	工作单位	职务	专业	毕业年份	简　介
1	孙飞	女	中国科学院幼儿园	华北区总代理	市场营销	2005 年	2003 级市场营销专业。2015 年创建石家庄中国科学院幼儿园；2016 年投资自然光生态幼儿园；2017 年任河北一可一北教育集团总经理；2018 年任北京师范大学教培中心河北办事处副主任
2	郑海洋	男	三荣企业集团	董事局主席	市场营销	2006 年	2003 级市场营销专业。现任三荣企业集团董事局主席；佛山三荣陶瓷有限公司总裁；三荣瓷砖全国批发中心董事长；海洋家居建材磁砖艺术馆董事长；河北 107 陶瓷仓储批发市场董事长；河北乐活餐饮管理服务有限公司董事长；海洋家居瓷砖奥莱工厂店创始人；石家庄市鹿泉区政协常委
3	车帅	女	石家庄市实验小学	教师	装潢艺术设计	2009 年	2006 级装潢艺术设计专业，2009—2011 年就读于石家庄市实验小学学院国画专业，现就职于石家庄市实验小学，担任教师
4	郑莉	女	石家庄市桥西区南长街道办事处	电业局社区党支部书记	服装设计	2009 年	现就职于石家庄市桥西区南长街道办事处，担任电业局社区党支部书记
5	刁桂金	女	邯郸市融拓建筑装饰有限公司	总经理	装潢艺术设计	2009 年	曾参与多项大型工程装修及家庭装修的设计与施工，年产值平均百万以上

续表一

序号	姓名	性别	工作单位	职务	专业	毕业年份	简　介
6	马卫星	男	河北纳金环保科技有限公司	总经理	装潢艺术设计	2009 年	2006 级装潢艺术设计专业。2011 年创办泰瑞建材销售处；2015 年创办河北纳金环保科技有限公司，任总经理；现任河北省 YOUNG MAN 俱乐部，任总经理；2017 年创办河北省人才党委第六总支 233 支部的支部书记；连续 5 年荣获河北省人才党委颁发的"优秀共产党员"
7	李杨	女	平山县林业局	科员	园艺专业	2010 年	2007 级园艺技术专业。2010 年自考本科到河北大学旅游管理专业。现就职于平山县林业局，科员，从事造林绿化工作
8	房明伟	男	百花村盆景园	总经理	园艺专业	2010 年	2007 级园艺专业。毕业后选择了自主创业，从事与专业相关的花卉行业。凭借之前在花市实习的经历和考察，最终找到了适合的市场，创办了自己的花卉公司——百花村盆景。
9	王文学	女	河北医科大学第二医院胃肠外科	护士	护理	2011 年	2008 级护理专业。现就职于河北医科大学第二医院，任胃肠外科护理组组长，主管护师职称；2013 年被选为胃肠外科实习生及新入职员工教学负责人，负责实习生和新入职员工的技术培训、提高、考核工作；2014—2016 年连续三年被评为"护理常规操作技术标兵"称号；2013 年和 2017 年两次被评为院级"先进工作者"

续表二

序号	姓名	性别	工作单位	职务	专业	毕业年份	简　介
10	王瑞雪	女	沧州市林业局林木种苗管理站	林业助理工程师	园艺专业	2012 年	2009 级园艺技术专业，2012 年 9 月专接本到河北农业大学就读园林专业，2014 年 9 月考入河北农业大学研究生学院，就读林木遗传育种专业。现就职于沧州市林业局林木种苗管理站，林业助理工程师
11	班大命	男	石城家装设计工作室	总经理	室内设计	2013 年	2014 年初创办石城家装设计工作室，担任总经理
12	刘杰	女	河北赵王集团	董事长助理	护理	2014 年	现就职于河北赵王集团，担任董事长助理
13	张少荣	女	在读研究生	在读研究生	环境艺术设计	2014 年	2011 级环境艺术设计专业，2014 年 9 月专接本到河北美术学院，2016 年 9 月考入河北科技大学，目前是在读研究生
14	庞珊珊	女	艺之行美术教育	校长	环境艺术设计	2014 年	2013 级学前教育专业。现就职于新天际众美幼儿园，任主班兼教研组长
15	李文峰	男	邯郸峰峰乾辰广告有限公司	总经理	会计电算化	2014 年	2011 级会计电算化专业，创办了邯郸峰峰乾辰广告有限公司，现年收入达 500 万元以上。2016 年，由于其在创新创业方面的突出表现及对推动新媒体运营的贡献，被河北省人社厅评为河北省青年创业典型；2017 年，当选为河北邯郸峰峰矿区工商联主席
16	朱云鹤	男	河北医科大学第二医院	综合办公室科员	护理	2015 年	2012 级护理专业，2016 年 4 月考入河北医科大学第二医院。现任北院区综合办公室宣传部科员，负责医院北院区的宣传以及外联工作

续表三

序号	姓名	性别	工作单位	职务	专业	毕业年份	简　介
17	王思	女	平乡县委组织部	科员	财务管理	2015 年	2016 年获得市级三八红旗手，同年获得邢台县"平乡好人"荣誉称号；2017 年被评为组织工作优秀网宣员
18	蔡红梅	女	北京元洲装饰石家庄分公司	市场部主管	室内设计	2015 年	就职于北京元洲装饰石家庄分公司，担任市场部主管
19	蒋文亭	女	保定市妇女儿童活动中心	早教部主任	早教	2016 年	现就职于保定市妇女儿童活动中心，担任早教部主任
20	彭盼盼	女	新天际众美幼儿园	主班教师、教研组长	学前教育	2016 年	现就职于新天际众美幼儿园，担任主班老师和教研组长
21	陈志容	女	北京二七机车厂幼儿园	教研组组长	学前教育	2018 年	2015 级学前教育专业。现就职于北京二七机车厂幼儿园，任教研组组长
22	王豆豆	女	北京幸福订制集团	会计	会计电算化	2018 年	现就职于北京幸福订制集团，任会计
23	杜宏伟	女	北京恩嘉文化传播有限公司	职员	人物形象	2018 年	2015 级人物形象设计专业。现就职于北京恩嘉文化传播有限公司，任签约造型师。参加过《2018 年元宵晚会》等大型栏目的录制，同时为平昌冬奥会中国男子组短道速滑冠军武大靖、猪八戒的扮演者马德华、中国著名歌唱家金波和做客《百家讲坛》和《中国诗词大会》的王立群进行化妆造型工作

参 考 文 献

[1] 张瑞英，刘克非. 大学生职业生涯规划与就业指导[M]. 北京：北京理工大学出版社，2018.

[2] 吴吉明. 现代职业素养[M]. 北京：北京理工大学出版社，2018.

[3] 王占军. 大学生职业生涯规划咨询案例精编[M]. 上海：华东师范大学出版社，2017.

[4] 彭迪云. 大学生创新创业基础[M]. 南昌：江西高校出版社，2016.

[5] 孙志河，窦新顺. 就业与创业指导[M]. 北京：经济科学出版社，2015.

[6] 叶仁荪，胡杰，等. 对"非典"时期江西民众社会心理行为的研究[J]. 江西社会科学，2003(11).

[7] 江平. 中华人民共和国合同法精解[M]. 北京：中国政法大学出版社，1999.

[8] 王保树. 商事法学经济法学[M]. 北京：法律出版社，1998.

[9] 时勘. 职业指导人员培训手册[M]. 北京：北京市劳动和社会保障局、中国科学院心理研究所，1999.

[10] 彭迪云. 大学生创新创业经典案例教程[M]. 南昌：江西高校出版社，2016.

[11] 张志，乔辉. 大学生创新创业入门教程[M]. 北京：人民邮电出版社，2016.

[12] 曹广辉，王云彪. 大学生职业生涯指导[M]. 天津：天津大学出版社，2007.

[13] 时勘. 心理健康教育读本[M]. 北京：中国劳动社会保障出版社，2000.

[14] 邓曦东，吴立生. 大学生就业指导[M]. 北京：中国国际广播出版社，2002.

[15] 徐昶斌. 职业生涯规划在大学生就业指导中的应用初探[J]. 惠州学院学报（社会科学版），2002(20).

[16] 山东大学学生就业指导中心. 大学生职业发展与求职方略[M]. 济南：山东人民出版社，2005.